Chuck Spezzano
Woran hängt dein Herz?

Verlag Via Nova

Chuck Spezzano

Woran hängt dein Herz?

Prüfe alles und entscheide dich für das Gute

Illustrationen von Petra Kühne

Verlag Via Nova

Übersetzung aus dem Englischen:
Ulrike Kraemer

Originaltitel:
The Healing Idols Deck
Copyright © 2014 Chuck Spezzano

---

2. Auflage 2019
Verlag Via Nova, Alte Landstr. 12, 36100 Petersberg
Telefon: (06 61) 6 29 73
Fax: (06 61) 96 79 560
E-Mail: info@verlag-vianova.de
Internet: www.verlag-vianova.de
Umschlaggestaltung: Guter Punkt, München
Illustrationen: Petra Kühne
Satz: Sebastian Carl, 83123 Amerang
Druck und Verarbeitung: REN MEDIEN GmbH, 70794 Filderstadt

© Alle Rechte vorbehalten

ISBN 978-3-86616-391-1

Widmung
Meinen Schwestern Carol und Kathy
und meinem Bruder Peter.

Danksagungen

Dieses Kartenset und das dazugehörige Buch waren vom Entwurf bis zur Fertigstellung vier Jahre lang im Werden begriffen.

Ich möchte meiner Frau Lency für ihre unermüdliche Liebe und Unterstützung danken.

Ich möchte meinen Kindern Christopher und J'aime für ihre Liebe und dafür danken, dass sie eine unaufhörliche Quelle der Inspiration für mich sind.

Ich danke meiner Büroleiterin Charlie Latiolais, meiner Schreibkraft Sunny und unserer Haushälterin Harrylne, die unermüdlich dafür sorgen, dass alles wie am Schnürchen läuft.

Mein letzter Dank gilt wie immer *Ein Kurs in Wundern*, dem Buch, das mein Leben am tiefsten inspiriert hat und ohne das ich niemals etwas über Götzen und über das Ausmaß erfahren hätte, in dem sie uns im Leben zurückhalten können.

Inhalt

Vorwort 12
Einführung 14
Prinzip 1: Schmerz und Götzen 36
Prinzip 2: Wonach wir streben 43
Prinzip 3: Götzen und Glaubenssätze 47
Prinzip 4: Die Welt und Götzen 50
Prinzip 5: Die Entstehung von Götzen 51
Prinzip 6: Götzen als Ablenkung von deiner Lebensaufgabe 53
Prinzip 7: Götzen und die große Verwechslung 55
Prinzip 8: Die Welt ist ein Spiegel unseres Geistes 60
Prinzip 9: Figuren im Traum 61
Prinzip 10: Alles oder nichts 63
Prinzip 11: Der Teufelskreis aus Götzen und Leiden 64
Prinzip 12: Götzen und der Kampf mit GOTT 66
Prinzip 13: Was Götzen blockieren 67
Prinzip 14: Das einladen, was bereits gegenwärtig ist 69
Prinzip 15: Was Götzen verbergen 70

Wie man die Karten verwendet 73
Befragung zur Heilung von Götzen 74
Befragung zum Wunder 75
Befragung zur Bestimmung deiner Beziehung 77
Befragung zur Beziehung I 82
Befragung zur Beziehung II 87

Die Gaben- und Gnadenkarten 93
1 Angebot 94
2 Belohnung 96
3 Bestimmung 97
4 Danksagung 99
5 Das Licht 101
6 Das Tao 102
7 Den Kanal öffnen 104
8 Der Fluss der Fülle 105
9 Der Gral 108
10 Der heilige Augenblick 109

11 Der Name Gottes... 111
12 Der stille Geist... 112
13 Die großen Strahlen... 114
14 Die heilige Beziehung... 116
15 Die himmlischen Auen... 118
16 Die Stimme Gottes... 120
17 Die Welt retten... 121
18 Einheit... 122
19 Ekstase... 123
20 Emotionale Reife... 125
21 Erinnerung... 127
22 Gaben... 128
23 Glaube... 130
24 Glück... 131
25 Gottes Kindern helfen... 133
26 Gottes Wille... 135
27 Großzügigkeit... 136
28 Herrlichkeit... 138
29 Hingabe... 140
30 In Gott ruhen... 142
31 Nähe... 143
32 Reiner Geist... 145
33 Selbstvergebung... 148
34 Selbstwert... 149
35 Stärke... 151
36 Übersinnliche Gaben... 152
37 Unschuld... 154
38 Vortreten... 156
39 Wahrheit... 158
40 Wiedergeburt... 160

Die Götzenkarten... 163
41 Der Götze der Aufopferung... 164
42 Der Götze der Angst... 166
43 Der Götze der Beherrschung... 168
44 Der Götze der Besonderheit... 170
45 Der Götze der Beziehungen... 173
46 Der Götze der Depression... 175
47 Der Götze der Drogen... 176
48 Der Götze der Gier... 178
49 Der Götze der Grausamkeit... 180

50 Der Götze der Kontrolle	182
51 Der Götze der Krankheit	183
52 Der Götze der Kreuzigung	185
53 Der Götze der Schuld	188
54 Der Götze der Schwäche	189
55 Der Götze der Selbstkonzepte	191
56 Der Götze der Unabhängigkeit	192
57 Der Götze der Verliebtheit	194
58 Der Götze des Bösen und der Sündhaftigkeit	196
59 Der Götze des Chaos	198
60 Der Götze des Erfolges	200
61 Der Götze des Essens	202
62 Der Götze des Geldes	205
63 Der Götze des Gewinnens	206
64 Der Götze des Glamours	208
65 Der Götze des Herzensbruchs	209
66 Der Götze des Konsums	211
67 Der Götze des Körpers	213
68 Der Götze des Leidens	215
69 Der Götze des Rechthabens	217
70 Der Götze des Ruhms	218
71 Der Götze des Schlafs	220
72 Der Götze des Schmerzes	221
73 Der Götze des Sex	223
74 Der Götze des Todes	225
75 Der Götze des Träumens	227
76 Der Götze des Verlustes	229
77 Der Götze harter Arbeit	231
78 Illusion	232
79 Sklave von Götzen	233
80 Versuchung	235

Götzen

„Der Götzen Sklave ist ein williger Sklave. Denn willig muss er sein, um sich anbetend vor dem zu verneigen, was kein Leben hat, und im Ohnmächtigen nach Macht zu suchen. Was ist dem heiligen GOTTES-SOHN geschehen, dass dies sein Wunsch sein konnte: sich tiefer noch fallen zu lassen als die Steine auf dem Boden und sich an Götzen dann zu wenden, um ihn aufzuheben? So höre denn deine Geschichte in dem Traum, den du gemacht hast, und frage dich, ob es nicht die Wahrheit ist, dass du glaubst, es sei kein Traum.
Kleines Kind, das Licht ist da. Du träumst nur, und Götzen sind das Spielzeug, von dem du träumst, du würdest mit ihm spielen. Wer sonst als Kinder braucht denn Spielzeug? Sie geben vor, über die Welt zu herrschen, und geben ihren Spielsachen die Macht, sich zu bewegen, zu reden und zu denken, zu fühlen und für sie zu sprechen. Doch alles, was so erscheint, als tue es ihr Spielzeug, vollzieht sich im Geist derer, die mit ihm spielen. Sie aber sind eifrig bemüht zu vergessen, dass sie den Traum erfanden, in dem ihr Spielzeug wirklich ist, und merken nicht, dass seine Wünsche ihre eigenen sind.
Alpträume sind kindische Träume. Das Spielzeug wandte sich gegen das Kind, das glaubt, dass es ihm Wirklichkeit verliehen hat. Doch kann ein Traum angreifen? Oder kann ein Spielzeug groß, gefährlich, wild und grimmig werden? Das glaubt das Kind, weil es seine eigenen Gedanken fürchtet und sie stattdessen den Spielsachen gibt. Und deren Wirklichkeit wird dann zu seiner eigenen, weil sie es dadurch vor seinen Gedanken zu erlösen scheinen. Tatsächlich halten sie seine Gedanken wirklich und lebendig [...]
Der Traum des Urteils ist ein Spiel für Kinder, in dem das Kind zum Vater wird: machtvoll, doch mit der kleinen Weisheit eines Kindes [...] Und schlimme Dinge scheinen zu geschehen, und es hat Angst vor all dem Chaos in einer Welt, die, wie es glaubt, regiert wird von Gesetzen, die es machte. Doch ist die wirkliche Welt unberührt von jener Welt, die es für wirklich hält. Auch sind ihre Gesetze nicht verändert worden, nur weil es sie nicht versteht."
Ein Kurs in Wundern, T-29.IX.1:1-4, 4:3-8, 5:1-7, 6:4, 6:7-9

Vorwort

Das vorliegende Kartenset hilft dir, Götzen sowohl im Alltag als auch tief im Unbewussten aufzuspüren. Im Laufe meiner inzwischen mehr als vierzigjährigen Arbeit in einem Heilberuf habe ich nicht nur erkannt, dass Götzen ein Urthema sind, das weit in die Vergangenheit zurückreicht, sondern auch, dass sie in enorm hohem Maße in alles verstrickt sind, was uns im Leben zurückhält. Götzen reichen von den elementarsten Aspekten des menschlichen Leidens bis hin zur größten spirituellen Falle, die es gibt – dem Kampf mit GOTT.

Die Götzenkarten zeigen uns somit, was uns im Alltag zurückhält. Zugleich sind sie unerschrocken spirituell, weil dies unsere grundlegende Wirklichkeit ist. Götzen können in allen Stadien unserer persönlichen Entwicklung eine Falle sein. Im Stadium der Einheit – einem der beiden letzten Stadien, ehe wir zum EINSSEIN gelangen – können sie uns das Gefühl geben, dass wir in unserer persönlichen Entwicklung oder auf unserem spirituellen Weg keinen Schritt vorangekommen sind.

Götzen bilden den Kern von allem, was falsch ist in unserer Welt. Mit ihren Illusionen nähren sie die Dunkelheit der Welt und lenken uns von den Dingen ab, die einen transzendenten Wert besitzen und uns über diese Welt hinausbringen können. Liebe, Heilung und Hilfe lassen ein Bewusstsein für unser Verbundensein und schließlich für das EINSSEIN entstehen.

Du kannst das Kartenset für deine alltäglichen Probleme ebenso benutzen wie für das, was wie eine unsichtbare Wand deinem Glück und deiner spirituellen Entwicklung im Weg zu stehen scheint. Es soll dir helfen, das Bezugssystem der Welt aus einer psychologisch-spirituellen bzw. einer transpersonalen Perspektive zu verstehen. Es soll dir in der Welt helfen, gleichzeitig aber auch, die Welt zu überschreiten und in eine Welt einzutreten, die auf Liebe und Wahrheit aufgebaut ist, eine vollkommene Welt, die sich in den HIMMEL SELBST hinein öffnet.

Wie alle bisherigen Kartensets der *Psychology of Vision* können auch diese Karten um ihres Unterhaltungswertes willen benutzt werden. Ihr weit größerer Wert liegt jedoch darin, dass sie dich auf die verborgenen Fallen hinweisen, die nicht nur deinem Erfolg, sondern auch deiner Entwicklung in Liebe und Freude im Weg stehen. Das vorliegende Kartenset kann gemeinsam mit den anderen Kartensets der *Psychology of Vision* verwendet werden, um eine Landkarte des Geistes zu erstellen, verborgene Fallen aufzudecken und Prinzipien der Heilung aufzuzeigen, die dich befreien können.

Viel Vergnügen!

Sei ohne Sorge!

Sei glücklich!

Sei Liebe!

Einführung

- Ein Götze ist eine Illusion, die wir erfunden haben.
- Ein Götze ist ein falscher Gott, von dem wir glauben, er könne uns retten oder uns glücklich machen.
- Götzen halten uns in einer Welt der Trennung und der Dualität gefangen.
- Götzen sind Illusionen, die einen Teufelskreis aus Illusionen in Gang setzen.
- Jenseits dieser illusionären Welt liegt eine vollkommene Welt, und jenseits dieser Welt liegen wiederum das Licht und die Liebe des HIMMELS.
- Götzen enttäuschen oder frustrieren uns. Sie können uns nur für den Augenblick erfüllen.
- Götzen rühren von Urteilen her, die wir über uns selbst gefällt haben. Dann spalten wir diese Urteile ab, verdrängen sie und projizieren sie schließlich auf die Welt. Wenn wir unsere innere Bedürftigkeit, Leere und Einsamkeit fühlen, suchen wir nach den fehlenden Anteilen von uns selbst, die wir nach außen projiziert haben, denen die Bedeutung, die wir ihnen geben, nun jedoch einen besonderen Glanz verleiht.
- Götzen stehen für Dinge, die wir zu brauchen glauben, die aber unser Bewusstsein spalten, weil sie selbst aus einem gespaltenen Bewusstsein heraus entstanden sind. Wir wollen sie haben und wollen sie gleichzeitig nicht haben, was dazu führt, dass wir sie nicht haben, sobald wir sie haben wollen. Wir wollen das haben, was wir haben wollen, aber gleichzeitig wollen wir auch unsere Unabhängigkeit bewahren. Das eine verbindet uns, während das andere uns trennt.
- Wenn wir den ersehnten Götzen endlich haben, schauen wir uns entweder schon bald nach einem anderen Götzen um, weil der Götze, den wir bekommen haben, uns keine Erfüllung gebracht hat, oder wir geben desillusioniert, enttäuscht und verzagt auf. Depression ist ein sicheres Zeichen dafür, dass wir einen Götzen verloren haben.
- Götzen stehen für den größten Fehler, den wir machen können und der in dem Glauben besteht, etwas außerhalb von uns könne uns ein Gefühl der Vollständigkeit vermitteln und uns glücklich machen. Unser Glück rührt jedoch von dem her, was wir geben und empfangen. Es rührt niemals von dem her, was wir nehmen oder bekommen. Wir versuchen zu neh-

men, weil wir unabhängig bleiben wollen, um uns nicht neu verbinden zu müssen. Dabei würde Verbundenheit uns ermöglichen, das zu empfangen, was wir haben wollen. Unser Versuch zu nehmen hat Zurückweisung und Rache zur Folge. Bekommen bringt uns keine Erfüllung. Es führt dazu, dass wir gierig werden, weil es uns keine Befriedigung schenkt.

- Die Enttäuschung und die zerschlagenen Träume, die eine Folge unserer Götzen sind, führen uns zu Verzagtheit, Depression und zum Tod hin.
- Das Ego benutzt Götzen, um dafür zu sorgen, dass wir auf seine Welt ausgerichtet und ihr verschrieben bleiben.
- Es gibt einen Teufelskreis aus Götzen, Schmerz, Urteil und Groll. Dies sind Angriffsformen, mit deren Hilfe das Ego uns in einem letzten verzweifelten Versuch von der LIEBE, von unserem SELBST und von GOTT fernhalten will.
- Es gibt einen Teufelskreis aus Götzen, zerschlagenen Träumen und der Entstehung unseres Egos.
- Es gibt auch einen Teufelskreis aus Götzen und dem Ego, das die Identität ist, die wir uns selbst gegeben haben. Das Ego entsteht aus Trennung, Schmerz, Illusion und dem Bedürfnis, das von der Zerstörung unserer Verbundenheit herrührt, die uns nach Götzen suchen lässt.
- Götzen hindern uns an der Erkenntnis, dass das Leben noch mehr für uns bereithält und dass wir die Liebe, den HIMMEL und GOTT erfahren könnten, denn dies sind die Dinge, auf die wir uns in Frieden und Freude hin entwickeln.

Götzen sind die Dinge, von denen wir glauben, sie könnten uns retten, uns Sicherheit geben oder uns glücklich machen. Es gibt viele Dinge in der Welt, die dazu imstande sind, aber immer nur für den Augenblick. Wenn wir nach anderen Menschen oder äußeren Dingen suchen, damit sie uns glücklich machen oder uns helfen, Probleme zu überwinden, oder wenn wir sie benutzen, um mit ihrer Hilfe durch die Nacht zu kommen, dann verwandeln wir sie und uns selbst in ein Objekt und erheben sie zu falschen Göttern.

Wir missbrauchen Dinge wie Essen, Sex oder Erfolg, einen anderen Menschen oder eine Beziehung, wenn wir versuchen, sie zu etwas zu machen, was sie nicht sind. Wir tun es aus dem Versuch heraus, etwas zu sein, das wir nicht sind. Wir machen uns selbst zu einem Ego und zu einem Körper. Wir versuchen, eine Sache zu GOTT zu machen in dem Glauben, dass sie unser HIMMEL sein kann. Dinge sind von ihrem Wesen her dazu jedoch nicht in der Lage. Wir versuchen, sie zu etwas zu machen, das sie nicht sind. Wir wollen sie dazu zwingen, etwas zu sein, das sie nicht sind. Anschließend können wir nicht akzeptieren, dass sie nicht zu dem werden, was wir aus ihnen machen wollten. Unser Mangel an Akzeptanz äußert sich in Gefühlen der Verletztheit oder sogar in einem Herzensbruch. Wenn wir etwas zu einem Götzen machen und enttäuscht oder desillusioniert werden, leiden wir. Diese Emotionen benutzen wir dann als eine Form von emotionaler Manipulation oder Kontrolle, um zu bekommen, was wir wollten. Wenn der Versuch, andere Menschen zu kontrollieren, nicht gelingt, sind wir enttäuscht. Desillusionierung oder sogar zerschlagene Träume können sich aber auch einstellen, wenn wir bekommen, was wir wollen. Der unerträgliche Schmerz des Herzensbruchs, den ein zerschlagener Traum erzeugt, ist ein sicheres Anzeichen für einen Götzen.

Dieser Herzensbruch setzt ein Muster aus Rache, Hass und Selbsthass in Gang. Rache führt dazu, dass wir versuchen, uns selbst oder andere Menschen zu verletzen, um uns an jemandem zu rächen. Wir greifen ihn an, weil er unsere Bedürfnisse nicht erfüllt. Unser Hass – wie übrigens jede Form von emotionalem Schmerz – ist ein Zeichen dafür, dass wir es mit einem Götzen zu tun haben. Die Teufelskreise aus Selbsthass und Hass, Rache, Herzensbruch und zerschlagenen Träumen entwickeln eine äußerst zerstörerische Wirkung. Alle diese Dinge sind Formen von Schmerz und von emotionaler Unreife, die zum Leiden in der Welt beitragen. Wir ziehen uns vom Leben zurück, und dies ist ein Fehler, der dazu führt, dass wir uns dem Tod zuwenden. *Eine Emotion kann nur dann entstehen, wenn wir versuchen, etwas außerhalb von uns zu bekommen, weil wir glauben, dass es unsere QUELLE ist.* Dies ist ein Götze, ein falscher Gott, den wir anbeten. Er hat Schmerz, Enttäuschung, zerschlagene Träume und schließlich den Tod zur Folge.

Die Teufelskreise aus Rache und Herzensbruch, Hass und Selbsthass sind nur zwei der abwärts führenden Spiralen, die uns zynisch machen können. Wenn diese ernüchternden Ereignisse geschehen, haben wir eine Wahl. Zerschlagene Träume gehören zu den schmerzhaftesten Erfahrungen, die wir im Leben machen können, und sie führen rasch zu Bitterkeit und Depression. Es steht zu hoffen, dass wir solche Enttäuschungen nutzen, um zu erkennen, dass wir einen Fehler gemacht und unseren Glauben in die falsche Sache investiert haben, und dass wir uns dann darangeben, diesen Fehler zu berichtigen. Der erste Schritt kann in der Erkenntnis bestehen, dass wir versucht haben, einen Menschen, eine Sache oder ein Ereignis zu etwas zu machen, das er, sie oder es nicht ist. Dies ist ein Götze. Ein Götze ist ein Plan des Egos, der Glück verspricht, aber im Tod endet. Götzen sind Illusionen, die von Trennung herrühren, tief im Geist verborgen und schwer aufzuspüren sind, obwohl sie sich manchmal direkt vor unseren Augen verbergen und der Welt als völlig normal erscheinen. Nachdem ich zum ersten Mal etwas von Götzen gehört hatte, dauerte es noch viele Jahre, bis es mir in einer Sitzung endlich gelang, einen Götzen zu entdecken. Dennoch liegen

Götzen allem Schmerz und aller Desillusionierung zugrunde. Heute fällt es mir leicht, sie aufzuspüren, weil sich an der Wurzel jeder emotionalen Verstimmung und jedes Problems ein Götze verbirgt.

Götzen richten unsere Aufmerksamkeit darauf aus, Dinge zu bekommen, während sie zugleich bewusste und unterbewusste Muster der Habgier in Gang setzen. Sie können in der Familie von Generation zu Generation weitergegeben, aber auch auf einer Seelenebene in dieses Leben mitgebracht worden sein, weil es sich bei ihnen um Seelenmuster handelt, die tief im Unbewussten verborgen liegen. Götzen sind ein Teil unseres kollektiven Bewusstseins, und das uralte Ego benutzt sie, um seine Position zu festigen. Es hat unser Bedürfnis nach Götzen erzeugt, nachdem wir aus dem Zustand des EINSSEINS heraus- und in den Traum hineingefallen sind. Götzen stellen einen Uraspekt des Bewusstseins dar. Sie sind darauf angewiesen, dass sie verborgen bleiben, denn sobald sie zutage gefördert werden, lassen wir sie in der Regel los, weil wir erkennen, dass sie ein schlechtes Geschäft sind. Ein Geschäft mit dem Ego gleicht einem Pakt mit dem Teufel, denn beide sorgen dafür, dass wir uns vom Licht abwenden. Das Ego ist eine moderne Metapher für das, was in früheren Zeiten der Teufel symbolisierte. Der Teufel ist der „Vater der Lügen", und selbst wenn das Ego die Wahrheit sagt, bedient es sich ihrer auf eine trügerische Weise. So erklärt das Ego uns beispielsweise, dass wir eine große Lebensaufgabe zu erfüllen haben, und das ist natürlich richtig. Es erklärt uns aber gleich darauf auch, dass *wir* diese Aufgabe unmöglich erfüllen können. Auch das ist richtig, aber zugleich irreführend. *Wir können und werden unsere Lebensaufgabe nicht aus eigener Kraft erfüllen. Sie wird vielmehr durch uns erfüllt.* Der HIMMEL verwirklicht unsere Lebensaufgabe durch uns, und dies erfordert unsere Bereitschaft, unser großes Ja zum HIMMEL, zu uns selbst und zum Leben.

Glück und Schmerz

Ein Götze ist ein falsches Glücksversprechen, das dafür sorgt, dass wir uns von dem Ort abwenden, an dem unser Glück tatsächlich auf uns wartet. Unser Glück liegt in uns selbst und kann immer nur kurzzeitig von außen kommen. Die Überzeugung, unser Glück rühre von äußeren Dingen her, ist der größte Fehler, den wir im Leben machen können. Sie bringt uns dazu, in die falsche Richtung zu blicken, und wenn es einem Götzen nicht gelingt, uns glücklich zu machen, dann **hegen wir einen Groll**, der uns weiteres Leiden einbringt. Das führt dazu, dass wir noch stärker nach Götzen suchen, um Stress und Schmerz zu lindern. Es entsteht ein Teufelskreis, der die Schlinge um unser Herz und unseren Geist immer enger zieht.

Ein Götze ist ein falscher Gott, der verspricht, uns aus unserem Elend zu befreien, uns glücklich zu machen und uns zu retten. Er tut keines dieser Dinge. Enttäuschung und Desillusionierung sind die Folge. Wir verzagen und blicken uns nach anderen Götzen um. Dies gibt uns zunächst die Energie, die wir brauchen, um das zu finden, „was uns diesmal ganz bestimmt **wirklich** erfüllen und glücklich machen wird." Götzen können uns jedoch nicht glücklich machen, weil etwas zu *bekommen* uns nicht glücklich machen kann. **Was uns glücklich macht, ist das, was wir geben.** *Die Erfüllung unserer Lebensaufgabe ist das, was uns erfüllt. Das Annehmen unserer Bestimmung als strahlendes Kind G*OTTES *gibt uns alles, was wir wollen. Wir empfangen im Geben.* Im Teilen wird uns selbst Fülle zuteil. Die Liebe in unseren Beziehungen ist das, was uns glücklich macht. Das Ego ist geizig und habgierig. Es verspricht, dass wir glücklich sein werden, wenn wir nehmen, bekommen, konsumieren oder besitzen. Es schlägt uns diese Dinge vor, damit wir uns nicht verbinden, nicht helfen, nicht geben, nicht teilen, nicht lieben und nicht empfangen müssen, denn alle diese Dinge und die mit ihnen verbundene Freude bringen das Ego zum Schmelzen. Also schlägt es **Bekommen** als den Weg vor, der uns glücklich machen soll. Das kann natürlich niemals funktionieren. Geben und Vergeben sind die einzigen Dinge, die es uns ermöglichen, uns wieder neu zu verbinden, und dies beendet den Schmerz der Trennung und löst das Bedürfnis auf, das die Grundlage aller Götzen ist. Wo die Trennung endet, dort löst das Ego sich auf. Auch die Leere des Egos, die es mithilfe von Götzen ausfüllen will, löst sich auf.

Deine Beziehungen können dich weder retten noch glücklich machen. Sex kann dich weder retten, noch kann er unaufhörlich das kleine Stück vom HIMMEL sein, das du aus ihm machen möchtest. Weder Geld noch Ruhm können dich retten. Weder harte Arbeit noch Leiden können dich retten. Nur *du* selbst kannst dich retten und für dein eigenes Glück sorgen, indem du deine Blindheit aufgibst und die Dinge zu dem Zweck benutzt, zu dem sie bestimmt sind. Jeder Versuch, etwas außerhalb von uns zu bekommen, ist eine Klage oder sogar ein Wutanfall, der ein noch höheres Maß an Schmerz erzeugt. Unsere Emotionen sind eine Form von Kampf und emotionaler Erpressung, die wir benutzen, um unseren Willen durchzusetzen und unsere Götzen zu bekommen. Wenn das nicht funktioniert, setzen wir Groll als Mittel ein, um zu zeigen, dass jemand uns Unrecht getan hat. Emotionen, Probleme und Groll sind Klagen darüber, dass unser Versuch, etwas zu bekommen, vereitelt wurde. Emotionen sind eine Form von Erpressung. Sie versuchen, eines Götzen habhaft zu werden, oder wollen jemand anderen dazu bringen, unsere Bedürfnisse zu erfüllen.

Groll ist eine Ausrede, um unserer Lebensaufgabe und unserer Bestimmung aus dem Weg zu gehen. Unsere Lebensaufgabe und unsere Bestimmung sind

Formen von Liebe, die uns wirklich glücklich machen würden. Die Tatsache, dass wir vor ihnen davonlaufen, verstärkt unseren Wunsch zu nehmen, was uns noch weiter in die falsche Richtung führt. Die daraus herrührende Trennung stärkt das Ego.

Unser Glück liegt darin, dass wir die zahllosen Gaben und Talente, die wir in uns tragen, mit anderen Menschen teilen, während wir zugleich die Freigiebigkeit des HIMMELS empfangen. Statt in Richtung der Dunkelheit zu gehen, die von Groll herrührt, können wir auf das Licht dessen zugehen, was uns wirklich glücklich macht. Wir können um die Hilfe des HIMMELS bitten. Wir können zerschlagene Träume und Herzensbrüche nutzen, um zu erkennen, was Berichtigung braucht, und wir können den Schmerz heilen, der nach Frieden ruft, statt Probleme und Leiden als Hindernis für den Frieden zu benutzen. Anstatt diese schmerzhaften Ereignisse als Zeichen der Enttäuschung und des Todes zu sehen, können wir sie benutzen, um Heilung zu erlangen und unsere Liebesfähigkeit zu vertiefen. Dies rettet uns vor der Zerstörungskraft, die allen Götzen innewohnt, und auch vor der Todesversuchung, die mit ihnen einhergeht. Ein Götze ist eine Illusion. Eine Illusion ist gleichbedeutend damit, dass wir etwas sehen, das nicht da ist, oder etwas nicht sehen, das in Wirklichkeit da ist. Letztendlich stehen Illusionen der Liebe und unserer Fähigkeit, das Licht zu sehen, im Weg. Liebe und Licht sind die Dinge, die uns retten. Urteile, Groll und Trennung erzeugen Dunkelheit. In einem Teufelskreis aus Trennung, Selbstkonzepten, Schmerz, Urteilen, Groll und Götzen erzeugen sie nicht nur die Selbstkonzepte, aus denen das Ego besteht, sondern rühren zugleich auch von ihnen her. Sie häufen Illusion auf Illusion. Wir werden gerettet, indem wir Heilung erlangen oder uns für die Hilfe des HIMMELS offnen. Wir finden das Glück, indem wir geben und vergeben, uns öffnen und empfangen, lieben und kreativ sind, unsere Lebensaufgabe erfüllen und unsere Bestimmung annehmen.

Unser Glück rührt nicht daher, dass wir Dinge bekommen oder anhäufen. Sobald wir von einer Sache gesättigt sind, erkennen wir stets, dass wir noch mehr brauchen, um vollständig zu sein. Die Vollständigkeit, nach der wir suchen, liegt jedoch in uns selbst. Sie rührt von Liebe und von der Erkenntnis her, dass wir reiner Geist sind, dass wir das Licht sind, das jenseits des Körpers liegt. Geben lässt uns erkennen, dass wir etwas haben, das wir mit anderen Menschen teilen können. Andere Menschen zu segnen und zu ihnen hinauszureichen lässt uns in immer höherem Maße unsere eigene Erfülltheit erkennen. Heilung nimmt den Schmerz fort, berichtigt den Fehler und öffnet uns von neuem für das, was wir als reiner Geist in Wirklichkeit sind. Heilung weist uns die richtige Richtung, die zum Leben und zur Liebe hinführt. Anderen Menschen zu helfen gibt unserem Leben einen Sinn. Es ist das, was uns rettet. Verbundenheit bringt mühelos Liebe und Erfolg mit sich. Götzen bewirken, dass der Anteil unseres Bewusstseins, der den Traum der Welt träumt, aufrechterhalten und verstärkt wird. Sie schneiden uns vom HIMMEL und von unserer wahren Richtung ab. Sie machen uns glauben, dass Bekommen der Weg zum Glück ist. Sie verwirren uns und stellen unser Leben auf den Kopf. Sie geben uns falsche Werte wie dissoziierte Unabhängigkeit anstelle von wechselseitiger Abhängigkeit oder Selbstgerechtigkeit und Groll anstelle von Vergebung. Sie behaupten, das Anhäufen von Dingen sei ein Zeichen von Erfolg, nicht das Weitwerden unseres Herzens und unseres Geistes auf dem Weg hin zu der Erkenntnis, dass wir reiner Geist sind.

Dadurch, dass wir nach Götzen suchen, uns äußere Ziele setzen und es so aussehen lassen, als ob dies nicht nur der beste, sondern auch der einzige Weg wäre, verschließen wir die Augen vor dem, was uns wirklich glücklich macht. Die Sichtweise unseres Egos raubt uns unseren Frieden, macht uns anfällig für Groll und bringt unsere körperliche Gesundheit in Gefahr. Sie erlegt uns überflüssige Aufgaben auf, die uns antreiben, aber nichts zu unserem Glück beitragen. Wir häufen Geld und materielle Dinge an, um unsere Besonderheit unter Beweis zu stellen. Wir glauben, dass unser selbstgeschaffenes Ego und seine Besonderheit uns vor dem Tod retten können, während unser Ego uns die ganze Zeit dem Tod in die Arme treibt. Das Ego sorgt dafür, dass wir Angst vor Langeweile haben, und redet uns ein, dass Sinnesreize das sind, was wir wollen und brauchen. Auf diese Weise verbirgt es die Freude sowie den Nervenkitzel der Liebe, der von Frieden herrührt. Das Ego, das eine Illusion der Trennung ist, bringt uns dazu, unseren Glauben in Illusionen zu setzen.

Diese Illusionen enttäuschen uns und haben Depression und Gefühle der Wertlosigkeit zur Folge. Wir glauben, das Problem liege bei uns und nicht in den Dingen, in die wir unseren Glauben gesetzt haben. Dies verstärkt wiederum das Bedürfnis des Egos danach, uns glauben zu machen, wir seien unser Körper, statt einen Körper zu haben. Die Identifikation mit dem Körper hält uns im Glauben an den Tod gefangen. Das Ego überzeugt uns davon, dass der Körper bestimmte Dinge braucht, um sich zu schützen und um seine Gesundheit und Sicherheit zu gewährleisten. Dazu gehören beispielsweise Geld, Macht, Medikamente, Einfluss und die richtigen Freunde. Auch hier suchen wir wieder außerhalb von uns, statt uns auf die Erkenntnis zu konzentrieren, dass unser eigener Geist und die LIEBE GOTTES das sind, was uns trägt. Wir schwächen uns durch unsere Abhängigkeit von äußeren Dingen, während in Wirklichkeit nur das, was wir in uns tragen – unser eigener Geistesfriede, GOTT und SEINE LIEBE –, uns glücklich machen und für unsere Sicherheit und unseren Schutz sorgen kann. Wir haben unseren Glauben in Götzen gesetzt, und sie werden uns enttäuschen. Die Dinge des Egos verstärken unsere Identifikation mit dem Körper, anstatt dafür zu sorgen, dass wir uns mit unserer Wesensnatur als reiner Geist identifizieren.

Die Erkenntnis, dass Licht, Geist und die LIEBE GOTTES unsere grundlegende Wesensidentität sind, befreit uns von unserem Ego, vom Glauben an Götzen und von dem, was sie anrichten können.

Liebe und GOTT oder Götzen und das Ego

Götzen sind falsche Götter, aber das erste Gebot lautet: „Ich bin der HERR, dein GOTT. Du sollst keine anderen Götter haben neben mir." In deiner Kindheit war dies vielleicht das einzige Gebot, von dem du glaubtest, dass du es niemals brechen würdest. Unser Ego und alle seine Götzen sind jedoch falsche Götter, die vor unserer bewussten Wahrnehmung so gut verborgen sind, dass wir dieses Gebot andauernd brechen. Wenn wir unseren Glauben in falsche Götter setzen, verlieren wir die Tatsache aus dem Blick, dass wir von der LIEBE GOTTES getragen werden. Eine Lektion in *Ein Kurs in Wundern* (Ü-I.50) lautet: „Ich werde von der LIEBE GOTTES erhalten." In dieser Lektion habe ich zum allerersten Mal etwas über Götzen gelesen, aber erst viele Jahre später allmählich begriffen, dass Götzen zu den großen Fallen in unserem Leben gehören.

Heute möchte ich den Menschen die Möglichkeit geben, mehr über diese Fallen zu erfahren und ein tieferes Verständnis für sie zu entwickeln. Ich möchte ihnen ein Werkzeug an die Hand geben, mit dessen Hilfe sie das zutage fördern können, was sie verdrängt haben, sodass sie sich bewusst für das entscheiden können, was sie wirklich wollen. Götzen verbergen sich direkt vor unseren Augen. Sie sind Teil des kollektiven Bewusstseins der Menschheit, und wir halten sie für völlig normal, aber sie unterbrechen den Fluss und versperren uns den Zugang zu der Inspiration, die der HIMMEL uns schickt und die unseren Entwicklungsprozess von allen Blockaden befreien würde. Götzen sind ein Loblied an das Ego, und sie sind darauf angewiesen, dass sie verborgen bleiben. Das vorliegende Kartenset soll unsere Götzen aufspüren und uns die Möglichkeit geben, eine Entscheidung zu treffen, die uns ermächtigt. Das Ego benutzt unsere zahllosen Selbstkonzepte, um seine Identität aufzubauen und zu verteidigen, und alle diese Selbstkonzepte streben nach Götzen. In dem Maße, in dem wir unsere Selbstkonzepte loslassen, löst sich auch unser Bedürfnis nach Götzen auf, das auf alten Spaltungen und altem Schmerz beruht. Dies lässt sowohl Gnade als auch neuen Fluss zu. Die Hilfe des HIMMELS ist uns gewiss, wenn wir unsere Abhängigkeit vom Ego und seinen Götzen loslassen.

GOTT ist letztlich LIEBE und LICHT. Die LIEBE und die GROSSEN STRAHLEN sind das EINSSEIN. Im Endeffekt existieren für uns weder Trennung noch der Glaube daran, dass wir unser Körper sind. Ebenso wenig existiert der

Glaube an den Tod, den Götzen erzeugen und verstärken. Der HIMMEL ist die Erkenntnis des EINSSEINS, die Erfahrung der überwältigenden Freude, die vom LICHT und von der LIEBE GOTTES herrührt. Auch wenn dies die höchste Wahrheit ist, erfahren wir derzeit jedoch eine Welt der Trennung und der Illusion. Diese Welt besteht aus substanzlosen Träumen, die keine Wirklichkeit mehr haben, sobald wir für das erwachen, was wahrhaftig ist. GOTT ist daher das Ziel, und ER ist die einzige WIRKLICHKEIT. Was aus GOTT hervorgeht, ist GOTTgleich. Schmerz, Illusion, Leiden, Krankheit, der Körper und der Tod rühren deshalb nicht von GOTT her, sondern von den Illusionen und der Dunkelheit unseres eigenen Geistes, der von Trennung, Schmerz, Urteil und Groll erfüllt ist. Je stärker sie sind, umso größer ist unser Bedürfnis und folglich auch unser Streben nach Götzen, die wiederum mehr Schmerz, größeren Groll und noch tiefere Trennung bringen. Dies ist die Welt, in die wir hineingeboren werden. Hier beginnt der Weg, der uns aus einer Welt der Trennung zum EINSSEIN zurückführt.

Eine Welt der Trennung ist eine Welt, die von Schmerz und Konflikten erfüllt ist. Es ist eine Welt, die von Konkurrenz und Mangel geprägt ist. Es ist eine Welt, die von unseren Götzen aufrechterhalten wird. Konflikte und Schmerz lösen sich auf, wenn wir uns unserer Götzen entäußern und Frieden zu unserem einzigen Ziel machen. Damit öffnen wir die Tür zu Heilung, Transzendenz und Glück. Wir tragen unsere Ganzheit und unsere Wesensnatur als reiner Geist nach wie vor in uns, überdeckt von den zahllosen Selbstkonzepten, die uns unsere Ego-Identität geben. Diese Identität haben wir selbst geschaffen, und sie ist nicht ganz, sondern gespalten. Sie ist überdeckt von der Aufmerksamkeit und Energie, die wir darauf verwenden, Götzen zu besitzen.

Götzen und Streben

Unsere Götzen aufzugeben bedeutet, unser Streben aufzugeben, denn alles Streben ist ein Versuch, etwas außerhalb von uns zu bekommen. Streben ist eine Kompensation, die uns von dem Schmerz und der Schuld erlösen soll, die unser gespaltenes Bewusstsein erzeugt hat. Um Erfolg zu haben, brauchen wir unseren Willen jedoch nur vollkommen auf den WILLEN des HIMMELS auszurichten. Damit lassen wir zu, dass uns geholfen wird, und wir öffnen uns für die Gaben und die Gnade, die uns geschenkt werden wollen.

Es wäre wunderbar, wenn wir durch unser Leben gehen könnten, ohne uns antreiben zu müssen. Uns sanft führen zu lassen, frei von Sorgen zu sein, alles, was ansteht, durch uns tun und vollbringen zu lassen, statt es aus eigener Kraft zu tun. Unsere Arbeit könnte inspiriert und in Liebe vollbracht werden, und unser Handeln wäre nicht von dem Streben geprägt, das versucht, Schmerz und Groll zu verbergen. Streben ist der Versuch, bestimmte Dinge zu erreichen, aber wenn wir das bekommen, was wir wollen, sind wir nicht da, um es zu empfangen, weil Streben eine Abwehrstrategie ist. Wir treiben uns an, um etwas zu bekommen. Bekommen und Nehmen sind Aspekte der Habgier unseres Egos. Sie mögen uns für den Augenblick zwar Befriedigung bringen, sind jedoch niemals genug, weil wir niemals in vollem Umfang den Lohn erhalten und genießen können, der auf ganz natürliche Weise mit dem Empfangen einhergeht, das von Verbundenheit kommt.

Unser Ego ist das Prinzip der Trennung. Es hat eine Verschwörung in Gang gesetzt, die uns nicht nur von unserem inneren Licht fernhalten soll, sondern auch von der Erkenntnis, dass das Ziel darin besteht, dieses Licht zu entdecken. Götzen spielen eine wichtige Rolle bei diesen Verschwörungen, die durch eine Vielzahl dunkler Elemente miteinander verknüpft sind, die Trennung erzeugen. Trennung, Groll und alter Schmerz gehören zu den grundlegenden Triebkräften aller Probleme, und aus ihnen gehen die anderen Eckpfeiler – Angst, Schuld und der Autoritätskonflikt – hervor.

Das vorliegende Kartenset bietet eine wunderbare Möglichkeit, uns einen der Eckpfeiler bewusstzumachen, die das Ego benutzt, um uns gefangen zu halten, und uns von ihm zu befreien. Sobald dieser Eckpfeiler ins Wanken gerät, gerät das gesamte Gebäude des Egos ins Wanken. Sei unbesorgt, wenn dein Ego wankt. Was das Ego verliert, gewinnt die Liebe zurück.

Wenn ein Arzt dir erklärt, dass du schon sehr bald unter größten Schmerzen sterben wirst, holst du dir doch gewiss eine zweite Meinung ein. Die Karten und das zugehörige Buch geben dem HIMMEL die Möglichkeit, durch sie zu sprechen, und bieten dir auf diese Weise eine zweite Meinung an. Deine Lebensqualität und dein Erwachen hängen davon ab.

Trennung und Götzen

Trennung erzeugt Schmerz, Bedürfnisse und Illusionen. Das Leiden, das mit diesen Dingen einhergeht, erhält die Spaltung der Trennung aufrecht. Trennung erzeugt ein gespaltenes Bewusstsein sowie Angst, Schuld und Widerstand. Sie erzeugt auch unsere Selbstkonzepte. Trennung ist eine Illusion, die auf Schmerz und Urteilen beruht. Diese Illusion und die aus ihr hervorgehenden Bedürfnisse lassen Phantasievorstellungen entstehen, die von dem Glauben herrühren, dass etwas außerhalb von uns selbst uns Erfüllung bringen kann. Wir haften rasch an dem an, wovon wir glauben, es könne unsere Bedürfnisse erfüllen, und bringen unser Leben damit zu, nach diesen Dingen zu streben.

Buddha hat gesagt, dass aller Schmerz von Anhaftung herrührt. Trennung erzeugt einen Teufelskreis aus Schmerz, Bedürfnissen und Anhaftung. Bedürfnisse und Anhaftung verwandeln sich rasch in Schwelgen. Schwelgen bringt uns keine Befriedigung, weil wir nicht empfangen können. Es bildet einen Teufelskreis mit Aufopferung, die ebenfalls nicht empfangen kann. Erschöpfung und Burnout sind die Folge. Schwelgen kann sich auch zu einer Sucht weiterentwickeln. Alle Süchte sind Abwehrmechanismen sowohl gegen unsere Lebensaufgabe als auch gegen eine bestimmte Gabe, zu der wir uns bekennen sollen. Dieser Weg führt zu den Götzen, die Bedürfnisse, Anhaftung, Schwelgen und Süchte fördern. Das Ego liebt Götzen, weil sie es stärken und die bestehende Situation aufrechterhalten. Es ist dieser Welt der Illusionen verhaftet und tut alles, um den Fluss aufzuhalten, der uns zu den glücklichen Lebensträumen führt, aus denen das Erwachen leichtfällt. Unsere Götzen halten uns in der Dunkelheit fest und vertiefen die Illusionen und die Glaubenssätze, die uns davon überzeugen, das Leben sei so, wie sie es uns weismachen wollen. Unsere Götzen machen uns kurzsichtig und hindern uns an der Erkenntnis, dass die Entwicklung stets in Richtung eines höheren Maßes an Liebe und Spiritualität voranschreitet. Das Leben ist weniger materiell orientiert und wird unbeschwerter. Wir erreichen mehr mit weniger. Das Leben dreht sich mehr um Kommunikation und Miteinander als darum, Dinge zu bekommen und zu konsumieren. Es lässt im Laufe seiner Entwicklung immer tiefere Bindungen entstehen.

Spiritualität und Trennung

Wenn wir den kollektiven Glauben an den Tod aufgegeben haben, gelangen wir in unserem Entwicklungsprozess irgendwann über den Körper hinaus, denn der Körper ist im Glauben an den Tod verankert. Vor Anbeginn der Zeit sind wir aus dem Bewusstsein der Vereinigung und der Einheit hinausgefallen und haben einen Körper erschaffen, um unsere Getrenntheit zu beweisen. Wir werden den Körper eines Tages überschreiten, wenn wir unsere Götzen und unsere Träume aufgeben und wieder einen kollektiven Zustand der Einheit erreichen. Vermutlich bedarf es noch vieler Millionen Jahre der Heilung und der Evolution, damit dies geschehen kann. Wenn wir unsere Götzen aufgeben, tun wir jedoch einen großen Schritt in diese Richtung, denn damit lassen wir zu, dass unser Leben von einem sehr viel höheren Maß an Licht und Freude erfüllt ist.

Wenn wir uns trennen, erfahren wir Angst und Schuld. Das Ego verspricht, dass unsere Unabhängigkeit uns glücklich machen wird. Es gibt uns die Kontrolle und nimmt sich unseres Schmerzes an, indem es ihn dissoziiert. Dabei befreit es uns aber nur von ein wenig Schmerz, Angst, Schuld oder Verlust, um hilfreich zu erscheinen, denn anderenfalls würde es genau die Emotionen verlieren, die es benutzt, um Trennung zu erzeugen. Unsere Selbstkonzepte entstehen aus dieser Trennung heraus. Der, der wir zu sein glauben, ist also auf Rückzug und Schmerz aufgebaut.

Die Ausrede, die wir benutzen, um uns zu trennen, besteht darin, dass wir einen anderen Menschen beschuldigen, uns Schmerz zugefügt zu haben, weil er uns etwas angetan hat, was wir nicht wollten, oder etwas nicht getan hat, was er hätte tun sollen. Unsere Selbstidentität beruht auf Groll, und dieser Groll rührt in Wirklichkeit von Schuld her. Die Schuld rührt daher, dass wir eine Beziehung missbraucht haben, um uns zu trennen, statt zu helfen. Dies führt dazu, dass wir urteilen und angreifen. Unser Angriff soll einem Angriff auf uns vorbeugen und ihn verhindern. Wir glauben, auf diese Weise selbst einem Angriff entgehen zu können, aber diese Strategie hat niemals Erfolg. In Wirklichkeit verstärkt sie den Teufelskreis aus Angriff und Selbstangriff. Angriff und Selbstangriff werden zum Fundament des Egos.

Unsere Selbstidentität schneidet die Freude des Lichts ab, das wir sind. In *Ein Kurs in Wundern* heißt es, dass die LIEBE uns als Liebe geschaffen hat. Darin liegt unser Glück. Weil wir glauben wollen, wir könnten uns eine eigene Identität erschaffen, sind wir jedoch in einen Traum hineingefallen, denn Trennung, Angst, Schuld und der Autoritätskonflikt bringen Urteil und Illusion mit sich. Illusionen berauben uns der Fähigkeit, klar zu sehen. Wir treten fehl und fügen uns selbst Schmerz zu. Wo wir glauben, eine Stufe zu sehen, die nach oben führt, führt in Wirklichkeit eine Stufe nach unten. Wir brauchen Hilfe, um klar sehen zu können, und als liebender ELTERNTEIL hat GOTT uns diese Hilfe in unsere Welt der Illusionen gesandt. ER glaubt an uns, weil er weiß, dass wir unseren Weg aus dem Traum hinaus finden werden und dass unser Traum die Wirklichkeit niemals wahrhaft zu verändern vermag. ER wartet darauf, dass wir uns des EINSSEINS bewusst werden, damit die Kommunikationskanäle vollständig geöffnet werden können und die Freude in dem Maße wachsen kann, in dem sie mit anderen Menschen geteilt wird.

Wenn wir Schuld in uns tragen, wollen wir Recht haben und rechtschaffen sein, um uns nicht schlecht zu fühlen. Unser selbstgerechtes Handeln bedeutet, dass wir andere Menschen ins Unrecht setzen müssen. Wir verurteilen sie, um unserer Schuld zu entgehen, aber dem Urteil, das wir über sie fällen, können wir nicht entkommen. Ein Urteil trennt uns und glaubt, wir seien anderen Menschen überlegen. Das Ego fällt es, weil es das Bedürfnis nach Besonderheit hat. Gelingt es ihm nicht, dieses Bedürfnis zu erfüllen, indem es andere Menschen besiegt und sich ihnen überlegen fühlt, dann verliert es und zieht die Aufmerksamkeit, die es braucht, auf sich, indem es zum Opfer wird. Opfersituationen entstehen auch dadurch, dass wir urteilen, uns rächen wollen oder aufgrund der Angst, die wir durch Trennung und Angriffsgedanken erzeugt haben, eine Ausrede brauchen, um den nächsten Schritt nicht gehen zu müssen.

Ein Problem ist eine heimliche, unterbewusste Form der Anklage, die einen anderen Menschen beschuldigt, uns verletzt zu haben. Diese Schuldzuweisung ist die Ausrede, die wir brauchen, um den nächsten Schritt nicht gehen, uns unseren Ängsten nicht stellen, unsere Lebensaufgabe nicht erfüllen und kein höheres Maß an Nähe und Erfolg erlangen zu müssen. Unsere Urteile und Probleme lenken uns ab und verhindern, dass wir uns der Inspiration und Führung öffnen, die uns den Weg der Wahrheit weisen würde, um uns zu befreien. Trennung und Urteile schaffen im wahrsten Sinne des Wortes eine illusionäre Welt. Diese Welt müssen wir durchqueren, um zum Licht zurückgelangen zu können. Wir haben geträumt, dass wir uns vom EINSSEIN abgetrennt haben, aber in Wahrheit kann das EINSSEIN nicht gespalten werden. Wir können nur geträumt haben, dass dies geschehen ist. GOTT ist nicht teilbar. Der, der wir in unserer eigenen Vorstellung sind, wird kleiner als das EINSSEIN, dessen Teil wir sind, und das hat zur Folge, dass wir uns der WIRKLICHKEIT entgegenstellen. Der Wille unseres Egos trennt sich vom WILLEN GOTTES. Dies schmälert unsere Macht, und das Ego behauptet, wahre Macht sei Beherrschung, Kontrolle und Angriff. Es macht uns weis, dass wir in Wirklichkeit genau diese Dinge wollen und brauchen. Wenn wir auf unsere Gedanken achten würden, fiele uns auf, wie viele Angriffsgedanken wir haben, die von Urteil und Rache geprägt sind, sobald uns keine Sonderbehandlung zuteilwird oder etwas nicht so verläuft, wie wir es uns vorgestellt haben. Dieser Groll verstärkt unser eigenes Leiden und auch das Leiden, das wir in der Welt sehen. Groll und Leiden verbinden sich zu einem Teufelskreis.

Götzen werden inmitten unseres Leidens erschaffen. Wenn wir uns trennen, sind Verlust und Bedürfnis die Folge. Statt das gespaltene Bewusstsein zu neuer Ganzheit zu verbinden, erklärt das Ego, der Weg zur Erfüllung des Bedürfnisses, das von unserem gespaltenen Bewusstsein herrührt, bestünde darin, außerhalb von uns zu suchen, statt in unseren eigenen Geist hineinzuschauen, in dem der Ursprung des Problems liegt. Das Licht finden wir durch unseren Geist. Weisung und Antworten finden wir durch unseren Geist. In unserem Geist ruht der GEIST GOTTES. Wir sind nach wie vor ein untrennbarer Teil des GEISTES GOTTES im EINSSEIN, der von seiner Wesensnatur her niemals verloren gehen oder gespalten werden kann.

Das Ego existiert nur in der Spaltung und in den Brüchen, die eine Illusion sind. Ihm ist an einer Welt des Schmerzes und der Trennung gelegen. Es will uns weismachen, dass wir unser Ego und mithin auch unser Körper sind. Es will uns weismachen, dass wir ein Zusammenschluss aus den unzähligen Spaltungen und Selbstkonzepten sind, die in verschiedenen Persönlichkeitskonstellationen locker miteinander verbunden sind.

Um die Illusion vollkommen zu machen, gibt das Ego noch seine geheime Zutat der Götzen hinzu. Götzen sind die Dinge, von denen wir glauben, dass sie unsere Verluste wettmachen können. Es sind die Dinge, von denen wir glauben, dass sie uns Sicherheit bringen oder vor dem retten können, was uns scheinbar bedroht. Damit verbergen sie die wirkliche Bedrohung, die in uns selbst und in unserem Urteil liegt. Wir benutzen Götzen als Mittel, um uns vor der Toxizität unseres eigenen Urteils zu schützen.

Auf der Suche nach äußeren Götzen

Wir sind in die größte Falle getappt, die es gibt und die in dem Glauben besteht, dass äußere Dinge die Quelle unseres Glücks sind oder dass wir durch äußere Dinge bedroht werden können. Wir glauben, dass wir glücklich wären, wenn die Dinge nur so wären, wie wir sie uns vorgestellt haben. Die Tatsache, dass die Dinge nicht so sind, wie wir sie uns vorgestellt haben, ist die Ursache unserer Begrenzungen und unseres Grolls. Wir versuchen unaufhörlich, andere Menschen und das Leben an unsere Vorstellung davon anzupassen, wie etwas sein sollte, damit wir glücklich sein können, und dann sind wir enttäuscht und desillusioniert, wenn sie es nicht sind. Dies sind unsere Erwartungen. Es sind die Forderungen, die wir an andere Menschen, an uns selbst und das Leben stellen. Auch wenn unsere Phantasievorstellungen erfüllt und unsere Bedürfnisse für den Augenblick gestillt werden, sind wir niemals zufrieden, denn wenn wir wirklich zufrieden wären, würden wir uns wieder verbinden. Unser Ego stellt sich jedoch entschlossen allem entgegen, was es zum Schmelzen bringen würde, und dazu zählen beispielsweise Liebe, Heilung und Vergebung. Das Ego ist von Forderungen ebenso abhängig wie von dem Zorn, der Frustration und der Enttäuschung, die Forderungen mit sich bringen, weil sie dafür sorgen, dass wir den Blick nach außen gerichtet halten. Es hält uns im Teufelskreis aus äußerer Suche und Groll gefangen. Es hält uns in Illusionen gefangen, deren dunkle Wolken uns äußerst wirklich und schmerzhaft erscheinen. In uns wartet jedoch das Licht auf uns. Es ist unser Zuhause. Es ist, wer wir wirklich sind. Es ist die Quelle unseres Glücks und die Wesensnatur, in der wir geschaffen wurden.

Wir empfangen durch unser Geben, und wir geben umso mehr, je mehr wir empfangen. Dies ist eine aufwärts führende Spirale, die uns aus den Fallgruben des Schmerzes herausführt und ein Gegenmittel zu den Teufelskreisen des Egos darstellt, die spiralförmig abwärts führen. Die Spirale aus Geben und Empfangen hebt auch die Dualität auf, die ihren Ursprung in Gegensätzen hat: Leben und Tod, männlich und weiblich, Licht und Dunkelheit, gut und böse, Liebe und Angst, Liebe und Hass, Ewigkeit und Zeit, aufwärts und abwärts, innen und außen, Frieden und Krieg, geistig und materiell. Wenn wir erkennen, dass Geben und Empfangen die beiden Seiten ein und derselben Münze sind, dann beginnt unser Aufstieg aus dem Stadium der Schau ins Stadium der spirituellen Schau und des Meisterschaftsbewusstseins hinein. Die Dualität erhält die Trennung aufrecht und lässt es so scheinen, als sei die Welt, die wir sehen, die einzige Wirklichkeit, die es gibt.

Das Ego will uns dazu bringen, auf die Welt zu schauen und zu glauben, dass sie wirklich ist. Die Welt ist das Reich des Egos. In *Ein Kurs in Wundern* (T-8.IV.3:7) heißt es dazu: „... die Welt [*ist*] der Glaube [], Liebe sei unmöglich." Die Welt ist der Ort, an dem das Ego uns im Schmerz gefangenhält, der daher rührt, dass wir suchen, aber nie finden. Es wirft uns alle seine Ablenkungen, Versuchungen und Selbstangriffe entgegen, um zu verhindern, dass wir ins Gleichgewicht gelangen. Es schickt uns auf irrwitzige Reisen, lässt uns eine sinnlose berufliche Laufbahn einschlagen und nach Dingen suchen, die unecht und wertlos sind. Es verspricht uns, dass wir vor Angriff sicher sind, wenn wir selbst angreifen, und dass dies uns befreien und unseren Schmerz auflösen oder zumindest dafür sorgen wird, dass wir uns besser fühlen. Es weist uns an, die zu bestrafen, die etwas „falsch" gemacht oder uns enttäuscht haben, weil es ihre Aufgabe ist, uns glücklich zu machen, indem sie unsere Bedürfnisse erfüllen.

Würden wir unsere Lebensgeschichte erzählen, würde sie davon handeln, wie heldenhaft wir die vielen Herausforderungen gemeistert haben, denen wir uns stellen mussten. Sie würde von unserem Schmerz und davon handeln, dass andere Menschen uns zum Opfer gemacht haben. Diese Lebensgeschichte zeigt, dass wir uns versteckt haben. Die Geschichte, die wir uns und anderen Menschen darüber erzählt haben, was uns widerfahren ist und was andere Menschen uns angetan oder nicht angetan haben, ist schlicht und einfach nicht wahr, wenn wir das Unterbewusstsein einbeziehen, in dem der größte Teil der wahren Geschichte verborgen liegt. Das Maß, in dem wir diese irreführenden Geschichten erzählen, entspricht dem Maß, in dem unser Leben von Emotionen und Schmerz geprägt ist. Auf der tiefsten Ebene entspricht das Ausmaß unserer Emotionen dem Maß, in dem wir uns selbst und andere Menschen getäuscht haben. Genau aus diesem Grund gibt es das Unterbewusstsein und das Unbewusste. Mit ihrer Hilfe können wir das, was tatsächlich geschieht, vor uns selbst verbergen. Da alle an solchen Situationen beteiligten Menschen insgeheim gemeinsame Sache machen, leben wir in einer Welt der Täuschung, in der nur wenige Menschen die Verantwortung für ihr Leben übernehmen. Dies lässt eine Welt der Folter entstehen, die von Selbstfolter herrührt und uns von unserem eigentlichen Problem ablenkt, das in Trennung besteht und die Wurzel aller Probleme ist. Es zeigt unsere Investition in Götzen, die das Ego als Verschwörung benutzt, um uns in Enttäuschung und Groll gefangen zu halten. Es gibt praktisch niemanden, über den wir kein Urteil fällen, weil wir sogar über die Menschen urteilen, die wir am meisten lieben. Wir greifen sie an, weil es ihnen nicht gelungen ist, uns restlos glücklich zu machen. Sie haben uns keine Erfüllung gebracht oder uns nicht vor uns selbst und dem Schmerz oder der Langeweile unserer Existenz gerettet. Unsere Probleme sind Klagen, die durch den Groll darüber genährt werden, dass jemand oder etwas für uns nicht GOTT gewesen ist. Wir benutzen sie, um uns zu verstecken. Wir laufen vor unserer Lebensaufgabe davon, die darin besteht, wirklich glücklich zu sein, zu vergeben, wenn wir nicht glücklich sind, das heilige Versprechen zu erfüllen, mit dem wir betraut wurden und das uns und andere Menschen retten würde, und schließlich die Welt zu retten, indem wir unseren Weg zu dem Licht finden, das in uns selbst und anderen Menschen leuchtet. Groll hält uns in körperlichem und emotionalem Schmerz gefangen, weil es kein Problem und keine schmerzhafte Situation gibt, in deren Kern nicht Groll verborgen liegt. Außerdem es gibt nicht einen Götzen, bei dem nicht Urteile und Groll ein Teil dessen sind, was ihn in unserem Leben verankert. Im Grunde sind wir vor GOTT davongelaufen, um eine eigene Welt zu erschaffen, die uns in Groll und selbstverschuldeter Unerfülltheit gefangen hält.

Der Geist gibt uns, was wir wollen. Dies entspricht seiner Natur. Die Bilanz unseres Lebens spiegelt die vielen Wünsche wider, die von unserem gespaltenen Bewusstsein herrühren. Die Welt unserer Wahrnehmung ist ein Spiegel unseres gespaltenen Bewusstseins und unserer widersprüchlichen Wünsche. Wenn wir nach nur einer Sache – wie Frieden, Liebe, Ganzheit oder dem HIMMEL – streben, messen wir alles, was geschieht, daran, ob es uns der Liebe, dem Frieden oder dem HIMMEL einen Schritt näher bringt. Was uns fehlt, weist also auf einen Ort hin, an dem wir Angst haben und an dem uns der bedingungslose Wille fehlt, es zu erreichen. Wir haben Angst, das zu bekommen, was wir wollen, weil wir Angst vor dem Verlust unserer Unabhängigkeit haben, der damit einhergehen würde. Wir könnten uns ganz einfach von neuem der Liebe, dem Frieden und der Heilung verpflichten, die uns unseren Zielen näher bringt. Je mehr wir uns diesen Dingen verpflichten, umso mehr kann unser gespaltenes Bewusstsein zu neuer Ganzheit gelangen. Wir könnten alles haben, was wir wollen, wenn wir bereit wären, die damit verbundene Unabhängigkeit aufzugeben.

GOTT oder Götzen?

Wenn wir einem Menschen oder einer äußeren Sache zu stark verhaftet sind, bringen wir ihn oder sie in Gefahr, weil wir insgeheim Widerstand gegen die Dinge leisten, die wir zu brauchen glauben. Dieser Widerstand rührt von unserem gespaltenen Bewusstsein und von unserem Wunsch nach Unabhängigkeit her. Unser inneres Leitbild versucht stets, uns zur Ganzheit zurückzuführen und uns zu lehren, dass nichts außerhalb von uns unsere QUELLE sein kann. GOTT, der die QUELLE ist, wohnt in unserem Herzen. Unsere Suche nach Verlockungen und die Anziehungskraft der reißerischen Nebenschauplätze des Egos verwirren uns, denn immer dann, wenn unsere von Besitzgier geprägten Phantasievorstellungen nicht erfüllt werden, entsteht Groll. Hinzu kommt die Enttäuschung, die sich einstellt, wenn unsere Träume wahr werden, uns aber keine vollkommene Befriedigung bringen. Dies raubt uns den Frieden, der die Voraussetzung dafür ist, dass wir unsere QUELLE und das erkennen können, was uns wahrhaftig Erfüllung bringt. Unsere Götzen und der von ihnen ausgehende Groll und Schmerz hindern uns an der Erkenntnis, dass GOTT als LIEBE erkannt und erfahren werden kann. Die QUELLE zu erkennen heißt, die dunklen Wolken des uralten Angriffs und der unzähligen Selbstkonzepte zu durchbrechen, die uns wie Mauern von der LIEBE abtrennen. Wir erwachen zu dem, der wir sind, und zu der Freude, vor der wir davongelaufen sind, weil wir fürchteten, uns in der LIEBE zu verlieren.

Wir haben Angst, das Ego zu verlieren, das wir durch unsere Entscheidung für die Trennung aufgebaut haben. Wir wertschätzen alle Dinge, die wir selbst erschaffen haben, insbesondere aber unser Ego und die Identität, die wir zu sein glauben. Wir halten das Ego für unser größtes Kunstwerk und sind deshalb blind für die Tatsache, dass es auf dem Schmerz alter Spaltungen aufgebaut ist, die wir erzeugt haben, um uns zu trennen. Jede Spaltung unseres Bewusstseins hat ein neues Selbstkonzept dazu gebracht, sein eigenes Denksystem zu erschaffen, um sich am Leben zu erhalten. Diese Denksysteme arbeiten nach den Prinzipien der Induktion, Deduktion oder Synthese. Das Selbstkonzept weist uns an, nach einem bestimmten Ziel zu streben, und es erklärt uns, dass wir glücklich sein werden, wenn wir dieses Ziel erreicht haben. Wie alle Götzen bringt es uns jedoch keine wirkliche Erfüllung, sodass wir nach noch mehr oder anderen Dingen streben, um unsere Enttäuschung zu lindern.

Der große Teufelskreis aus Götzen, Schmerz, Groll und Selbstkonzepten erzeugt eine wirbelnde Wolke aus Dunkelheit, um das Licht auszusperren. Götzen, die einer der wichtigsten Aspekte des Egos sind, führen zu Enttäuschung, und Enttäuschung kann zu Desillusionierung und zum Tod führen.

Götzen binden uns an die Welt und machen uns blind für den HIMMEL auf Erden, der hinter ihnen verborgen liegt. Wenn wir zu der Erkenntnis gelangen, dass es eine Alternative zu dem gibt, was unser Ego uns über das Leben und die Wirklichkeit glauben machen will, ist die Schlacht schon halb gewonnen. Unsere alten Verletzungen haben jedoch ein Muster aus Verletztheit und Groll entstehen lassen. Urteile, Selbstgerechtigkeit und Groll sind nach wie vor die unzulänglichen Abwehrstrategien gegen unsere Schuld. Unsere Wahrnehmung, die auf unseren Glaubenssätzen beruht, ist starr und verbirgt den Plan, den der HIMMEL für unser Glück hat. Der Plan unseres Egos, der Götzen vorsieht, schreibt stattdessen unsere Bedürfnisse unverrückbar fest. Unsere Bedürfnisse lassen Dinge verlockend erscheinen, weil wir normalerweise auf das zusteuern, wovon wir uns angezogen fühlen. Es steht zu hoffen, dass wir irgendwann erwachen, aus dem Kreislauf aussteigen und erkennen, dass wir in einem Teufelskreis aus Anziehung und Desillusionierung gefangen sind. Unsere Gedanken – und nur unsere Gedanken – rufen Angst, Schmerz und Schuld in uns hervor. Unsere Gedanken und nicht äußere Dinge sind die Architekten unseres Lebens. Der Glaube, dass etwas außerhalb von uns Trennung erzeugt, den Körper kreuzigt und GOTT und SEINER LIEBE im Weg steht, ist das Werk unseres Egos. Die Erkenntnis, dass unsere irrigen Gedanken uns verletzt haben, öffnet von neuem die Tür zur Gnade und zu GOTT, während sie uns zugleich erlaubt, unsere Macht vom Ego und von der Welt zurückzugewinnen. Wir werden daran erinnert, dass unsere Fülle und unser Glück von dem herrühren, was wir geben und was wir uns zu empfangen erlauben. Sie kommen von innen. Dann verstehen wir allmählich, dass unsere Ganzheit uns nach Hause führt und dass die Entdeckung des Lichts in uns selbst und in anderen Menschen sowohl uns als auch sie rettet. Vergebung und Loslassen bringen den Frieden, der dem Licht vorangeht. Unseren Illusionen und unserem Groll zu vergeben ist in die Tat umgesetzte Liebe. Unsere Vergebung verbindet uns mit anderen Menschen, denn alles, was uns vereinigt, ist wahr, während alles, was uns spaltet, unwahr ist, Schmerz erzeugt und zu Mangel führt.

Wir stellen in unserem Leben das gesamte Muster unseres Abstiegs aus dem EINSSEIN nach. Dies geschieht immer dann, wenn wir andere Menschen beschuldigen, statt ihnen zu helfen. Die Gaben, die wir in uns tragen, und die Gaben des HIMMELS, die nur darauf warten, dass wir sie erbitten, hätten jede Situation gerettet oder sie nach dem Ereignis geheilt und uns unsere Ganzheit zurückgegeben. Die Trennung, die wir im Leben erfahren, hat im Mutterleib begonnen, als wir den Schmerz und die Konflikte unserer Eltern übernommen haben. Wenn wir in einer verzweifelten Situation nicht helfen, werden wir zu ihrem Opfer. Wenn wir eine Situation und die daran beteiligten Menschen retten, lassen wir unser Licht in höherem Maße leuchten. Dies erscheint beängstigend in einer Welt, die unbedingt beweisen will, dass wir vollkommen normal und durchschnittlich sind. Also bleiben wir im Trott der Verschwörungen gefangen, die unser Ego für uns in Gang gesetzt hat, investieren in Kleinheit und leugnen, dass es noch mehr geben muss. Wir erkennen nicht, dass wir aus dem Gefängnis der Illusionen ausbrechen können, das unser Ego und unsere Götzen erschaffen haben.

Jeder Akt der Trennung, den wir im Leben vollziehen, erzeugt Schmerz. Für jeden Schmerz und jedes Problem geben wir bewusst oder unterbewusst einem anderen Menschen die Schuld. Dabei verbirgt unser Unterbewusstsein jedoch die Tatsache, dass wir uns dafür entschieden und mit dem betreffenden Menschen eine geheime Absprache getroffen haben. Groll erhält unseren Schmerz aufrecht, verurteilt andere Menschen und macht uns unglücklich. Wir führen die Situation herbei, weil wir Angst davor haben, loszulassen und uns weiterzuentwickeln. Wir glauben, nicht das nötige Rüstzeug zu haben, um den nächsten Schritt zu gehen. Dieses Gefühl der Schwäche und der Unzulänglichkeit ist eine Folge der alten Spaltungen in unserem Bewusstsein und der zerstörten Verbundenheit in unserem Leben. Sie sorgen dafür, dass wir zwischen dem Wunsch nach Liebe und Erfolg auf der einen Seite und dem heimlichen Verlangen nach Unabhängigkeit auf der anderen Seite hin- und hergerissen sind.

Götzen und der Tod

Schmerzhafte Illusionen und trügerische Götzen sorgen dafür, dass wir auf den Tod zusteuern. Götzen verstärken unseren Glauben an den Tod. Das Ego hat uns so vollkommen davon überzeugt, dass Trennung unsere Wirklichkeit ist, dass wir in einer Welt des Todes leben, in der wir kollektiv an den Tod glauben. Diese Annahme ist eine natürliche Fortsetzung des Glaubenssystems unseres Egos, dass wir ein Körper sind, der uns begrenzt. Das macht uns zum Gefangenen der Welt, die unsere Glaubenssätze für uns erzeugt haben.

Neben Götzen und Groll ist der Glaube an den Tod ein weiterer Eckpfeiler des Egos. Das Ego und sein Prinzip der Trennung führen auf den Tod zu. Das Ego baut seine Macht ständig aus. Sein Ziel ist der vollkommene Triumph über uns, wobei es nicht erkennt, dass unser Tod auch seinen Untergang bedeuten würde. Der Wunsch des Egos nach unserem Tod, während es zugleich sein eigenes Ende leugnet, ist eindeutig Wahnsinn. Das Ego ist auf Selbsthass aufgebaut, weil er mit jeder Spaltung unseres Bewusstseins größer wird. Deshalb foltern wir uns und verurteilen uns zur großen Freude unseres Egos zum Tod. Wir sind ihm niemals gut genug. Es überzeugt uns davon, dass wir ein Körper sind, statt zu erkennen, dass wir einen Körper haben, der uns als Werkzeug für unsere Entwicklung dient. Das Ego benutzt unseren Körper, um zu beweisen, dass wir getrennt sind, und es setzt darauf, weil es das Prinzip der Trennung ist. Auf der Kehrseite des Konflikts verwandelt das Ego unseren Körper in einen Götzen, um uns anzubeten und uns zu einem Gott zu erheben. Dann verkündet es, unser Körper sei unvollkommen, und hasst uns für diesen Mangel, während es ihn gleichzeitig benutzt. Das Ego benutzt unseren Körper, um zu beweisen, dass unser Tod unausweichlich ist. Wir sind jedoch kein Körper, und es gibt keinen Tod. Alles, was sich ändert, ist der Schauplatz. Wir sind unsterblicher, reiner Geist, und wir haben einen Körper, der uns als Werkzeug für unser persönliches Wachstum dient. Dies wird offenkundig, sobald wir den Teufelskreis aus Götzen und Urteilen überwunden haben und die Welt durch die Augen der Vergebung sehen.

Der Tod ist eine versäumte Gelegenheit, zum Licht durchzubrechen, weil wir aus unserem Wutanfall und aus unserer Enttäuschung über die Welt und ihre Götzen heraus in den Schlaf des Todes fallen. Dieser Wutanfall, der zu einem schmerzhaften Tod führt, unterscheidet sich von dem friedvollen Heraustreten aus unserem Körper, nachdem wir unseren Auftrag erfüllt haben. Der Tod ist die natürliche Folge unseres Strebens nach Götzen, weil wir aufgrund zerschlagener Träume und gescheiterter Lebenspläne von unserem Leben früher oder später in so hohem Maße desillusioniert sind, dass wir es anderen Menschen und GOTT zum Trotz aufgeben.

Götzen aufspüren

Alle Traumen und schmerzhaften Ereignisse weisen also auf einen darunter verborgen liegenden Götzen hin, dessen Verlust zerschlagene Träume zur Folge hat und dazu führt, dass wir uns vom Leben zurückziehen und in Depression und selbstsabotierende Muster verfallen. Dies erzeugt weitere Probleme und noch größeren Schmerz, auch wenn wir diesen Schmerz zum größten Teil dissoziieren, die Kontrolle übernehmen und fordern, dass alles nach unserem Willen laufen soll. Das Ausmaß unserer Unabhängigkeit zeigt das Ausmaß der Götzen, die wir in uns tragen.

Götzen sind darauf angewiesen, dass sie verborgen bleiben. Es kann sogar sein, dass wir sie kompensieren, indem wir genau entgegengesetzt handeln. So kann ein prüder Mensch beispielsweise einen Götzen des Sex in sich tragen, oder jemand ist arm, um zu beweisen, dass er keinen Götzen des Geldes besitzt. Kompensation und Herzensbruch sind jedoch nicht die einzigen Orte, an denen sich Götzen verbergen. Wir können sie auch aufspüren, indem wir darauf achten, wie wir unsere Zeit investieren und was wir von uns selbst, vom Leben oder von unserem Partner bekommen wollen. Wenn wir sehen, dass Götzen eine äußerst schlechte Kapitalanlage sind, hören wir ganz von selbst auf, in sie zu investieren, und beginnen stattdessen, uns von ihnen zu befreien und nach Alternativen zu suchen, die uns wirklich glücklich machen können. Dazu gehören Vergebung, die Liebe, Hilfsbereitschaft und der HIMMEL.

Zusammenfassung

Die Bedürfnisse, die wir zu Götzen formen, gehen aus Schmerz, Trennung und unserem gespaltenen Bewusstsein hervor. Götzen sollen erlittene Verluste ausgleichen und uns glücklich machen, aber alle äußeren Dinge, nach denen wir streben, können uns nur flüchtiges Glück bringen. Unser Streben nach Götzen ist häufig mit Enttäuschung verbunden, die sich unabhängig davon einstellt, ob wir erfolgreich sind oder nicht. Noch häufiger geschieht es, dass unser Streben nach Götzen durchkreuzt wird. Dies kann einen zerschlagenen Traum zur Folge haben, der bewirkt, dass wir uns vom Leben zurückziehen. Das Glück, das wir in unseren Götzen gesucht haben, kann nur von innerer Ganzheit herrühren – von Frieden, Gaben, Teilhabe und Freude. Alles, was wir suchen, tragen wir immer schon in uns, zugedeckt von der Leere und dem Schmerz der Trennung, die Selbstkonzepte entstehen lässt. Götzen loszulassen heißt, die äußere Suche einzustellen und uns, statt aufzugeben oder die Hoffnung zu verlieren, nach innen zu wenden. Dort finden wir die Seelengaben, die uns sowohl heilen als auch bereichern und die uns Glück und Erfolg bringen, wenn wir auch andere Menschen daran teilhaben lassen.

Der Weg zu einem Götzen besteht in der Regel aus mehreren Schritten. Der erste Schritt beginnt mit Trennung, die zu einem Bedürfnis wird. Das Bedürfnis führt sowohl zum Schwelgen als auch zur Anhaftung und wird in einem weiteren Schritt zu einem Götzen oder sogar zu einer Sucht. Bedürfnisse können bewusst, unterbewusst oder unbewusst sein. Anhaftung erzeugt Schmerz, wenn wir das verlieren, woran wir anhaften, und je mehr wir einer Sache verhaftet sind, umso eher verlieren wir sie und leiden entsprechend. Das Leben versucht stets, uns zu lehren, dass wir keine äußeren Dinge brauchen, um glücklich zu sein. Der HIMMEL und GOTT sind in uns. Wenn wir die Anhaftung an eine Sache loslassen, können wir so viel davon haben, wie wir nur wollen. Wenn wir etwas dagegen unbedingt brauchen, verlieren wir es meist, weil unsere Einstellung des Habenmüssens es von uns fortstößt. Das Verlangen, das wir erfahren, ist fast immer an Anhaftung geknüpft. Wenn wir Anhaftung und Schwelgen keinen Einhalt gebieten, können sie sich zu einer Sucht entwickeln. Eine Sucht tritt in der Regel sehr offen zutage, und unsere stärksten Anhaftungen und Süchte erzeugen einander gegenseitig in einem Teufelskreis.

Götzen existieren fast immer auf unbewussten Ebenen, und sie sind darauf angewiesen, dass wir sie leugnen und dass sie verborgen bleiben. Manche Götzen verbirgt unser Ego allerdings auch direkt vor unseren Augen. Wenn wir Götzen einmal als das erkannt und verstanden haben, was sie sind, geben wir sie in der Regel nach und nach auf. Die Erkenntnis, dass ein Götze uns auch dann nicht das ersehnte Glück bringt, wenn wir bekommen, was wir wollen, motiviert uns dazu, ihn umso schneller loszulassen.

Trennung erzeugt ein gespaltenes Bewusstsein. Wir wollen empfangen, aber nicht die Kontrolle verlieren. Wir wollen Liebe, wollen sie gleichzeitig aber auch nicht. Wir wollen Erfolg, wollen ihn gleichzeitig aber auch nicht. Der Schmerz, die Abhängigkeit, die Aufopferung und die Opferhaltung, die wir benutzt haben, um uns zu trennen, verbergen die Tatsache, dass Unabhängigkeit das heimliche Ziel ist, nach dem wir streben. Diese Emotionen werden zu einem selbstsabotierenden Muster, das unser Verlangen nach Unabhängigkeit und danach verbirgt, unseren eigenen Weg zu gehen. Das Ego rät uns, Dinge zu nehmen oder zu bekommen, um unsere Bedürfnisse zu erfüllen und unseren Schmerz zu lindern. Der Versuch, Dinge zu nehmen oder zu bekommen, verstärkt jedoch den Schmerz und führt zu Machtkämpfen und zur Leblosigkeit der Resignation. Was uns am Ende bleibt, sind Erwartungen, Forderungen und Enttäuschung. Das Leben kann rasch bitter und zynisch werden, nur weil wir den weit verbreiteten Fehler gemacht haben, Dinge in Götzen zu verwandeln.

Begnüge dich nicht damit, aus einem Gefühl unechter Reife heraus keine Götzen zu haben. Damit erzeugst du nur Leblosigkeit, statt Heilung zu erlangen und Lernerfahrungen zu machen. Dies ist jedoch die Voraussetzung dafür, dass das Abenteuer der Entwicklung weitergehen kann.

Prinzip 1
Schmerz und Götzen

„Denn all dein Schmerz kommt einfach nur von einer vergeblichen Suche nach dem, was du willst, wobei du darauf beharrst, wo es zu finden ist."
Ein Kurs in Wundern, T-29.VII.1:7

Wir suchen außerhalb von uns, um den Schmerz, die Bedürfnisse und die Einsamkeit zu lindern, die wir in uns tragen. Alle diese Dinge sind durch Urteil, Trennung und den Schmerz erzeugt worden, der entstanden ist, als wir versucht haben, uns loszureißen und unseren eigenen Weg zu gehen. Dieser Wunsch nach Trennung und Unabhängigkeit begleitet uns seit unserem Fall aus dem Zustand des Einsseins, dem ersten Glauben an Trennung und der ersten Erfahrung von Schmerz. Innere Suche und Verbindung sind die Dinge, die den Verlust unserer Verbundenheit und unser Bedürfnis heilen. Aller Schmerz ist ein Beweis für die Trennung und für unseren heimlichen Wunsch, uns zu trennen. Der Schmerz, der entsteht, wenn unser Verlangen, etwas zu bekommen, durchkreuzt wird, und die Enttäuschung, die wir erleben, wenn wir äußere Dinge bekommen, bringen uns dazu, nach noch mehr zu streben. Irgendwann lernen wir schließlich, dass äußere Dinge uns nur für den Augenblick glücklich machen können. Allein das, was wir geben oder in uns selbst finden, gibt uns die Möglichkeit, glücklich zu sein und in noch höherem Maße zu geben. Das, was wir in unserer schmerzhaften Erfahrung bekommen wollten, verbannen wir in unser Unterbewusstsein. Götzen sind das, was wir außerhalb von uns bekommen wollen.

Manchmal sind unsere Anhaftung und unsere Liebe so stark miteinander verflochten, dass wir erst dann erkennen, wo wir versuchen, etwas außerhalb von uns zu bekommen, wenn wir es verlieren und aller Schmerz und alle Traurigkeit zutage treten, die von unserer Anhaftung herrühren. Buddha erkannte, dass aller Schmerz von Anhaftung oder von dem Versuch herrührt, etwas außerhalb von uns zu bekommen, um unsere Bedürfnisse zu erfüllen. Er erklärte, dass der Weg, Leiden zu heilen oder zu vermeiden, darin besteht, unsere Anhaftung loszulassen. Uns unserer Götzen erst bewusst zu werden und sie dann gemeinsam mit dem Schmerz, dem Urteil, dem Groll und der Trennung loszulassen, die sie am Leben erhalten, heißt, uns selbst zu befreien, uns nach innen zu wenden auf der Suche nach dem Licht, dem

Glück und der Liebe, die wir in uns tragen, und diese Dinge mit anderen Menschen zu teilen, um echtes Glück zu erfahren. Unter unseren Götzen und dem gesamten fehlgeleiteten Muster äußeren Strebens und unter unserem Schmerz, unserem Groll und dem Ego liegen Seelengaben verborgen. Diese Gaben erfüllen uns, indem wir sie mit anderen Menschen teilen. Diese Gaben verbinden uns wieder mit anderen Menschen und mit uns selbst. Diese Gaben lassen unser Licht leuchten, statt nach Kleinheit zu streben. Diese Gaben führen uns zurück zur LIEBE und zum EINSSEIN in dem Wissen, dass dies die wahre Richtung ist. Unsere Gaben öffnen uns für unsere innere Führung und für unser höheres Bewusstsein. Sie fordern uns auf, die Mauern des Egos niederzureißen und das Glück zuzulassen, das daher rührt, dass wir geben und von innen sowie von anderen Menschen empfangen.

Götzen und emotionale Verstimmung

Eine emotionale Verstimmung ist nur möglich, wenn du einen Götzen in dir trägst. Sie weist nicht nur auf Anhaftung, sondern auf einen Götzen hin und kann die gesamte Bandbreite an Emotionen von leichter Verärgerung bis hin zu Wut oder den zerschlagenen Träumen eines tiefgreifenden Herzensbruchs umfassen. Sie setzt einen Teufelskreis aus emotionaler Verstimmung und Götzen in Gang. Götzen bedeuten, dass unsere Seele sich in der Rüstung des Körpers in die Erde verliebt hat. Das ist es, was christliche Gnostiker als „Gefängnis" bezeichneten. Wie jede emotionale Verstimmung verstärken auch Götzen den Gedanken, dass wir unser Körper sind. Je mehr wir glauben, unser Körper zu sein, umso mehr versuchen wir, weltliche Dinge zu erreichen anstelle des Ziels, eins mit GOTT zu werden. Jesus hat einmal gesagt: „Euch aber muss es zuerst um sein Reich gehen; dann wird euch alles andere dazugegeben." Der HIMMEL ist das Versprechen, eins mit GOTT zu sein und die damit verbundene überwältigende Freude zu erfahren. Emotionale Verstimmungen und Götzen setzen ein Muster der Selbstsabotage in unserem Leben in Gang. Wir brauchen jedoch nicht darin zu verharren. Es ist an der Zeit, diese Muster loszulassen, damit unsere spirituelle Entwicklung hin zum Glück voranschreiten kann.

Erstelle eine Liste aller tiefen Emotionen und emotionalen Verstimmungen, die du im Leben erfahren hast. Diese Liste sollte alle Verletzungen, alle Wut, alle Erschütterungen, alle Niederlagen, alle Ängste, alle Depressionen, alle Verluste, alle Herzensbrüche, alle Schuld und alle Enttäuschungen beinhalten. Notiere dir daneben, mit welchen Götzen du es jeweils zu tun gehabt haben musst, um so tiefe Emotionen zu erfahren. Auf diese Weise wirst du dir deiner Götzen bewusst und erkennst, dass es allen Emotionen an Wahrheit mangelt. Eine emotionale Verstimmung bedeutet, dass Heilung gefordert ist, weil wir aus unserer Mitte geraten sind. Wenn wir an einen Ort emotionaler Reife gelangen wollen, sind wir aufgefordert, unsere Emotionen zum Zweck der Heilung zu nutzen, statt andere Menschen oder uns selbst anzugreifen, statt beweisen zu wollen, dass jemand uns ein Unrecht zugefügt hat, statt zu kontrollieren oder uns zu verstecken und damit einen Schritt in Richtung tieferer Trennung und größerer Unabhängigkeit zu gehen. Eine Emotion entsteht immer dann, wenn unser Streben nach einem Götzen durchkreuzt wird. Götzen sind so allgegenwärtig, dass echte Verpflichtung notwendig ist, um uns von ihnen zu befreien, nicht, weil es besonders schwierig ist, sich ihrer zu entledigen, sondern weil wir so viele Götzen in uns tragen. Es gibt natürlich auch Menschen, die nur vorgeben, ihre Götzen zu heilen, während sie in Wirklichkeit daran festhalten. Götzen sind darauf angewiesen, verborgen zu bleiben und gleichzeitig zu verbergen, was sie sind. Wenn du voll und ganz begreifen würdest, was ein Götze ist und dass er dich nicht nur den Preis des Schmerzes und der Enttäuschung, sondern auch die Erfahrung des HIMMELS kostet, würdest du nicht an ihm festhalten wollen.

Die nachfolgenden Übungen können dir helfen, dich von deinen Götzen zu befreien.

A. Übung des Loslassens:
1. Entscheide dich dafür, deinen Götzen loszulassen.
2. Lege ihn in die HÄNDE GOTTES.
3. Bringe ihn zum Handelsposten des HIMMELS. Dort erhältst du im Austausch etwas, das einen wahren Wert besitzt.
4. Erkenne, dass ein Götze deiner Beziehung zu anderen Menschen im Weg steht. Rufe dir einen Menschen ins Gedächtnis, den du liebst und von dem dein Götze dich fernhält. Stelle dir vor, dass du dich, als Gabe der Heilung und der Liebe an den betreffenden Menschen, deines Götzen entledigst, damit er nicht mehr länger zwischen euch steht. Ehe du die Heilübungen durchführst, frage dich stets, wie viele Götzen von jeder Art du in dir trägst, damit du dich von allen oder zumindest von all denen befreien kannst, derer du in diesem Stadium habhaft wirst. Es ist möglich, dass du dich in höheren Stadien weiteren Götzen stellen musst, aber der erste Götze, von dem du dich befreist, bringt dich nicht nur einen großen Schritt voran, sondern macht dir diesen und auch andere Götzen bewusst, sodass es dir in künftigen Stadien leichter fallen wird, deiner Götzen habhaft zu werden und dich von ihnen zu befreien.

B. **Übung der Vergebung:**
Mache dir bei jedem Ereignis in einem ersten Schritt den Zusammenhang zwischen emotionaler Verstimmung und Götzen bewusst. Wiederhole für jedes Ereignis die folgenden Worte aus *Ein Kurs in Wundern* (Ü-I.193.13:3): „Ich will vergeben, und dieses wird verschwinden." Nimm wahr, ob deine Emotion und die Vorstellung, die du von deinen Götzen hast, sich auflösen. Es kommt vor, dass bei den ersten fünf oder sechs Wiederholungen keine Veränderung eintritt. Wenn sich auch danach nichts verändert, leistest du heimlich Widerstand und willst an deinen Götzen festhalten. Manchmal tritt zunächst auch eine Verschlechterung ein. Das ist gut so, denn es zeigt, dass unbewusste Emotionen zutage gefördert werden. Vertraue dem Prozess. Vergib immer wieder, bis die Emotion und die Vorstellung, die du von deinen Götzen hast, sich aufgelöst haben.

C. Die nachfolgenden Worte der Kraft aus *Ein Kurs in Wundern* können ein Ereignis, seine Götzen und seine Emotionen ebenfalls Schritt für Schritt verändern:
- „Ich könnte stattdessen Frieden sehen." (Ü-I.34)
- „Die Wahrheit wird alle Irrtümer in meinem Geist berichtigen." (Ü-I.107)
- „Ich will mich daran erinnern, dass ich eins mit GOTT bin." (Ü-I.124)
- „Vor allem will ich sehen." (Ü-I.27)

Mit jedem Götzenmuster, von dem du dich befreist, stellt sich ein höheres Maß an Selbstvertrauen, Hilfsbereitschaft und Selbstliebe ein.

Wenn du dein gesamtes Leben auf diese Weise betrachtest, kannst du dich aus dem Gefängnis befreien, und dort, wo du dich vom Licht abgewandt hattest, gehst du nun wieder darauf zu. Dies erspart dir ein hohes Maß an zukünftigem Schmerz und führt dich zu dem hin, was dich wirklich glücklich macht, nämlich zur Liebe, zur Freude und zu GOTT.

Was sind Götzen anderes als falsche Götter, die das Ego benutzt, um eine andere Wirklichkeit als den HIMMEL zu erschaffen und uns darin einzuschließen? Das Ego benutzt Götzen, um unsere Identität als reiner Geist zu überdecken und um die Trennung zu verschleiern, die das Wesen des Egos ist. Es will uns davon überzeugen, dass wir nicht Licht, sondern ein Körper sind, dass wir nicht Liebe sind, sondern Dinge zu fürchten haben, dass wir sterblich und nicht ewig sind und dass wir in der kurzen Zeit, die uns zugeteilt wurde, ebenso gut versuchen können, möglichst viel von der Welt zu bekommen.

Wir sind vom Weg abgekommen. Unsere wahre Wirklichkeit ist verloren gegangen, und die meisten Menschen haben keine Ahnung von der ungeheuren Größe dessen, was wir verloren haben. Wir glauben an unsere Sinne, verlassen uns auf sie und erkennen nicht den Zusammenhang zwischen unseren Gedanken, Glaubenssätzen, Entscheidungen auf der einen und unseren Erfahrungen auf der anderen Seite. Wir werden beeinflusst durch andere Menschen, durch das, was auf einer Ahnenebene an uns weitergegeben wurde, durch das, was wir selbst aus anderen Leben mitgebracht haben, und durch das kollektive Unbewusste der Menschheit. Wir werden beeinflusst durch das astrale Feld, durch die Dunkelheit des uralten Egos und durch den Fall aus dem Zustand des EINSSEINS in den Traum der Trennung hinein. Alle diese Dinge legen uns einen Schleier um, aber dennoch trägt jeder das in sich, was notwendig ist, um aus dieser wahnhaften Wirklichkeit auszubrechen und zu erkennen, dass es einen besseren Weg und ein besseres Leben gibt. Es gibt einen Weg, die gegenwärtige Wirklichkeit zu überschreiten und den HIMMEL auf Erden zu finden. Die meisten Menschen scheinen sich damit zufrieden zu geben, ein Teil der Masse zu bleiben. Wir wollen uns zwar in einem bestimmten Bereich hervortun, aber nicht die Macht entdecken, die dem Geist und unserem wahren Wesen als reiner Geist innewohnt. Wir wollen normal sein. Wir wollen uns in der Herde verstecken und unserer Lebensaufgabe und unserer Bestimmung aus dem Weg gehen. Statt sie anzunehmen, suchen wir unser Glück bei anderen Menschen und in der Welt.

Wir sind alle in diese Falle hineingetappt, wie unser Schmerz und unsere Emotionen beweisen. Sie zeigen, dass wir versucht haben, etwas außerhalb von uns zu bekommen, das in uns zu finden gewesen wäre. Unsere Seelengaben sind dazu da, jede Herausforderung zu meistern, vor die wir uns gestellt sehen. Sie warten darauf, dass wir sie öffnen, um sie innerhalb von Sekunden mit anderen Menschen zu teilen und ihnen Freude zu bringen. Wir tragen die Grenzenlosigkeit des reinen Geistes in uns, den wir unter den Selbstkonzepten des Egos begraben haben. GOTT SELBST ist in jedem von uns. Er wohnt in unseren Herzen und wartet darauf, als immerwährende LIEBE befreit zu werden.

Um an den Absprungpunkt zu gelangen, der uns ins PARADIES zurückbringt, müssen wir unsere Einstellung zu einer Reihe von Dingen ändern. Wir müssen vor allem verstehen, dass der einzige Ausweg in uns selbst liegt. Was wir außerhalb von uns suchen, ist ein Traum, ist die Illusion in der Welt der Erscheinungen. Wie unsere nächtlichen Träume erscheinen uns auch unsere Wachträume lebendig und wirklich. Unser Wachtraum kann manchmal angenehm sein, sich zu anderen Zeiten aber auch in einen Alptraum verwandeln. Wir haben vergessen, dass wir träumen.

Wie erkennen wir, dass wir träumen, und wie gelingt es uns, aus dem Traum zu erwachen? Es ist möglich, aber nicht leicht. Wir brauchen Bewusstheit und ein hohes Maß an Entschlossenheit. Außerdem müssen wir aufhören, Vergnügen mit Schmerz zu verwechseln, weil es uns in einer materiellen Wirklichkeit gefangen hält. Wenn wir erkennen, dass die dunkle Verbindung zwischen Götzen, dem Ego, Schmerz und Groll uns an diese Welt bindet, dann wollen wir uns in Wirklichkeit dafür entscheiden, stattdessen von der Dunkelheit zum Licht, von einer Welt der Angst zum HIMMEL auf Erden aufzusteigen. Wir erkennen, dass unsere wichtigste Aufgabe darin liegt, der illusionären Welt der Erscheinungen mit ihrem Schmerz und ihrer Enttäuschung zu vergeben. Das gibt uns die Möglichkeit, tief zu lieben und uns von der Freude davontragen zu lassen, weil wir die LIEBE GOTTES erfahren haben. Diese Erfahrung ruft in uns nicht nur den Wunsch wach, den HIMMEL auf Erden in höherem Maße zu erfahren, sondern auch das Verlangen, nur noch in dieser LIEBE zu leben.

Es ist jedoch unmöglich, zwei Welten zu sehen. Wir sehen entweder die Welt des Egos, oder wir sehen eine himmlische Welt. Wir können den HIMMEL auf Erden nur erreichen, wenn wir erkennen, dass die Traumwelt nichts birgt, was wir wollen. Wir wollen in Wirklichkeit nur Liebe. Wir wollen Liebe, und wir wollen im HIMMEL sein. Wenn wir begreifen, dass die Trennung und die Ungleichheit, die das Ego durch Urteile und Konkurrenz erzeugt hat, uns von der Liebe und der Freude fortführen, dann entscheiden wir uns vielleicht dafür, einen Weg zu finden, der uns aus unserem Elend herausführt und über die Sklaverei hinausgelangen lässt, die unser Ego uns auferlegt hat.

Wir zerstören die Verbundenheit zu einem anderen Menschen stets dadurch, dass wir Situationen herbeiführen, in denen Trennung uns einleuchtend und als die bestmögliche Lösung erscheint. Verbundenheit kann also nur durch uns selbst und unsere Entscheidungen zerstört werden, niemals durch das, was geschieht. Wenn wir unser Unterbewusstsein einer genauen Prüfung unterziehen, erkennen wir, dass wir bei allen schmerzhaften Situationen, die wir herbeigeführt haben, insgeheim gemeinsame Sache mit anderen Menschen gemacht haben, deren Verhalten und Handeln uns dann alle Ausreden geliefert hat, die wir brauchten, um uns zu trennen, unabhängiger zu werden und noch stärker unseren eigenen Weg zu gehen. Verlust, Angst, Schuld, Bedürfnisse, Gefühle der Unzulänglichkeit, Widerstand und Illusion sind mit der Trennung entstanden. Jedes Mal, wenn uns die Trennung noch tiefer in den Traum hineingeführt hat, sind wir noch mehr zum Opfer geworden, *um zu verbergen, dass **wir** die Verbundenheit zerstört haben.* Dabei haben wir uns die ganze Zeit eingeredet, dass jemand anderer die Schuld daran trägt. Die Opferrolle, die wir angenommen haben, um ein höheres Maß an Unabhängigkeit zu rechtfertigen, hat gleichzeitig dazu geführt, dass wir uns in höherem Maße aufopfern. In diesen Zeiten haben wir uns vom Licht abgewandt, und es ist von entscheidender Bedeutung, dass wir uns ihm wieder zuwenden. Wir dachten, Unabhängigkeit sei ein gutes Geschäft. Dabei hat sie lediglich unser Herz und unsere Fähigkeit, zu empfangen, dissoziiert. Außerdem hat sie den von der Trennung herrührenden Schmerz dissoziiert, sodass es schwieriger geworden ist, ihn zu finden und zu heilen. Dies hat nicht nur Bedürfnisse erzeugt, sondern auch die Götzen, die diese Bedürfnisse scheinbar – aber niemals vollständig – erfüllen.

Unser wirklicher Wille besteht darin, glücklich zu sein, und um glücklich zu sein, müssen wir lernen, Vergebung und Segen anstelle von Urteil und Trennung in unser Leben hineinzubringen, weil sie die Wurzel allen Schmerzes und allen Elends sind. Unser Weg muss uns zu Verbindung, Ebenbürtigkeit, Partnerschaft, Verbundenheit, Gemeinschaft, Einheit, Vereinigung und schließlich zum EINSSEIN hinführen. Die Liebe und das EINSSEIN liegen unter unseren Illusionen verborgen. Um über unsere Illusionen und auch über den Schmerz und die Unzufriedenheit, die sie erzeugen, hinauszugelangen, müssen wir vergeben und die Anhaftung an diese Illusionen und an den von ihnen ausgehenden Schmerz loslassen. Das bringt uns paradoxerweise Erfüllung. Wir müssen auf die Liebe zugehen, und wenn wir sie nicht erreichen, können wir die praktische Liebe anwenden, die in Vergebung besteht. Sie heilt die Distanz und stellt die Verbundenheit wieder her. Vergebung hilft anderen Menschen ebenso wie uns, und sie macht Gegner zu Verbündeten. Vergebung *gibt hin* und erweckt die Vorstellung zu neuem Leben, dass das Glück in uns selbst liegt. Sie lässt Glück und Fülle in dem Maße wachsen, in dem wir sie mit anderen Menschen teilen. Wie alle anderen Prinzipien der Heilung ist auch Vergebung ein Weg, der uns zur Wahrheit und zum Glück zurückführt. Vergebung lässt unser Ego immer kleiner werden, sodass wir unseren Weg zurück zu dem finden können, der wir als reiner Geist und als Liebe, erschaffen vom GEIST DER LIEBE, wirklich sind. Götzen aufzugeben, weil etwas weit Besseres auf uns wartet, ist nur ein Teil des Lernprozesses, der uns hilft, unseren Ausweg aus dem Traum zu finden. Wir wollen lernen, welche Fallen das Ego uns stellt, damit wir uns von ihnen nicht unwissentlich zum Sklaven machen lassen. Urteile, Götzen, Schmerz, Groll und Trennung laufen unseren eigenen Interessen zuwider, dienen aber dem Wohl des Egos. Das Ego kämpft um sein Überleben, und sein Überleben hängt davon ab, dass wir im Schlaf verharren. Es ist an der Zeit, dass wir erwachen. Was uns erwartet, ist weit besser als Träume. Wir haben unsere Zeit abgesessen, und nun ist es an der Zeit, Zeit zu sparen. Wir wollen unsere falschen Götter aufgeben. Sie haben Leiden und den Tod zur Folge, aber es gibt einen besseren Weg.

Prinzip 2
Wonach wir streben

Die Dinge, nach denen wir streben, zeigen unsere Definition von uns selbst. Johannes vom Kreuz erklärt in einem seiner Gedichte, was wichtig ist und worin die Alternative zu unserem Streben nach Götzen besteht.

„Werde still.
Reiche hinaus mit der kundigen Hand deines Geistes.
Lasse sie in mich hineinreichen und GOTT berühren.
Scheue dich nicht.
Es ist uns zugedacht, jeden Aspekt des LICHTS zu erkennen.
Die stille Hand hält mehr als Körbe, gefüllt mit Waren vom Markt.
Die stille Seele weiß mehr als alles, was diese Welt aus ihrem wunderbaren Schoß anbieten könnte."

Es kommt ein Punkt, an dem wir aufhören, nach den Dingen dieser Welt zu streben. Erst an diesem Punkt können wir über ihren Talmiglanz und ihren Flitter hinausgelangen und den tiefen Frieden erfahren, der uns die Pforte des HIMMELS aufschließt. Erst wenn wir die grenzenlosen Freuden der LIEBE GOTTES erfahren, verblasst alles andere im Vergleich. Diese Welt schwindet, und wir können nicht fassen, dass sie uns jemals so viel bedeutet hat. Wir kehren in diese Welt zurück, aber sie hat ihren Glanz verloren. Auf ewig streben wir nun nach dem Licht, das jenseits des Lichts dieser Welt liegt. Wir haben nur noch den einen Wunsch, nach einem kurzen Zwischenhalt im HIMMEL auf Erden den HIMMEL zu erfahren. Wir wollen Vereinigung. Wir wollen das EINSSEIN finden und in den Ozean der LIEBE eintauchen. Wir sehen die Welt nun durch die Augen eines Menschen, der über die Anziehungskraft dieser Welt hinausgelangt ist. Wenn diese Welt nichts birgt, was uns anziehen kann, dann erkennen wir, dass es nur die Liebe gibt. Wir haben den Wunsch, alle Wesen zu lieben und uns selbst zu erkennen, wie wir geschaffen wurden. Die Welt hat keine Bedeutung mehr für uns als die, die wir ihr gegeben haben. Wir erkennen, dass wir sie benutzt haben, um uns von dem abzubringen, was einen wirklichen Wert besitzt. Wenn wir das Licht und die Liebe in uns selbst erkennen, können wir auch nur das Licht und die Liebe in anderen Menschen sehen. Unsere eigene Sündenlosigkeit lässt uns auch alle anderen Menschen als sündenlos betrachten.

Nur die Dinge, die wir von der Welt wollten, können wir benutzen, um uns selbst zu verletzen. Dies dient einzig und allein dazu, uns aufzuhalten, und unsere Anhaftung ist das, was uns zurückhält. Wir können über diese bedeutungslosen Nebenschauplätze der Welt hinausschauen und stattdessen nach dem Paradies suchen, das auf uns wartet.

Fieberhafte Aktion

Ein Erkennungszeichen für Götzen sind die Emotionen, die von unserem Streben nach ihnen herrühren. Fieberhafte Aktionen sind ein sicheres Anzeichen dafür, dass du nach Götzen suchst. Wenn du frustriert bist oder das Gefühl hast, dass dir ein Strich durch die Rechnung gemacht wurde, dann ist das ein sicheres Anzeichen für einen Götzen. Wenn du verletzt bist, einen Herzensbruch erlitten oder den entsetzlichen Schmerz eines zerschlagenen Traums erfahren hast, dann hast du nach Götzen gesucht. Dein Verhalten, deine schmerzhaften Erfahrungen und deine fieberhafte Bedürftigkeit helfen dir zu erkennen, dass du außerhalb von dir nach einem Götzen gesucht hast und nun aufgerufen bist, das loszulassen, was dich niemals glücklich machen kann.

Wenn du dissoziiert bist, von deinem Herzen abgeschnitten bist oder in der Unabhängigkeit feststeckst, statt partnerschaftlich verbunden zu sein, betrügst du dich selbst. Du kompensierst deine Bedürfnisse, deinen Herzensbruch und deine Schuld, während du gleichzeitig den alten Schmerz verbirgst, obwohl ihn loszulassen dich befreien würde. Deine Unabhängigkeit zeigt, wie sehr du immer noch nach dem Grundsatz lebst, dass äußere Dinge dazu da sind, dich glücklich zu machen, was du aber unter einer Einstellung der Gleichgültigkeit verbirgst. Wenn du unabhängig bist, bekommst du vermutlich nahezu immer das, was du willst. Deine Dissoziation verhindert jedoch, dass du dich auch daran freuen kannst. Du dissoziierst deinen Schmerz und tust so, als sei er nicht da, aber damit dissoziierst du auch Liebe, Glück und Vergnügen. Wenn du unabhängig bist, bestimmt Angst dein Handeln, obwohl du so tust, als ob nichts dir Angst einjagen könne. Du bist dissoziiert und kompensierst deine Dissoziation. Du hast deine Götzen verborgen, und die Kompensation deiner Unabhängigkeit macht es wesentlich schwieriger, sie aufzuspüren.

Götzen dienen dem alleinigen Zweck, das Tor zum HIMMEL zu verschließen und diese Welt zur einzigen Welt zu machen, die es gibt und in der Götzen das einzige Ziel sind, nach dem zu streben sich lohnt. Überall dort, wo du deine Ziele fieberhaft verfolgst, hast du irdische Ziele, statt dir Frieden oder den HIMMEL zum Ziel zu setzen. Jesus hat einmal gesagt: „Euch aber muss es zuerst um sein Reich gehen; dann wird euch alles andere dazugegeben." Das Ego verwickelt uns in das Streben nach Götzen, und die geistige Wirklichkeit der Liebe und des Glücks geht verloren in der fieberhaften Jagd nach dem Glück in äußeren Dingen. Dabei ist nur die Liebe in der Lage, uns das Glück zu bringen, das länger als einen Augenblick andauert.

Je mehr wir uns mit äußeren Dingen identifizieren, umso mehr macht das Ego uns zu seiner Geisel und umso mehr verändert sich unsere Wirklichkeit hin zu Habgier und Konsum anstelle von Hilfsbereitschaft, Liebe und Transzendenz. Als wir aus dem Zustand des EINSSEINS und den höheren Bewusstseinszuständen herausgefallen sind, hat sich ein immer höheres Maß an Dunkelheit eingestellt. Deswegen haben wir Trost in Götzen gesucht, ihn dort aber nicht gefunden. Nur durch unser Geben und Teilen können wir uns selbst und anderen Menschen die Befreiung bringen, nach der wir suchen, und den Trost, nach dem wir uns sehnen. Nur wenn wir den Schmerz und den Verlust eines Götzen durchleben und als Möglichkeit zur Wiedergeburt nutzen, können wir uns zu der Erkenntnis erheben, dass es mehr als das Streben nach Götzen gibt.

Immer wenn wir das Gefühl haben, etwas außerhalb von uns bekommen zu müssen, entwickeln wir Leidenschaft, aber unsere Leidenschaft ist nicht echt. Unsere Leidenschaft ist von einem drängenden Bedürfnis geprägt und fühlt sich an, als würde etwas in uns fehlen, das in Wirklichkeit aber deshalb fehlt, weil wir es verurteilt haben. Dieses Gefühl rührt von unversöhnlichen Gedanken her, und unser Urteil hat das, was uns fehlt, von uns abgespalten. Nun brauchen wir das, was wir verurteilt und abgespalten haben, fürchten uns aber davor, es zu haben, weil wir, wenn wir es empfangen, unsere Unabhängigkeit verlieren. Wir benutzen unser drängendes Streben, um uns abzulenken und zu betäuben, aber es macht uns nicht glücklich. Leidenschaft und Glück rühren von dem her, was wir geben. Wenn wir fortwährend geben, geben wir uns hin, und die Hingabe kommt zu uns zurück. Leidenschaft bedeutet, alles zu geben, und in dem Maße, in dem unsere Entwicklung voranschreitet, geben wir voller Leidenschaft sowohl dem Leben als auch immer mehr Menschen in unserer Umgebung. Das hat zur Folge, dass sie umgekehrt auch uns ganz von selbst geben.

„Ein unversöhnlicher Gedanke tut vieles. In fieberhafter Aktion verfolgt er sein Ziel, wobei er das verdreht und umstößt, was er als Behinderung seines auserwählten Weges sieht."
Ein Kurs in Wundern, Ü-II.1.3:1-2

Dies zeigt, dass der Ursprung unserer Götzen in einem Groll liegt, der uns trennt und uns dazu bringt, nach weiteren Götzen zu streben, die den Platz der Verbundenheit einnehmen sollen. Wenn wir beginnen, außerhalb von uns nach Götzen zu suchen, entstehen weiterer Groll und weitere Emotionen, weil jemand unseren Wunsch, das zu bekommen, was wir wollen, zu durchkreuzen und die Erfüllung unserer Bedürfnisse zu behindern scheint. Könnten wir einen Blick in unser Unterbewusstsein werfen, würden wir erkennen, dass andere Menschen lediglich unsere eigene Zwiespältigkeit ausagieren. Wir sind so sehr in unserer Jagd nach Götzen, in unserem Zorn oder in unserer Bitterkeit gefangen, dass wir blind sind für die Welt, die hinter dieser Welt und ihrem Spiel der Illusionen liegt. Götzen, zerschlagene Träume und Desillusionierung sollen verschleiern, was wir durch unseren Groll verloren haben.

Urteile und Angriffsgedanken haben unsere Welt erschaffen, sie mit Götzen bevölkert und uns blind für das gemacht, was möglich ist.

"Ein unversöhnlicher Gedanke tut vieles. ... Verzerrung ist sein Zweck und ebenso das Mittel, wodurch er ihn erreichen möchte. Er unternimmt seine wütenden Versuche, die Wirklichkeit zu zerschlagen, ohne sich um irgendetwas zu kümmern, was einen Widerspruch zu seinem Standpunkt darzulegen schiene."
Ein Kurs in Wundern, Ü-II.1.3:1,3-4

Es ist an der Zeit, den Menschen zu vergeben, die uns vermeintlich verletzt oder unsere Wünsche durchkreuzt haben, die wir in Wirklichkeit jedoch benutzt haben, um uns zu trennen. Nun können wir unsere Götzen loslassen und die Tür zu unserem Geist, die wir verschlossen hatten, wieder öffnen. Es ist an der Zeit, dass wir den Einfluss der Gnade und der glücklichen Lösungen zulassen, die von der Wahrheit herrühren.

Prinzip 3
Götzen und Glaubenssätze

„Wir wollen keine Götzen anbeten noch an irgendein Gesetz glauben, das der Götzendienst aufstellt, um die Freiheit des SOHNES GOTTES zu verstecken. Er ist durch nichts gebunden außer durch seine Überzeugung."
Ein Kurs in Wundern, Ü-II.277.2:1-2

Götzen und Selbstkonzepte bilden einen Teufelskreis. Diese Selbstkonzepte sind die unzähligen Glaubenssätze, aus denen die Bausteine entstanden sind, die uns wie Mauern von uns selbst, von anderen Menschen und von GOTT abtrennen. Der Zweck von Götzen und Selbstkonzepten besteht darin, uns an die Welt, wie sie ist, und an den Standpunkt des Egos zu binden. Damit stehen sie der Liebe und Freude im Weg, die uns Freiheit bringt, weil sie die Illusion und das Leiden überschreitet, das Götzen erschaffen. Unsere Glaubenssätze bestimmen unsere Wahrnehmung und unsere Erfahrung. Wir sehen in der Welt das, was wir zu sein glauben, und erlegen damit uns, anderen Menschen und der Welt selbst Grenzen auf. Götzen erhalten unsere Glaubenssätze unverrückbar aufrecht, sodass es den Anschein hat, als ob es eine grundlegende Schicht gäbe, die das Wesen der Welt bestimmt – als wäre die Welt einfach so, wie sie ist. Was in der Welt, wie wir sie wahrnehmen, erstarrt zu sein scheint, ist in Wirklichkeit nicht erstarrt, denn es gibt Mittel und Wege, unsere Wahrnehmung zu transformieren. Der erste Schritt in diese Richtung liegt im Urprinzip der Vergebung. Je mehr wir vergeben, umso mehr verändert sich die Welt. Je mehr wir akzeptieren, loslassen, vertrauen und uns verpflichten, umso mehr entfaltet sich die Welt.

Jedes Selbstkonzept beruht auf einem Urteil sowie auf der Schuld und der Abspaltung, die zu diesem Urteil geführt haben. Vergebung löst die Schuld auf, die das Urteil zuerst nach außen projiziert und dann angreift. Götzen sind eine Erfindung des Egos, um über den Angriff hinwegzutäuschen, den wir nach außen gerichtet haben und der andernfalls in gleicher Form zu uns zurückkehren würde. Unsere Urteile sind vom Ego verordnet. Sie sollen uns vor der Selbstbestrafung retten, die unsere Schuld fordert, während wir nach außen projizieren, worüber wir bei uns selbst geurteilt haben. Wir haben geurteilt, um uns zu retten, indem wir uns dessen entledigen, was wir an uns selbst verurteilt haben. Das Ego will uns glauben machen, dass unser

Urteil uns vor der Schuld retten wird, aber das ist nicht der Fall. Es weiß, dass dieser Weg die Schuld am Leben erhält, obwohl es versprochen hatte, dass unser Urteil und unsere Projektion uns von ihr befreien würden. In *Ein Kurs in Wundern* (T-29.IX.6:4-8) heißt es, dass „der Traum des Urteils ein Spiel für Kinder [ist], in dem das Kind zum Vater wird: machtvoll, doch mit der kleinen Weisheit eines Kindes. Was es verletzt, das wird zerstört; was ihm hilft, das wird gesegnet. Nur dass es dies beurteilt wie ein Kind, das nicht erkennt, was verletzen und was heilen wird. ... Doch ist die wirkliche Welt unberührt von jener Welt, die es für wirklich hält."

Ein Urteil verursacht Leiden. Ein Urteil ist ein Angriff, den wir mit Hilfe unserer Götzen abmildern wollen. Damit sorgen wir jedoch lediglich dafür, dass das Ego gestärkt wird und seine Mauern aufgebaut werden. Ein Urteil stopft den Schmerz der Trennung in das Selbstkonzept, das es geschaffen hat. Dies hält uns im Traum des Leidens gefangen, das, so will uns das Ego weismachen, durch den Erwerb und den Konsum von Götzen gelindert wird.

„Ein Traum des Urteils ist in den Geist gekommen, den GOTT vollkommen wie SICH SELBER schuf. In diesem Traum wurde der HIMMEL in die Hölle umgewandelt und GOTT zu SEINES SOHNES Feind gemacht. Wie kann der GOTTESSOHN nun aus dem Traum erwachen? Es ist ein Traum des Urteils. So darf er denn kein Urteil fällen – und er wird erwachen. Denn der Traum wird anzudauern scheinen, solange er Teil von ihm ist. Richte nicht, denn der, der richtet, wird Götzen brauchen, die verhindern, dass das Urteil auf ihm selber lastet. Auch kann er das SELBST nicht erkennen, das er verurteilt hat. Richte nicht, weil du dich selbst zu einem Teil von bösen Träumen machst, in denen Götzen deine „wahre" Identität und deine Erlösung von dem Urteil sind, das du in Angst und Schrecken und Schuld auf dich selber legtest.

Alle Figuren in dem Traum sind Götzen, dazu gemacht, dich aus dem Traume zu erlösen. Doch sind sie ein Teil dessen, *wovon* sie dich erlösen sollen. So hält ein Götze den Traum lebendig und entsetzlich, denn wer könnte einen solchen wünschen, wenn er nicht in Schrecken und Verzweiflung wäre? Und diese stellt der Götze dar; und somit heißt, ihn anzubeten, die Verzweiflung und den Schrecken anzubeten sowie den Traum, aus dem sie kommen.

Urteilen ist eine Ungerechtigkeit dem GOTTESSOHNE gegenüber, und es *ist* Gerechtigkeit, dass der, der ihn beurteilt, der Strafe nicht entrinnen wird, die er sich selbst im Traume auferlegte, den er gemacht hat. GOTT kennt Gerechtigkeit, nicht Strafe. Im Traum des Urteils aber greifst du an und wirst verurteilt und möchtest gern der Götzen Sklave

> sein, die zwischen deinem Urteil und der Strafe stehen, die es mit sich bringt.
> Es kann im Traum, wie du ihn träumst, keine Erlösung geben. Denn Götzen müssen Teil des Traumes sein, um dich vor dem zu retten, was du, wie du glaubst, vollbracht hast und was du getan hast, um dich sündig zu machen und das Licht in dir auszulöschen."
> *Ein Kurs in Wundern,* T-29.IX.2:1-9,3:1-7,4:1

Um der Hölle unserer Urteile und dem Abwehrmechanismus unserer Götzen zu entkommen, der Desillusionierung und zerschlagene Träume nach sich zieht, müssen wir die Welt der Träume vollends überschreiten. Götzen sind Spielzeuge in einem Traum. Sie halten uns in Enttäuschung und im ständigen Streben nach weiteren Spielzeugen fest. Sie retten uns nicht vor dem Schmerz des Urteils, das wir gefällt haben. Dies erzeugt eine Welt der Dunkelheit. Es ist die Dunkelheit des Urteils und der Götzen, die überschritten werden muss.

> „Kleines Kind, das Licht ist da. ... Doch alles, was so erscheint, als tue es ihr Spielzeug, vollzieht sich im Geist derer, die mit ihm spielen. Sie aber sind eifrig bemüht zu vergessen, dass sie den Traum erfanden, in dem ihr Spielzeug wirklich ist, und merken nicht, dass seine Wünsche ihre eigenen sind."
> *Ein Kurs in Wundern,* T-29.IX.4:3,4:7-8

Unser Traum, der aus unseren Glaubenssätzen und Götzen besteht, ist ein Gefängnis. Trotzdem ist es ein Traum, und wir können daraus erwachen, wenn wir erkennen, dass wir uns in einem Traum befinden und dass es etwas Besseres gibt, zu dem wir erwachen können. Das Bessere, zu dem wir erwachen können, sind die Freiheit der Wahrheit und der Ort des Lichts, der so freudvoll ist, dass wir, wenn wir uns diesem Ort nähern, der unser Zuhause ist, den HIMMEL auf Erden erfahren. Die LIEBE und die Erfahrung unserer eigenen Grenzenlosigkeit erwarten uns jenseits des Traums. Die Welt und unsere Urteile zu überwinden heißt, dass wir weder unsere Götzen noch die Mauern unseres Egos mehr brauchen, um den Traum der Trennung aufrechtzuerhalten.

Prinzip 4
Die Welt und Götzen

Die Welt ist bevölkert von Menschen, die nach Götzen streben. Götzen sind die Stützpfeiler der Welt, wie sie ist, und die Welt ist ein Ort, um nach Götzen zu streben. Götzen und die Welt tragen einander gegenseitig und damit sich selbst. Einen Götzen aufzugeben heißt, mehr Licht in die Welt hineinzulassen. Es kündet vom Ende eines bestimmten Maßes an Leiden, weil eine Illusion verschwindet. Die Welt entwickelt sich weiter, und ein höheres Maß an Freiheit stellt sich ein. Jede emotionale Verstimmung ist ein Hinweis darauf, dass du eine Anhaftung entdeckt hast, die mit einem deiner Götzen zu tun hat. Benutze sie, um Heilung zu erlangen. Dann hat der Götze dich weniger fest in seinem Griff. Wenn du die beteiligten Götzen loslässt, nehmen wunderbare Seelengaben ihren Platz ein. Es gibt weniger Dinge, die du zu brauchen glaubst, und du brauchst weniger Dinge, um dich am Leben zu erhalten. Du bist ergonomischer und aerodynamischer. Die Welt hat dich weniger fest in ihrem Griff, und der HIMMEL auf Erden rückt ein wenig näher. Jede emotionale Verstimmung wird aufgelöst, wenn du allen an der Situation beteiligten Menschen, dir selbst, der Ursache deiner emotionalen Verstimmung und GOTT vergibst.

Wenn du aufgibst, was du zu einem Gott gemacht hast, gibst du künftigen Schmerz auf. Wenn du deine Götzen aufgibst, kann dein Licht in höherem Maße leuchten. Du bist weniger bedürftig und in höherem Maße fähig, deine Gaben zu verwirklichen. Das macht dein eigenes Leben und das Leben anderer Menschen leichter. Du bist weniger gierig, weil du weißt, dass es nicht die Welt ist, die dich trägt, sondern GOTT. Du gelangst rasch durch Schmerz und Probleme hindurch zur Heilung. Es gelingt dem Selbstangriff des Egos nicht, dich aufzuhalten. Du kannst jederzeit anfangen, dich von deinen Götzen zu befreien, indem du beispielsweise wahrnimmst, was du außerhalb von dir suchst, um dich zu tragen. Übergib deine Götzen und deinen Geist dem HIMMEL, damit dein Geist auf das Licht mit seiner Wahrheit, seinem Glück und seiner Freiheit ausgerichtet wird. Suche nach dem, was dich emotional verstimmt. Du kannst nur dann emotional verstimmt sein, wenn du eine Situation durch die Augen des Urteils betrachtest. Tief in dir trägst du jedoch auch das verborgene Urteil, das zu deiner emotionalen Verstimmung und zu der Situation selbst geführt hat. Es rührt ebenfalls von einem Götzen her. Nimm an. Vergib. Lasse los. Integriere. Verpflichte dich der Wahrheit und dem nächsten Schritt.

Suche nach dem Schmerz deiner Vergangenheit. Er ist erfüllt von dem Urteil, das du gefällt hast, ehe er entstanden ist, und das auch die Trennung prägt, die anschließend stattgefunden hat. Wofür benutzt du dieses negative Ereignis? Um dich zu verstecken, um deiner Lebensaufgabe aus dem Weg zu gehen, um einen Kampf zu gewinnen, um Recht zu haben, um unabhängig sein zu können, um eine Schuld zu tilgen? Wofür? Nichts davon kann dich glücklich machen. Diese Dinge setzen ein Muster dunkler Ereignisse in Gang, das sich so lange fortsetzt, bis du es heilst. Du wirst erst dann glücklicher sein, wenn du vortrittst, um auf eine ganz neue Ebene zu gelangen. Du wirst erst dann glücklicher sein, wenn du weitere Götzen und ihre Auswirkungen loslässt. Die Gefahr, in der du dich befindest, wird erst dann geringer, wenn die Welt dich weniger fest in ihrem Griff hat. Du selbst, dein Ego und der, der du zu sein glaubst, treten in den Hintergrund, und das hat zur Folge, dass der HIMMEL in deinem Leben in höherem Maße präsent sein kann. Je weniger Götzen du hast, umso klarer wird dein Blick, umso friedvoller wird dein Leben und umso mehr Gaben kannst du für dich und für andere Menschen verwirklichen. Alle deine Götzen loszulassen bedeutet, den HIMMEL auf Erden zu erreichen.

Prinzip 5
Die Entstehung von Götzen

Ein Götze entsteht durch einen Bruch und den Verlust von Verbundenheit. Diese Trennung bringt Bedürfnisse und Einsamkeit hervor. Es existiert nun eine Leere, die ausgefüllt werden will. Phantasievorstellungen und Götzen erwachen, sodass wir von einer Hoffnung leben, die durch Träume genährt wird. Illusionen und die schmerzhaften Fehler, die sie zur Folge haben, sind an der Tagesordnung. Dies ist der Geburtsort eines Götzen. Es ist die Antwort auf ein Bedürfnis, eine Illusion, die eine andere Illusion befriedigen will. Das kann niemals gelingen. Der Glanz, den Götzen verbreiten, bringt uns jedoch dazu, von einem enttäuschenden Götzen zum nächsten weiterzugehen, bis wir völlig desillusioniert sind oder bis so viele unserer Träume zerschlagen wurden, dass wir aus dem Leben aussteigen und sterben wollen.

Wir wollen nun zu dem Bruch zurückkehren, der den größten Herzensbruch in deinem Leben verursacht hat. Frage dich, nach welchem oder welchen Götzen du gestrebt hast, um sie an die Stelle deiner verlorenen Verbundenheit zu setzen. Hat es funktioniert? Hat es dich glücklich gemacht? Diese

Ereignisse haben dir sowohl Unabhängigkeit als auch das Verlangen danach eingebracht, Erfüllung in äußeren Dingen zu suchen. Deine Unabhängigkeit ist jedoch dissoziiert und lässt dich nicht empfangen. Du kannst deine Götzen durch Liebe und Erfolg ersetzen, indem du die Form des Gebens aus dir hervorbringst, die es Belohnungen und Erfüllung erlaubt, dorthin zurückzukehren, wo die Brüche entstanden sind, um die Verbundenheit wiederherzustellen. Das erfüllt das Bedürfnis, und außerdem bringt es Mühelosigkeit, lässt dich empfangen und macht Partnerschaft möglich. Es löscht den Durst, den wir danach haben, äußere Dinge zu konsumieren, um glücklich zu sein. Geben und Empfangen treten an die Stelle unseres Grolls, und die wahre Ordnung, die uns glücklich sein lässt, wird wiederhergestellt. Dies ist die Liebe.

Kehren wir nun also zu diesem großen Bruch zurück. Wie alt warst du, und wer war anwesend? Was ist geschehen, und wie hat das, was geschehen ist, sich auf dein Leben ausgewirkt? Statt deinen Schmerz mithilfe von Unabhängigkeit zu überdecken, könntest du eine andere Entscheidung treffen. Statt deinen Groll zu hegen und einen anderen Menschen zum Übeltäter zu machen, könntest du ihm helfen und in euch beiden den Schmerz auflösen, den du von ihm übernommen hast.

Stelle dir vor, dass du dich gemeinsam mit allen an der Situation beteiligten Menschen an dem Ort befindest, an dem die Spaltung begonnen hat. Frage dich, welche Seelengabe du mitgebracht hast, um diese Situation zu transformieren. Frage dich, welche Gabe der H<small>IMMEL</small> zudem für dich bereithält, um die Situation zu transformieren und ein höheres Maß an Verbundenheit entstehen zu lassen. Öffne die Tür in deinem Geist, hinter der deine Seelengabe wartet, und lasse dich von ihr erfüllen. Empfange dann die Gabe des H<small>IMMELS</small>, denn der H<small>IMMEL</small> möchte nicht, dass du in irgendeiner Form leidest. Lasse dich von der Gabe des H<small>IMMELS</small> erfüllen. Teile die Gaben nun mit allen Menschen, die an der Situation beteiligt waren, und auch mit der Situation selbst. Kehre dann zu der Ursprungssituation in diesem Leben zurück, in der dein Seelenmuster fortgesetzt wird. Wenn dein Kindheitstrauma beispielsweise im Alter von sieben Jahren geschehen ist, kehre in den siebten Monat deiner Zeit im Mutterleib zurück. Wenn dieses Trauma im Alter von drei Jahren geschehen ist, kehre in den dritten Monat deiner Zeit im Mutterleib zurück. Nutze deine Intuition, um die Situation in dein Bewusstsein treten zu lassen. Mache dir nicht die Mühe, darüber nachzudenken oder dich zu erinnern. Das Denken und die Erinnerung sind Verbündete des Egos. Rate einfach und nimm dann wahr, was dir in den Sinn kommt. Vertraue darauf. Wenn du es wüsstest, wer war dann in diesem Monat deiner Zeit im Mutterleib anwesend? Was ist geschehen, und wer war daran beteiligt? Bitte erneut um die Gabe, die du in den Rucksack deiner Seele gelegt hast, um die Menschen und die Situation zu erlösen. Öffne die Tür in deinem Geist und lasse auch dich von deiner Gabe erfüllen. Empfange die Gabe, die der HIMMEL für dich bereithält, und lasse dich von ihr erfüllen. Teile die Gaben dann mit allen Menschen, die an der Situation beteiligt waren, und mit der Situation selbst. Wie fühlt sie sich nun an? Wie stellt dein Leben sich nun für dich dar? Wenn es in deinem Leben jemanden gibt, der diese Gaben braucht, stelle dir vor, dass du sie auf einer energetischen Ebene mit ihm teilst.

Du kannst zu allen Traumen zurückkehren, die du erlitten hast, und sie auf diese Weise nacharbeiten. So erlangst du ein höheres Maß an Ganzheit, weil du dein Bedürfnis nach Besonderheit und nach Götzen transformierst, das mit jedem Bruch in deiner Verbundenheit gewachsen ist.

Du kannst auch die Götzen anschauen, derer du dir bewusst bist, und dich fragen, wo der Verlust stattgefunden hat, der deine Götzen und deine Habgier in Gang gesetzt hat. Du kannst zuerst in die Zeit zurückkehren, in der das Ereignis stattgefunden hat, und dann in den Monat deiner Zeit im Mutterleib, der diesem Zeitpunkt entspricht. Du kannst deine Gaben nutzen, um Unschuld, Ganzheit und Selbstvertrauen für dich selbst und für alle anderen an der Situation beteiligten Menschen wiederherzustellen.

Prinzip 6
Götzen als Ablenkung von deiner Lebensaufgabe

Wir streben nach Götzen, weil sie uns Erfüllung bringen sollen. Götzen sind jedoch Illusionen, die aus unserer Selbstverurteilung und unserem gespaltenen Bewusstsein heraus entstehen. Unsere Selbstverurteilung hat dazu geführt, dass wir unser Bewusstsein gespalten haben, um dem Anteil zu entkommen, den wir als „schlecht" verurteilt haben. Diesen Anteil haben wir dann verdrängt und nach außen projiziert, sodass er eine scheinbare Lücke in uns hinterlassen hat. In dieser inneren Lücke existieren Leere, Einsamkeit, Bedürfnis und Schmerz, und um uns von diesen Gefühlen zu befreien, wollen wir sie mit äußeren Dingen füllen. Wir suchen außerhalb von uns nach den Dingen, von denen wir glauben, dass sie das Bedürfnis erfüllen und uns glücklich machen. Diese Dinge sind unsere Götzen. Unsere Götzen sind jedoch Aspekte unserer selbst, die wir verurteilt haben, was zur Folge hat, dass wir wollen, dass sie uns erfüllen, und gleichzeitig nicht wollen, dass sie es tun. Wenn wir, statt äußere Dinge zu brauchen, das

Bedürfnis erfüllen würden, indem wir uns mit einem anderen Menschen verbinden und empfangen, entstünde Verbundenheit. **Das bedeutet, dass wir die heimliche Unabhängigkeit verlieren würden, für die das Ego im Akt der Trennung so hart gearbeitet hat.** Wir wollen also, dass unsere Bedürfnisse erfüllt werden, und gleichzeitig wollen wir es nicht. Das macht es äußerst schwierig, den Erfolg, die Befriedigung oder die Erfüllung zu erlangen, die wir uns wünschen. Wir arbeiten hart für die Dinge, denen wir Widerstand leisten.

Alle unsere Götzen und unser gieriges Streben nach ihnen hindern uns an der Erkenntnis, was uns wirklich erfüllen würde. Erfüllung wird uns in dem Maße geschenkt, in dem wir uns hingeben und unsere Lebensaufgabe erfüllen. Unsere Lebensaufgabe ist die Funktion, die GOTT uns zugewiesen hat und die zu erfüllen wir versprochen haben. Sie ist das, was uns Ganzheit bringt. Sie ist das, was wir dem Leben und anderen Menschen geben. Sie besteht nicht in Dingen, die wir bekommen.

Diese Einstellung der Großzügigkeit und der Beitrag, den wir durch unsere Lebensaufgabe zur Lösung bisweilen unlösbar erscheinender Herausforderungen leisten, bringen uns zur GANZHEIT zurück. Unsere Lebensaufgabe kann verwirklicht werden, wenn wir zulassen, dass sie von der Gnade durch uns erfüllt wird. Der Versuch, Dinge zu bekommen oder zu nehmen, der unsere Einstellung zu Götzen widerspiegelt, führt zu Herzensbruch und zur Hölle zerschlagener Träume. Unsere Lebensaufgabe wurde uns von GOTT zugewiesen, der uns besser kennt, als wir uns selbst kennen. ER weiß, was uns glücklich macht, und deshalb hat ER uns diese Lebensaufgabe gestellt. Unsere Lebensaufgabe besteht einerseits darin, glücklich zu sein und Heilung zu erlangen, um glücklich zu werden, andererseits aber auch darin, einen Beitrag zur Rettung der Welt zu leisten und eine bestimmte Aufgabe zu erfüllen, die nur wir allein erfüllen können. Wenn wir sie nicht erfüllen, bleibt sie unerfüllt. Das folgende Zitat aus *Ein Kurs in Wundern* spricht ganz konkret davon, wie wir über die Illusionen unserer Götzen hinausgelangen und frei sein können:

> „Ich habe eine Funktion, von der GOTT möchte, dass ich sie erfülle. Ich suche die Funktion, die mich befreit von allen eitlen Illusionen dieser Welt. Nur die Funktion, die GOTT mir gab, kann Freiheit schenken. Nur diese suche ich, und diese nur will ich als die meine akzeptieren."
> *Ein Kurs in Wundern,* Ü-I.212.1:1-4

Unser Streben nach Götzen bringt uns dazu, den schweren Weg zu wählen. Götzen sind entsetzliche Ablenkungen oder glanzvolle Versuchungen, die GOTTES LIEBE und die mit ihr einhergehende Freude verschleiern. Wenn wir Götzen und Hindernissen erliegen, dann sammelt sich Schmerz an und es wird schwierig, die Lebenslektionen zu lernen, die wir lernen wollten. Wir könnten stattdessen den Weg der Gnade einschlagen, der von Wundern kommt und den der HIMMEL uns weist, um mühelos die Lektionen zu lernen, vor die der Lehrplan unserer Seele uns stellt.

Prinzip 7
Götzen und die große Verwechslung

„Niemand verlangt nach Schmerz. Doch kann er denken, Schmerz sei Lust. Niemand möchte sein Glück vermeiden. Doch kann er denken, dass Freude schmerzhaft, bedrohlich und gefährlich sei. Jeder wird das empfangen, um was er ansucht. Doch kann er fürwahr verwirrt sein über die Dinge, die er will, und über den Zustand, den er erlangen möchte. Um was kann er dann ansuchen, das er wollen möchte, wenn er es empfängt? Er hat um das gebeten, was ihn in Angst versetzen und ihm Leiden bringen wird."
Ein Kurs in Wundern, Ü-II.339.1:1-8

Das Ego gedeiht durch diese Verwechslung und redet den Schmerz schön, damit er in der Anziehung, die er auf uns ausübt, nicht wie Schmerz aussieht. An diesem Punkt kommen Götzen ins Spiel: die Anziehungskraft weltlicher Dinge, der falsche Glanz, der keine wirkliche Substanz hat, der uns desillusioniert und vom kleinsten Wermutstropfen bis zum schlimmsten Herzensbruch zerschlagener Träume alles nach sich ziehen kann. Die Menschen empfangen, worum sie bitten, wobei es jedoch eine große Verwechslung im Hinblick darauf geben kann, was Glück bringt und was Leiden verursacht.

Wenn wir diese Verwechslung aufklären, gehen wir einen großen Schritt auf dem Weg, den Teufelskreis aus Götzen und Schmerz aufzugeben, der uns in der Welt gefangen und von der Liebe fernhält. Der Schmerz, den wir im Leben erfahren, kann ein guter Hinweis auf diese Verwechslung sein. Wenn wir uns von dieser alten Verletzung und vom Muster der Verwechslung befreien, das sie in Gang gesetzt hat, können wir den Weg voran viel klarer erkennen. Wir können den Frieden und die Freude empfangen, die unser natürliches Vermächtnis sind, wenn wir das Gerümpel des Egos wenigstens zum Teil aus dem Weg räumen. Wir erkennen, dass Liebe gleichbedeutend mit Freude und Glück ist und dass wir uns nicht vor ihr zu scheuen brauchen.

Frage dich intuitiv, zu wie viel Prozent diese Verwechslung gegenwärtig in deinem Leben am Werk ist. Erkenne, dass sie falsch ist. Es kann nicht die Wahrheit sein, Schmerz mit Freude zu verwechseln. Bitte darum, dass diese Verwechslung mit Gnade erfüllt werden möge, und nimm wahr, wie sie sich entwickelt. Rufe dir anschließend die drei Orte ins Gedächtnis, an denen du das größte Leid im Leben erfahren hast. Schreibe sie nieder:

1. _____
2. _____
3. _____

Kehre zu jedem dieser Orte zurück und suche nach den Götzen, die daran beteiligt waren – äußeren Dingen, die du bekommen wolltest, um dich besser zu fühlen, um das Gefühl eines bestimmten inneren Mangels auszugleichen. Dabei kann es sich auch um eine scheinbar völlig normale Sache wie eine glückliche Beziehung oder eine liebevolle Familie handeln. **Deine Einstellung des Nehmens und der Versuch, deinen Wert und dein Glück in äußeren Dingen zu suchen, ist das, was dich in Schwierigkeiten bringt.** Die Tatsache, dass du gelitten hast, zeigt, dass es einen Götzen und eine Illusion gegeben haben muss, die dich nicht tragen konnten. Erkenne, dass du Glück und Leiden miteinander verwechselt hast. Erkenne die Folgen dieser Verwechslung und erkenne auch, dass sie falsch ist. Bitte die Liebe und die Gnade, sich in der Situation einzufinden. Die Erkenntnis, was falsch ist, und die Bitte um Liebe und Gnade sind das, was Wunder bewirkt. Wiederhole den Prozess für jeden der drei Orte, an denen du das größte Leid im Leben erfahren hast. Bitte zuerst die Gnade und dann die Wunder darum, sich an dem betreffenden Ort einzufinden.

Du kannst diese Übung anschließend auch für deinen Partner durchführen, indem du dir vorstellst, dass du er bist. Kehre zu den drei leidvollsten Ereignissen in seinem Leben zurück und bitte die Liebe und die Gnade darum, sich an den betreffenden Orten einzufinden. Du kannst die Übung auch mit den Menschen durchführen, die dir besonders nahestehen, denn es bringt sowohl dich als auch sie voran. Du hilfst ihnen und dir selbst, wenn du dieser Verwechslung ein Ende setzt.

Ein Kurs in Wundern (Ü-II.325.1:1-6) erklärt sehr deutlich, was uns rettet und uns aus dieser Welt zum Himmel auf Erden führt: „Das ist der Grundgedanke der Erlösung: Das, was ich sehe, spiegelt einen Prozess in meinem Geist, der mit meiner Idee dessen beginnt, was ich will. Von da aus macht sich der Geist ein Bild des Dinges, nach dem er verlangt, das er als wertvoll beurteilt und daher zu finden sucht. Diese Bilder werden dann nach außen projiziert, betrachtet, als wirklich eingeschätzt und als Eigentum bewacht. Von wahnsinnigen Wünschen kommt eine wahnsinnige Welt. Vom Urteil kommt eine verurteilte Welt. Und aus vergebenden Gedanken entsteht eine sanfte Welt, erbarmungsvoll dem heiligen SOHN GOTTES gegenüber, um ihm ein freundliches Zuhause anzubieten, wo er eine Weile ruhen kann, bevor er weiterreist, und seinen Brüdern helfen kann, mit ihm voranzugehen und den Weg zum HIMMEL und zu GOTT zu finden."

Unsere Vorstellungen erfinden eine Traumwelt, über die wir hinausgelangen müssen, um eine himmlische Welt zu finden.

Die verlorene Mitte

Die verlorene Mitte ist der Entstehungsort eines Urteils. Die Folge dieses Urteils ist Trennung. Entgegen den Versprechungen unseres Egos hat das Urteil nicht den Platz der Schuld eingenommen, aus der heraus es entstanden ist. Es hat unsere Schuld in Wirklichkeit sogar vergrößert, weil wir einen anderen Menschen angegriffen und es darüber hinaus versäumt haben, unser Seelenversprechen zu erfüllen, das darin bestand, ihm zu helfen und ihn zu retten. Wenn wir dieses Versprechen gegeben haben, muss es einen Weg geben, es zu erfüllen. Wenn wir angreifen, erwarten wir einen Gegenangriff, weil wir dem, was wir anderen Menschen zufügen, nicht entgehen können. Es kehrt in positiver oder negativer Form zu uns zurück. Das Ego schlägt daraufhin vor, Götzen zwischen unser Urteil und den Angriff zu stellen, der auf uns zurückkommt. Götzen sind demnach ein Abwehrmechanismus, der den Leerraum füllen soll, den die aus unserem Urteil herrührende Trennung zurückgelassen hat. Ein Abwehrmechanismus kann jedoch niemals wirklich funktionieren. Er erfüllt weder das Bedürfnis, das aus dem von unserem Urteil herrührenden gespaltenen Bewusstsein entsteht, während wir versuchen, unsere Schuld zu projizieren, noch unterbindet er den Angriff, der mit uns begonnen hat. Stattdessen wird ein Teufelskreis aus Götzen und Urteilen in Gang gesetzt. Götzen führen dazu, dass wir urteilen, wie es die Verletztheit, der Herzensbruch, die Enttäuschung, die Wut, der Verlust, der Selbstangriff, die Angst, die Schuld, die Desillusionierung, die Depression und die zerschlagenen Träume beweisen, die von Götzen herkommen. Ein Urteil hat zur Folge, dass wir noch mehr leiden und versuchen, die Situation zu verbessern, indem wir uns weitere Götzen zulegen. Wenn ein Götze nicht funktioniert, legen wir uns den nächsten Götzen zu, bis wir so enttäuscht sind, dass wir uns dem Tod zuwenden, weil wir uns vom Leben, vom Glück und von GOTT verlassen fühlen.

Mit jedem Urteil, das wir fällen, entfernen wir uns weiter aus unserer Mitte. Wenn wir zwischen 1% und 30% aus unserer Mitte geraten sind, ist unsere Welt von Illusionen und irrigen Vorstellungen darüber erfüllt, was uns glücklich macht. Wir haften an Götzen an, und der Schmerz, der von Götzen herrührt, führt uns tiefer in den Teufelskreis aus Urteilen und Götzen hinein. Götzen erzeugen immer neue Götzen, bis der Götze des Todes uns für sich beansprucht und uns bewusst wird, dass wir in die Falle der Götzen getappt sind und was sie uns vorenthalten. Wenn wir zwischen 31% und 85% aus unserer Mitte gestoßen wurden, sind wir in Aufopferung und im Dreigespann der Rollen aus Unabhängigkeit, Aufopferung und Opfer gefangen. Wenn wir zwischen 86% und 99% aus unserer Mitte geraten sind, sind wir in selbstzerstörerischem Verhalten und ausgeprägten Mustern der Selbstsabotage gefangen. Wenn wir bei 100% ankommen, stirbt ein Selbst. Eine tiefe Bewusstseinsspaltung, Schuld und Leblosigkeit sind die Folge. Nun spielen wir auf Kegelbahn 2, versuchen aber, die Kegel auf Bahn 1 abzuräumen. Wir sind träge und teilnahmslos. Je weiter wir uns von Kegelbahn 1 entfernen, umso mehr Schwierigkeiten hält das Leben für uns bereit. Es besteht sogar die Möglichkeit, dass wir in so hohem Maße aus der Gnade herausfallen, dass unser gesamtes Leben von einem höheren Maß an Dunkelheit und Schmerz erfüllt ist. Je weiter wir uns von unserer Mitte entfernen, umso anstrengender wird unser Leben und umso weniger können wir uns darauf konzentrieren, unsere Ziele zu erreichen. Die Chimäre unserer Götzen und die Stärke unserer Urteile werden größer. Wir glauben immer mehr, dass wir ein Körper sind, der auf den Tod zusteuert, und auf diesem Weg schwelgen wir in so vielen kleinen Genüssen, wie es nur geht. Wir verlieren unsere wahre Wesensnatur aus den Augen, die reiner Geist ist, für alle Zeit ein KIND GOTTES und im HIMMEL zu Hause. Wir erfinden eine eigene Welt, die sich in eine Hölle verwandeln kann. Wenn wir unsere Mitte verlieren, verlieren wir den stillen Geist, der unser Zugang zu GOTT und zu SEINER LIEBE ist. Wenn wir unsere Mitte verlieren, verlieren wir in gleichem Maße auch unsere Unschuld, die von GOTT festgelegt wurde und die deshalb in Wirklichkeit unveränderlich ist. Zusammen mit unseren Selbstkonzepten rufen wir jedoch auch die Illusion von Schuld und Sünde ins Leben, und das Ausmaß unserer Selbstbestrafung nimmt rasch zu.

Wir benutzen unsere Schuld und unsere Urteile, um GOTT aus dieser Welt auszusperren. Die Gnade scheint weit weg, und unser Ego wird, seinem Willen entsprechend, zum Beherrscher oder zum Unterworfenen. Die Welt scheint alles andere als ein Ort der Liebe und des Glücks zu sein. Wir glauben, GOTT sei der Feind, der uns unsere Götzen fortnehmen will. Warum aber sollte ein Elternteil – und erst recht GOTT – einem unbeschwert spielenden Kind sein Spielzeug nehmen wollen? Ein erwachsener Mensch würde einem Kind nur das fortnehmen, was eine Gefahr für das Kind darstellt. Diese Welt ist ein Traum. Unsere Spielzeuge sind Traumspielzeuge. Irgendwann werden wir zu einer Welt jenseits des Traums erwachen. Es wird eine Welt der Liebe jenseits aller Träume sein. Es wird eine Welt sein, in der GOTT und SEINE ekstatische LIEBE den zentralen Platz einnehmen. Wir werden GOTT als den GELIEBTEN zurückgewinnen und keinen Gefallen mehr an den Versuchungen von Schmerz, Schuld und falschem Glanz finden. Wir werden in alles Sein verliebt sein, und unser einziger Wunsch wird darin bestehen, der Welt zu helfen und Heilung zu bringen. Wir werden GOTT für das vergeben haben, was wir auf IHN projiziert hatten, und infolgedessen zu einem Kanal geworden sein, der SEINE LIEBE und Wunder zur Erde bringt.

Die Mauer aus Urteilen und Götzen ist ein Ort tiefer Anhaftung. Wir sind unserer Eigenwahrnehmung, die uns als im Recht sieht und eine Kompensation für die Orte ist, an denen wir uns im Unrecht fühlen, ebenso verhaftet wie dem, was unserer Meinung nach ein Ausgleich für die Probleme ist, die unsere Urteile uns bereiten. Der Verlust unserer Mitte und das daraus resultierende Chaos in unserem Geist gibt uns ebenfalls die Möglichkeit, GOTT von uns fernzuhalten. Da die Welt ein Spiegel unseres Geistes ist, gibt es keine friedvolle Öffnung, durch die uns die Stimme der Weisung erreichen könnte. Wir erreichen diese vollkommene Welt, indem wir alle Urteile loslassen, indem wir der Welt umfassend vergeben und indem wir alle Götzen loslassen und stattdessen GOTT und die Einheit aller Wesen willkommen heißen.

Prinzip 8
Die Welt ist ein Spiegel unseres Geistes

Die Holographie spricht davon. Der Kinofilm *What the Bleep Do We Know!?* verweist auf die neue Quantenphysik und spricht davon, dass die Wirklichkeit tatsächlich Licht ist, bis wir entscheiden, was wir wahrnehmen wollen. Die Welt ist ein Spiegel unseres Geistes, und dadurch, dass wir anderen Geistes werden, können wir die Welt verändern. Viele Religionen wie beispielsweise Hinduismus und Buddhismus sprechen ebenso wie *Ein Kurs in Wundern* davon, dass die Welt eine Illusion oder ein Traum ist. In christlicher Sprache heißt es dort (T-31.V.7:10): „[Konzepte] sind Ideen von Götzen, mit den Pinseln dieser Welt gemalt, die kein einziges Bild machen können, das die Wahrheit darstellt."

Konzepte rühren von Selbstkonzepten her, die wir erschaffen haben und die alle durch Trennung entstanden sind. Diese Trennung hat außerdem Schmerz, Verlust, Angst und Gefühle der Unzulänglichkeit, Widerstand, Schuld und unsere Identität hervorgebracht. Sie hat selbstsabotierende Muster der Aufopferung, des Opfers, der Konkurrenz und der Unabhängigkeit in Gang gesetzt. Die Welt spiegelt alle diese Dinge wider. Sie spiegelt wider, was wir in uns selbst zurückgewiesen haben, was wir verurteilt und abgespalten haben, was wir verdrängt und dann nach außen projiziert haben. Dies haben wir mit Gaben getan, vor denen wir uns gefürchtet haben, und mit Eigenschaften, die wir als negativ verurteilt haben. So ist die Welt zu dem geworden, was wir uns gewünscht haben, nämlich zu einer Phantasievorstellung, von der wir hofften, dass sie das durch Trennung erzeugte Bedürfnis erfüllen würde. Nun suchen wir in der Welt nach illusorischen Dingen und nach dem, was wir zurückgewiesen haben. Wir suchen nach den Anteilen unserer selbst, die wir bei der Erschaffung unserer Selbstkonzepte abgelehnt und die unser Bewusstsein vielfach gespalten haben. Eine Seite der Spaltung, die für unsere Identität vorbehalten ist, tragen wir nach wie vor in uns, während wir die andere Seite nach außen projiziert haben.

Wenn wir der Welt vergeben, verbindet unser gespaltenes Bewusstsein sich wieder zu neuer Ganzheit. Die Projektion wird zurückgezogen. Es gibt einen Irrtum weniger in der Welt, und unser Geist wird von dem Schmerz, der Angst und der Schuld befreit, die wir in Bezug auf uns selbst in uns tragen. Immer dann, wenn wir der Welt geben, kehren wir den Wunsch um, etwas von der Welt bekommen zu wollen. Durch die Hilfe, die wir gewähren, wird auch uns geholfen. Vergebung bringt Wahrheit und erhellt die Welt dort, wo bisher Dunkelheit war. Vergebung bringt Ganzheit und die Fähigkeit zur Wahrnehmung. Vergebung löst unser Ego mit seiner Angst, seiner Schuld und seinem Schmerz auf. Andere Menschen zu segnen und ihnen zu helfen, statt über sie zu urteilen, kann für uns selbst und für sie eine große Veränderung bewirken. Wir reinigen den Spiegel unseres Geistes. Wir segnen die Welt und werden unsererseits gesegnet, weil die Vergebung, die wir den Dingen im Spiegel gewähren, zu uns zurückkehrt.

Prinzip 9
Figuren im Traum

„Alle Figuren in dem Traum sind Götzen, dazu gemacht, dich aus dem Traume zu erlösen. Doch sind sie ein Teil dessen, *wovon* sie dich erlösen sollen."

Ein Kurs in Wundern, T-29.IX.3:1-2

Die Welt ist zu einem Götzen geworden, der unsere Bedürfnisse erfüllen, uns glücklich machen und uns retten soll. Götzen erhalten jedoch die Trennung aufrecht, die das Bedürfnis aufrechterhält, während sie gleichzeitig den Konflikt des Mangels und der Trennung in die Welt trägt. Was wir in der Welt sehen, zeugt von der Trennung, die unser Urteil erschaffen hat, um unser Ego aufzubauen und zu stärken. Unser Ego braucht Götzen, weil sie seiner Überzeugung nach das sind, was es retten wird. Alle diese Dinge tragen jedoch dazu bei, den Traum der Welt am Leben zu erhalten.

Wo es Götzen gibt, dort ist ein Teufelskreis am Werk, zu dem Urteile, Groll, Schmerz und Desillusionierung, Ego und Trennung gehören. Alle diese Dinge tun sich zusammen, um den Traum am Leben zu erhalten. Sie beharren darauf, dass dies die einzige Wirklichkeit ist, die es gibt, und dass es Wahnsinn ist, sie in Frage zu stellen. Heilung besteht in dieser Welt nur allzu häufig darin, die bestehende Situation aufrechtzuerhalten oder uns ihr anzupassen, statt Ganzheit, Frieden und Transzendenz zu erlangen. Wenn alle Figuren im Traum Götzen sind, die durch Schmerz, Groll, den Angriff des Urteils, Trennung und die Glaubenssysteme des Egos am Leben erhalten werden, dann besteht der Weg, der uns von diesen dunklen Wahrnehmungen befreien kann, darin, diesen Aspekten zu vergeben. Das befreit uns schließlich von aller Wahrnehmung und lässt uns zur spirituellen Schau und zur Erfahrung des Lichts und der Wahrheit gelangen. Vergebung bringt uns die richtige Wahrnehmung. Vergebung als Lebensweise kann zur spirituellen Schau führen. Götzen erzeugen Schmerz, und sie führen dazu, dass wir anderen Menschen grollen und ihnen vorwerfen, unsere Wünsche durchkreuzt zu haben. Wenn du eine dunkle Wahrnehmung in der Welt siehst, kannst du vergeben und mit der gesamten dir zur Verfügung stehenden Willenskraft folgende Worte aus *Ein Kurs in Wundern* (Ü-I.193.13:3) sprechen: „Ich will vergeben, und dieses wird verschwinden."

In dem Maße, in dem unsere Vergebung zunimmt, werden die Figuren im Traum kleiner, friedvoller und in höherem Maße geeint. Dann schickt unser Ego von Zeit zu Zeit weitere dunkle und uralte Gedanken aus dem Unbewussten, um uns vor Herausforderungen zu stellen, die uns zurückhalten sollen. Es versucht, diese alten und uralten Konflikte in der Gegenwart in irgendeiner Form zu nutzen, um seine eigene Macht zu vergrößern und die Dunkelheit zu vertiefen, während unser höheres Bewusstsein sie ausschließlich nutzt, um Heilung und ein höheres Maß an Freiheit zu bewirken. Die Welt ist ein Spiegel unseres Geistes, und dunkle Gedanken bringen dunkle Ereignisse hervor. Die dunklen, verborgenen Kammern unseres Geistes können jedoch ans Licht gebracht werden, wenn wir mit den Worten von *Ein Kurs in Wundern* (Ü-I.99.11:4) erklären: „GOTT ist LIEBE weiterhin, und dies ist nicht SEIN WILLE." Lasse also zu, dass Vergebung und die LIEBE GOTTES dir heute und an jedem Tag die Richtung weisen. Unsere Vergebung klärt dunkle Wahrnehmungen, und GOTTES LIEBE bringt Wunder.

Prinzip 10
Alles oder nichts

„Ein wahnsinniger Mann auf einem galoppierenden Pferd, wahnsinnig in seinen Gedanken an wertlosen Tand auf dem Markt und seinem Groll gegen andere, selbst Familie und Freund, was sieht er von den Gärten, die ihn umgeben, und vom Wunder seiner eigenen Hand? Was erzählt er anderen vom Wunder seines Rosses und davon, wie ihre Herzen auf der Trommel des Daseins im Gleichklang schlagen?"
Rumi

Wenn wir in hohem Maße auf Dinge versessen sind, die nichts bedeuten, dann sind wir getrieben und wollen bekommen, wovon wir glauben, es könne uns glücklich machen. Wenn wir getrieben sind, erregt jeder, der uns im Weg steht, unseren Zorn. Unser Groll entsteht nur, weil wir glauben, jemand habe uns von dem ferngehalten, was „rechtmäßig" uns gehört.

In einem seiner anderen Gedichte bezeichnet Rumi die Dinge der Welt als „ablenkenden Talmiglanz" und beschreibt, wie die Gier nach ihnen uns in immer kleinere Gefängniszellen sperrt. Dann vergleicht er sie mit dem Frieden, der jedes Begreifen übersteigt, und mit der unvorstellbaren Leidenschaft, die ein zutiefst „GOTTliebender" erfährt. Wir wollen entweder etwas in dieser Welt bekommen, oder wir erkennen, dass uns ein Vermächtnis überwältigender Freude erwartet, das zum Greifen nahe ist. Wir glauben, dass der Talmiglanz der Welt uns tragen kann, aber das kann er nicht. Wir glauben, dass die Identität, die wir aufgebaut haben, unser kostbarster Besitz ist, dass sie noch wertvoller ist als die Liebe, das Glück oder der HIMMEL. Unsere Persönlichkeit ist jedoch auf dem Skelett unseres Kindes und auf dem Leiden unseres Lebens aufgebaut, und das muss nicht sein. Wir können unsere wahre Wesensnatur wiederfinden, denn sie wurde von GOTT festgelegt und ist unveränderlich. Diese Welt und ihre Werte sind in Veränderung begriffen, und manchen ist es gegeben, uns den Weg zurück zur Freude und zum HIMMEL auf Erden zu weisen. Den Glanz und die Anziehung dieser Welt sowie das Ego, das sie nährt, aufzugeben ist nicht besonders schwierig und kein wirkliches Opfer, wenn wir erkennen, dass wir lediglich Illusion, Desillusionierung und Leiden durch Wahrheit und Erinnerung ersetzen. Unsere Erinnerung lässt alle weltlichen Fallstricke fortfallen, weil unser Blick über eine verwundete Welt hinaus auf eine Welt schaut, die in Vollkommenheit leuchtet. Wenn wir nur noch eine Identität haben, wenn wir die Pforte zu GOTT durchschritten haben, die CHRISTUS ist, und uns nur noch als diese Identität kennen, dann leuchtet die lichtvolle Welt durch die Welt hindurch, die wir jetzt sehen, und die Schönheit des Numinosen leuchtet durch uns hindurch und ruft unsere Brüder nach Hause.

Es ist ein Geschäft, bei dem nur alles oder nichts möglich ist, aber wir sind sehr viel näher daran, alles zurückzugewinnen, was wir verloren haben, als wir glauben. Jeder Götze, den wir aufgeben, bringt uns dieser endgültigen Wahl ein großes Stück näher. Dies gilt besonders für unsere Götzen des Todes, die durch unsere Götzen der Selbstkonzepte genährt werden. Wir gelangen über die Angst vor und das gleichzeitige Hingezogensein zum Tod allmählich hinaus und streben nach dem, was uns wirklich glücklich machen kann. Es ist alles oder nichts. Wir sind entweder zu Hause, oder wir sind es nicht.

Wir wollen entschieden sein. Wir wollen entschlossen sein, den HIMMEL auf Erden zu erreichen. Wir wollen uns für das Licht anstelle einer Welt entscheiden, die aus unseren Glaubenssätzen besteht.

Prinzip 11
Der Teufelskreis aus Götzen und Leiden

Wir haben Götzen, weil wir an der Welt festhalten wollen. Wir wollen in den Genuss bestimmter Annehmlichkeiten kommen und glauben, dass durch unsere Götzen bestimmte Bedürfnisse endlich erfüllt werden. Wenn wir einen Götzen – nehmen wir Sex als Beispiel – bekommen, bringt er uns jedoch entweder keine vollständige Befriedigung oder ist nur für den Augenblick befriedigend, was dazu führt, dass unsere Sucht stärker wird. Das hat wiederum zur Folge, dass unsere sexuelle Abhängigkeit wächst und wir rascher und tiefer verletzt oder enttäuscht sind. Dies stärkt unsere Selbstkonzepte, sodass ein Teufelskreis entsteht, der mit einem Götzen beginnt, zu Schmerz und Groll führt, die beide unser Ego stärken, und in Bedürfnissen und dem Wunsch nach weiteren Götzen endet. Er kann auch mit Schmerz und Groll beginnen, die das Ego stärken und Bedürfnisse entstehen lassen. Dies hat ein noch höheres Maß an Schmerz oder weitere Bedürfnisse und Götzen zur Folge, die wiederum zu noch mehr Schmerz führen. So setzt sich der Kreislauf endlos fort.

Dieser Teufelskreis ist eine Spirale, die abwärts führt, bis unser Leben von Desillusionierung, Bitterkeit und schließlich Zynismus geprägt ist. Er bringt Angriff und Selbstangriff hervor, die gemeinsam das Fundament des Egos bilden. Diese Falle hält unseren Geist in der Welt gefangen, wie sie unserer Überzeugung nach ist, weil unser Verlangen uns fesselt, weil unser Schmerz groß ist und unser Groll uns verzehrt oder weil der, der wir zu sein glauben, unsere ganze Aufmerksamkeit bekommt. Das Ego benutzt diese Dinge, um uns blind zu machen für die LIEBE GOTTES, die uns in jedem Augenblick angeboten wird. Nur sie kann uns Befriedigung und Erfüllung schenken. Bis dahin werden wir unsere Suche fortsetzen und falsche Entscheidungen treffen. GOTT ist, wonach wir in unseren Götzen wirklich suchen. Unsere Götzen werden uns nie genug sein. Wenn die Enttäuschung über einen Götzen groß genug ist, suchen wir entweder nach anderen Götzen oder wenden uns dem Tod zu. Wir haben unser Geburtsrecht für wertlosen Tand fortgegeben. Wir haben unser wunderbares Zuhause verlassen und sind auf der Suche nach Erfüllung in die Welt hinausgewandert. Dabei haben wir ständig außerhalb von uns gesucht, um einen kurzen Blick auf den HIMMEL zu erhaschen, und geglaubt, ihn in Götzen zu finden. Dabei ist der HIMMEL in uns. Wir tragen GOTT in unserem Herzen. In einem äußeren Götzen werden wir ihn nicht finden. Es ist an der Zeit, den wertlosen Tand loszulassen und zu erkennen, was uns wirklich hilft, den Weg nach Hause zur LIEBE GOTTES zu finden, DER den Wunsch hat, SEINEN geliebten Kindern alles zu geben. Wir können wählen zischen:

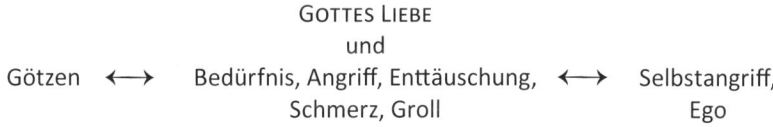

		GOTTES LIEBE und		
Götzen	←→	Bedürfnis, Angriff, Enttäuschung, Schmerz, Groll	←→	Selbstangriff, Ego

Die Entscheidung, in welche Richtung wir uns wenden wollen, zählt zu den wichtigsten Entscheidungen unseres Lebens.

Prinzip 12
Götzen und der Kampf mit GOTT

Götzen sind ein Teil unseres Kampfes mit GOTT. Wir wollen die Wirklichkeit verändern und einen eigenen Himmel erschaffen. Unsere Welt ist aus Urteilen, Schmerz und Götzen heraus entstanden und wird höchst selten mit dem HIMMEL verwechselt.

Götzen, Schmerz, Urteile und Groll erzeugen einen Teufelskreis, der sowohl die Welt als auch das Ego erschafft. Dies ist natürlich nichts anderes als unsere Investition in das Ego, damit wir das Selbst behalten können, das wir in Schmerz und Getrenntheit geschaffen haben und das nicht die Liebe und der reine Geist ist, als den GOTT uns geschaffen hat.

Die meisten Menschen glauben, es sei absurd, gegen GOTT zu kämpfen, aber dennoch geben wir GOTT die Schuld an allem, was uns jemals widerfahren ist. Auf einer unbewussten Ebene legen wir jeden Groll, den wir gegen einen anderen Menschen hegen, gleichzeitig auch GOTT zur Last. Das tun sogar die Menschen, die erklärtermaßen nicht an GOTT glauben. Ich erwidere dann immer im Scherz, dass sie nicht beides haben können. Entweder existiert GOTT und sie können IHM die Schuld geben, oder ER existiert nicht, kann dann aber auch nicht das getan haben, dessen sie IHN anklagen. Natürlich kann ein GOTT, DER die LIEBE SELBST ist, nicht über uns urteilen oder dafür sorgen, dass wir dunkle Erfahrungen machen, wie wir auf den tiefsten und dunkelsten Ebenen des Geistes alle glauben. GOTTES WILLE für uns ist, dass wir vollkommen glücklich sind.

In *Ein Kurs in Wundern* heißt es, dass du, wenn du Millionen von Menschen helfen willst, GOTT vergeben sollst. Götzen sind die Ursache unseres Schmerzes, der auch von Widerstand, Desillusionierung und zerschlagenen Träumen kommt. Dies führt nicht nur dazu, dass wir einen Groll gegen andere Menschen hegen, sondern auch zu selbstsabotierenden Mustern und den Problemen, die von Groll herrühren. Letzten Endes geben wir GOTT die Schuld an unseren Fehlern. Dies versperrt uns wirksam den Zugang zu Gnade und Wundern sowie zur Erkenntnis unseres SELBST als grenzenloser, reiner Geist, Teil des unteilbaren GEISTES, der GOTT ist. Wir sind noch immer, wie wir als Liebe und als reiner Geist geschaffen wurden, und auf der tiefsten Ebene lieben wir GOTT und SEINE gesamte Schöpfung nach wie vor. Das kann sich nicht ändern. Wir können nur träumen, dass es sich geändert hat. Illusionen und Urteile können unser SELBST und die Wirklichkeit des

HIMMELS überdecken, können sie aber niemals ändern. Es ist an der Zeit, uns lieben und zu der Erkenntnis zurückführen zu lassen, dass wir REINER GEIST sind.

Prinzip 13
Was Götzen blockieren

Götzen sorgen dafür, dass wir uns vom Licht unserer QUELLE und von der LIEBE abwenden, die GOTT uns entgegenbringt. Götzen lenken uns vom ständigen Wunder des HIMMELS ab und bringen uns dazu, in diese Welt zu investieren, die wir aus Urteilen und Trennung erschaffen haben. Wir haben das Bewusstsein für unsere wahre Identität als reiner Geist und KIND GOTTES aufgegeben, um in eine Identität zu investieren, die wir selbst gemacht haben. Unser Ego ist das, was *Ein Kurs in Wundern* als den Antichrist bezeichnet. Mit dieser Identität, die wir aus unserem Urteil heraus gemacht haben, sind auch Bedürfnisse entstanden. Götzen verhindern, dass wir empfangen können, und sie wecken Gier und den Wunsch zu bekommen, weil unsere Bedürfnisse nie zu unserer vollen Zufriedenheit erfüllt werden können. Wir sind gänzlich in Anspruch genommen von unserem Streben nach den Götzen, die uns unserer Meinung nach glücklich machen. Götzen sind jedoch stets ein Teil des Teufelskreises, der von Desillusionierung herrührt. Was in unserem Streben und Verlangen nach Götzen vollkommen verloren geht, sind Wunder. Sie sind das Vermächtnis, das mit der Hilfe des HIMMELS ausgestattet ist, um die Stöße von Raum und Zeit zu überschreiten und die Illusion der Dunkelheit aufzulösen.

Götzen sind Illusionen, und sie berauben uns der Fähigkeit, das zu erkennen, was unwahr ist. Einer der ersten Schritte in einem Wunderprozess besteht darin, zu erkennen und zu erklären, dass das, wovor du stehst, unwahr ist. An Götzen zu glauben heißt, an eine Welt der Unwahrheit zu glauben. Das macht es extrem schwierig, einen Unterschied zwischen Unwahrheiten zu erkennen, weil die ganze Welt aus Falschheit besteht.

Die Auswirkungen unserer Götzen und ihrer zerschlagenen Träume machen Wunder notwendig. Götzen sorgen dafür, dass wir sowohl unsere Gaben als auch die Tatsache vergessen, dass alle Macht uns gegeben und Teil unseres geistigen Erbes ist. Wir sind so sehr in unseren Götzen gefangen, dass wir den Frieden, das Glück und die Liebe vergessen, die jetzt für uns verfügbar sind. Wir beginnen zu glauben, dass die Welt wirklich ist und dass es nur diese Welt gibt. Wir verlieren unsere spirituelle Schau, weil wir uns auf die Welt begrenzen, die unser Ego und unsere Götzen erschaffen haben, und sie wird in unserem Geist verankert, als ob sie die Wirklichkeit wäre. Wenn wir lange genug gesucht haben, entdecken wir vielleicht, dass es eine Wahrheit und eine Wirklichkeit gibt, die jenseits unserer Wahrnehmung liegen und die Quelle dauerhaften Glücks sind. Es ist an der Zeit, unsere Götzen ebenso aufzugeben wir das Bedürfnis und den Zorn, aus dem sie entstanden sind, weil das, was wir ihretwegen verloren haben, unendlich kostbar ist. Wenn wir in vollem Umfang erkennen würden, was wir verloren haben, dann würden wir nicht nur unsere Götzen aufgeben, sondern auch unser Ego und die Lieblosigkeit, die eine Folge von Hartherzigkeit, Urteilen und Trennung ist. Diese Dinge haben sowohl Schuld als auch die Vorstellung von Sünde entstehen lassen, in deren Folge wir durch Trennung den Glauben an unsere Unschuld und unseren Selbstwert ebenso verloren haben wie den Glauben daran, dass wir alle guten Dinge verdienen.

    Es ist an der Zeit, unsere unterbewussten Familien- und Beziehungsmuster sowie unsere unbewussten Seelenmuster zu klären. Wenn sie fortfallen und wir die volle Macht unseres Geistes zurückgewinnen, fallen auch die Anziehungskraft der Schuld und das Bedürfnis nach Götzen fort. Das hat zur Folge, dass wir uns selbst erneuern und unser Selbst wiederentdecken. Wir geben den Wunsch des Egos nach Unabhängigkeit und danach, seinen eigenen Weg zu gehen, zugunsten der Wahrheit auf. Wir erkennen, dass die Welt der Trennung unwahr ist, dass es jenseits des Glaubens an und der Erfahrung von Trennung und Körperlichkeit ein Selbst gibt und dass dieses eine Selbst mit Gott vereint ist. Wir können diese himmlische Welt nicht sehen, solange wir unseren Götzen verschrieben sind. Wir können immer nur eine Welt sehen, aber es ist unsere Entscheidung, in welche Welt wir die Kraft unseres Geistes investieren wollen. Willst du eine himmlische Welt sehen, erneuert und erfüllt von Liebe und der Vereinigung mit Gott, oder willst du weiter um deine Götzen kämpfen, die dich doch nur ein ums andere Mal enttäuschen?

Prinzip 14
Das einladen, was bereits gegenwärtig ist

Der Frieden hat seinen Wohnsitz in uns. Er ist ein Teil unserer Wesensnatur auf der uranfänglichsten Ebene, die tiefer liegt als alle Betriebsamkeit und alle Ablenkungen, die unseren Geist betäuben. Wir suchen außerhalb von uns nach Liebe und wollen beweisen, dass wir ihrer würdig sind, indem wir versuchen, in unserem Erfolg möglichst vollkommen zu sein. Wir arbeiten ständig äußerst hart dafür, liebenswert zu sein, und erkennen nicht, dass wir dafür gar nicht arbeiten müssen. Wir haben sowohl die Liebe als auch die Liebenswürdigkeit immer schon in uns getragen.

In *Ein Kurs in Wundern* heißt es, dass die Liebe auf ein Willkommen wartet, nicht auf die Zeit (T-13.VII.9:7). Warum verbringen wir unsere Zeit also dauernd damit, nach Götzen zu suchen, die uns nur Enttäuschung und Desillusionierung bringen können? Wir könnten stattdessen einfach die Liebe willkommen heißen, die wir bereits in uns tragen.

Das Glück wartet ebenfalls auf unsere Einladung. Wir tragen es bereits in uns. Weshalb sollten wir in vergeblichen Bemühungen nach dem Glück suchen, wo wir es doch mühelos haben könnten? Die Suche nach äußeren Dingen hat zerschlagene Träume zur Folge, und zerschlagene Träume sind eine Hölle, die wir selbst verschuldet haben. Sie rühren von Götzen her, in die wir unseren Glauben gesetzt haben und von denen wir so viel bekommen wollten, die uns aber nichts geben konnten, weil sie eine Illusion sind.

Ein Bedürfnis weist uns stets darauf hin, dass wir den schmerzhaften Fehler begangen haben, außerhalb von uns zu suchen. Ein Bedürfnis weist zudem auf Zwiespältigkeit hin. Wir wollen etwas und fürchten uns gleichzeitig davor, es zu bekommen. Alles, was wir von ganzem Herzen wollen, empfangen wir auf ganz natürliche Weise. Wenn wir etwas brauchen, es aber nicht haben, dann ist die Tatsache, dass wir es nicht empfangen, ein Hinweis darauf, dass wir verbergen wollen, wie wichtig uns stattdessen unsere Unabhängigkeit ist. Es ist an der Zeit, unser äußeres Streben aufzugeben, weil wir alles, was wir brauchen, bereits in uns tragen.

Wir wollen uns heute den Frieden wünschen, der zum HIMMEL führt. Wir wollen die Liebe willkommen heißen, die uns gehört und die wir sind. Wir wollen das Glück einladen, das wir verdienen. Wir wollen zum Kern der Sache kommen und alle Hindernisse aufgeben, die uns nichts als Frustration bringen. Der HIMMEL ist so nahe. Entscheide dich für ihn. Sei nicht mit weniger zufrieden. Du kannst die ganze Fülle des Lebens dein eigen nennen.

Prinzip 15
Was Götzen verbergen

„Der, der beides – Liebe und Verzicht – gefunden hat,
steigt niemals herab zum Tod."
Kabir

Ein Götze ist eine Illusion, die eine Gabe verbirgt. Was wir von einem Götzen zu bekommen glaubten, ist das, was die Gabe uns tatsächlich bringt. Ein Götze verbirgt eine Gabe, und alle Gaben sind Aspekte der größten Gabe, die Liebe ist. Die Liebe ist das, was wir wirklich wollen. Wenn unser gesamtes Leben zu Liebe geworden ist, erlangen wir das Christus-Bewusstsein, und in ihm finden wir GOTT. Umgekehrt gilt, dass, wenn wir GOTT finden, unser ganzes Leben zu einem Leben der Liebe wird. Was gibt es anderes? Warum sollten wir Zeit für andere Dinge aufwenden? Kein Götze kann uns noch mit seinem wertlosen Tand in Versuchung führen.

Dies ist Verzicht, das Loslassen dessen, was keinen Wert besitzt. GOTT bittet uns nicht darum, ein Opfer zu bringen. Das tun allein wir selbst. GOTT bittet uns nur darum, das aufzugeben, was uns verletzt und desillusioniert, wenn unsere Götzen versagen. Verzicht sagt: Ich will dem Wertlosen keinen Wert beimessen. Ich will die Gaben. Ich will das, was echt ist. Ich will die Liebe. Ich will mich nicht einmal mit dem HIMMEL auf Erden zufriedengeben. Ich will GOTT. Alles andere, was ich für GOTT halte, ist nur ein Götze. Ich kann der Illusion entsagen. Ich kann das loslassen, was falschen Glanz besitzt, weil das Gold unmittelbar dahinter zu finden ist.

Nur das, was uns in Versuchung führt, kann uns töten. Was uns in Versuchung führt, verleitet uns zu dem Glauben, dass wir ein Körper sind, und das führt uns zum Glauben an den Tod. Die zerschlagenen Träume, die Desillusionierung und die Enttäuschung bringen uns dazu, am Leben zu verzweifeln und uns dem Tod zuzuwenden. Dies sind die Emotionen, die von Götzen herrühren. Schmerzhafte Emotionen sind Desillusionierungen, die von Illusionen herrühren. Wie kann eine Illusion uns etwas geben? Wie kann sie zu etwas anderem als zu Schwierigkeiten führen? Eine Illusion aufzugeben ist nicht gleichbedeutend mit Aufopferung. Es bringt Gaben und spart Zeit. Eine Gabe ist eine Form der Liebe, die dazu da ist, bestimmte Herausforderungen zu meistern und unser Leben mit einem höheren Maß an Glück und Verbundenheit und infolgedessen mit mehr Spaß und Freude zu erfüllen. Gaben erzeugen Fluss und erleichtern unser eigenes Leben und das Leben der Menschen in unserer Umgebung. Es ist an der Zeit, das zu erkennen, was keinen bleibenden Wert besitzt, und uns stattdessen für das echte Gold zu entscheiden. Liebe ist das, was wir wirklich wollen, und das, was GOTT ist. Alles andere ist lediglich eine Wegstation auf dem Weg zum HIMMEL. Wir wollen den Teufelskreis aus Götzen und Tod aufgeben und zu einem Entsagenden werden. Dabei geht es nicht darum, vor der Welt davonzulaufen. Du würdest sie bloß mit dir nehmen. Du bist vielmehr aufgerufen, deinen Götzen zu entsagen. Dies führt dich hin zu der wirklichen Welt, die jenseits des Todes liegt. Sie ist der HIMMEL auf Erden, der Ort, an dem dein einziger Wunsch darin besteht, dass die Liebe deine Wirklichkeit sein möge. Du vergibst sowohl der Welt als auch den Illusionen, in denen die Menschen gefangen sind, um sie zu befreien, damit sie ihre großen und wunderbaren Gaben teilen können.

Das heißt nicht, dass du diesen Körper nicht verlassen wirst. Es heißt, dass du nicht sterben, sondern aus diesem Körper heraustreten wirst, wenn er seinen Zweck erfüllt hat. Du wirst nicht in der ständigen Angst vor dem Tod leben, die fast alle Probleme und Süchte antreibt. Du wirst nicht versuchen, deine Angst mit Götzen zu überdecken. Du wirst über diese Todeswelt, in der es einen kollektiven Glauben an den Tod gibt, hinaus zum HIMMEL auf Erden gelangen, und hier wirst du dich als reiner Geist und als KIND GOTTES erkennen. Praktiziere Entsagung, und du findest die Liebe. Wenn du sie nicht findest, praktizierst du Aufopferung und findest weder die Liebe noch dein SELBST. Wenn du die Aufopferung praktizierst, schwelgst du im gleichen Maße, denn Aufopferung und Schwelgen bilden einen Teufelskreis und Aufopferung gibt dir das Gefühl, einer Sache beraubt worden zu sein. Das ist der Grund, weshalb die meisten Diäten nicht funktionieren. Sie sind ein Auf und Ab zwischen Aufopferung und Schwelgen.

Entsagung schlägt bei den meisten Menschen tiefe Wunden, denn sie sehen Entsagung als Aufopferung an. Entsagung ist jedoch nicht gleichbedeutend mit Aufopferung. Entsagung ist vielmehr gleichbedeutend damit, deine Götzen und das aufzugeben, was du für sie aufopfern solltest. Entsagung ist die Beseitigung von Illusionen und ihren schmerzhaften Fehltritten, sodass nur die Wahrheit und die Liebe übrigbleiben. Entscheide dich für das, was dich wirklich glücklich macht. Entscheide dich für die Freude, die der Verbindung mit anderen Menschen und deinen Beziehungen innewohnt.

Du kannst dich für das entscheiden, was ewigen Wert besitzt. Du kannst dich für eine Welt jenseits des Todes entscheiden. Wenn du an weltlichen

Dingen festhältst, und sei es nur ein einziges Ding, kannst du dich nicht als reiner Geist, Liebe und Licht erkennen. Es ist alles oder nichts. Wenn du vergibst, dann vergibst du einer Illusion, und das bringt dir größere Wahrheit, umfassendere Liebe und unbeschwerte Mühelosigkeit ein.

Die Zeit ist gekommen, über dein kleines Selbst hinauszugehen mit seinen käuflichen Zielen, die dein Ego nähren, dir aber keine Befriedigung bringen, und die Liebe zu deinem einzigen Wunsch zu machen, damit du die Freude, die sie bringt, mit anderen Menschen teilen kannst.

Wie man die Karten verwendet

Befragung zur Heilung von Götzen

Unterteile das Kartenspiel zunächst in die Götzenkarten und in die Gaben- und Gnadenkarten.

1. Ziehe eine Karte aus dem Stapel der Götzenkarten.
2. Denke über den Götzen nach, den die Karte dir zeigt, und überlege, welche Auswirkungen er auf dein Leben hatte. Wir können nur dann einen Götzen haben, wenn wir einem anderen Menschen zu Unrecht die Schuld an der Spaltung unseres Bewusstseins gegeben haben, die wir mit einem Götzen ausfüllen wollten. Welchem oder welchen Menschen bist du aufgerufen zu vergeben?
Vergib ihm oder ihnen mit der Hilfe des Himmels.
3. Ziehe drei Karten aus dem Stapel der Gaben- und Gnadenkarten. Dies sind die Gaben, die dir angeboten werden, um deinen Götzen aufzulösen und seinen Platz einzunehmen. Empfange diese Gaben, die Gott dir schenkt, und denke daran, dass an einer Situation mehrere unterschiedliche Götzen oder mehrere Götzen von einer Art beteiligt sein können.
4. Ziehe eine weitere Karte aus dem gesamten Spiel. Ist es eine positive Karte, empfange auch diese Gabe. Ist es ein Götze, kehre zu Schritt 2 zurück. Ziehe eine weitere Karte aus dem gesamten Stapel und wiederhole den Prozess, bis du schließlich bei einer Gabenkarte ankommst.

1. Götze

2. Prozess der Vergebung

3. Gabenkarten

4. Ziehe eine Karte aus dem gesamten Stapel. Wiederhole den Prozess, falls notwendig.

Befragung zum Wunder

In dieser Befragung gehen wir die Schritte, die zu einem Wunder hinführen, nachdem wir die Götzen und die zerschlagenen Träume aufgedeckt haben, die sie hervorgebracht haben. Der vermutlich einfachste Teil besteht darin, das Problem in deinem Leben oder im Leben eines anderen Menschen zu erkennen. Erkenne, dass die Welt dein Spiegel ist. Das gibt dir die Möglichkeit, mit allem zu arbeiten, was du im Spiegel siehst, weil es in Wirklichkeit nur ein Spiegelbild deiner selbst ist.

> „Mein sündenloser Bruder ist mein Führer zum Frieden. Mein sündiger Bruder ist mein Führer zum Schmerz. Und welchen ich zu sehen wähle, den werde ich erblicken."
> *Ein Kurs in Wundern*, Ü-II.351

> „Wer ist mein Bruder sonst, wenn nicht DEIN heiliger SOHN? Und wenn ich ihn als sündig sehe, erkläre ich mich selbst zum Sünder, nicht zum SOHN GOTTES, allein und ohne Freund in einer Welt voll Angst und Furcht. Doch diese Wahrnehmung ist eine Wahl, die ich treffe und die ich aufgeben kann. Ich kann auch meinen Bruder sündenlos sehen, als DEINEN heiligen SOHN. Und mit dieser Wahl sehe ich meine Sündenlosigkeit, meinen immer währenden TRÖSTER und FREUND neben mir und meinen Weg sicher und klar."
> *Ein Kurs in Wundern*, Ü-II.351.1:1-5

Die Menschen in deiner Umgebung als sündenlos zu sehen heißt, Wundern den Weg zu ebnen. Rufe dir zuerst das Problem ins Gedächtnis und danach drei Menschen, denen zu vergeben du aufgerufen bist, weil Reinigung notwendig ist, damit das Wunder möglich wird. Vertraue deiner Intuition. Wer kommt dir in den Sinn? Wem bist du aufgerufen zu vergeben?

1. _____
2. _____
3. _____

Betrachte anschließend das Symptom deines Problems und erkenne, dass es unwahr ist. Erkenne, dass das, was du in der Welt der Erscheinungen siehst, auf der tiefsten Ebene sowohl eine Entscheidung als auch eine Projektion ist.

Um zu erkennen, dass das, was du siehst, unwahr ist, schaue darüber hinaus auf das, was die Wahrheit ist, und vertraue darauf. Lasse dann deine Liebe in die Situation und auch in das einströmen, was sie nährt. Bitte um die GÖTTLICHE LIEBE und die Wunder, die sie bringt. Du wirst wissen, dass sie es ist, die dein Denken verändert, wenn die Menschen, denen zu vergeben du aufgefordert warst, dir verändert vorkommen.

Ziehe nun für jeden Menschen, dem zu vergeben du aufgerufen bist, drei Götzen aus dem Stapel der Götzenkarten. Notiere dir jeweils, welche Karte du gezogen hast, und lege sie dann in den Stapel zurück.

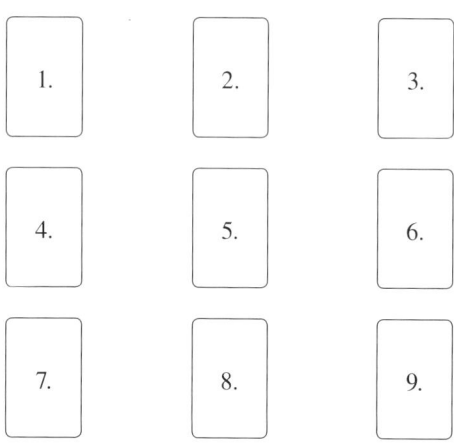

Wenn du alle Götzenkarten gezogen hast, lege sie für die Menschen aus, für die du sie gezogen hast.

Denke darüber nach, inwieweit die jeweiligen Götzen mit dem Problem zu tun haben, das du in Bezug auf den betreffenden Menschen hast. Denke darüber nach, inwieweit Enttäuschung, Desillusionierung und zerschlagene Träume dein Bedürfnis nach Götzen ganz allgemein und speziell nach diesen Götzen verstärkt haben. Vergib ihnen und dir selbst. Bitte dann die Liebe und die GÖTTLICHE LIEBE, sich in allen vergangenen Situationen einzufinden, die dir in den Sinn kommen, bis sie sich aufgelöst haben. Wenn eine Situation besonders schwierig zu klären ist, bitte auch die GÖTTLICHE PRÄSENZ darum, sich in der Situation einzufinden, um sie zu heilen.

Erkenne, dass das, was du wahrnimmst, falsch ist. Es ist nicht die Wahrheit. Es ist weder GOTTES WILLE, noch ist es das, was du in Wirklichkeit willst. Wolle nur die Wahrheit. Schaue über deine Wahrnehmung hinaus auf die Wahrheit, und heiße Vergebung und Liebe willkommen. Teile deine Liebe mit den Menschen, die an der Situation beteiligt waren, und heiße die LIEBE des HIMMELS in der Situation willkommen. Nimm auch die Gabe an, die GOTT für die Situation bereithält, und verwende die Energie der Gabe und die Gabe selbst auf die Situation und darauf, alle Götzen aufzulösen.

„So möchte ich denn alle Dinge, die ich sehe, befreien und ihnen die Freiheit, die ich suche, geben. Denn so gehorche ich dem Gesetz der Liebe und gebe, was ich finden und mir zu eigen machen möchte. Es wird mir gegeben werden, weil ich es als die Gabe wählte, die ich geben will. VATER, DEINE Gaben sind mein. Eine jede, die ich annehme, gibt mir ein Wunder, das ich geben kann. Und indem ich gebe, wie ich empfangen möchte, lerne ich, dass DEINE heilenden Wunder mir gehören."

Ein Kurs in Wundern, Ü-II.349.1:1-6

Wunder sind ein Ausdruck von GOTTES ewiger LIEBE. Sie zu geben heißt, uns an IHN zu erinnern und durch die Erinnerung an IHN die Welt zu retten. Was kann es für ein Problem geben, wenn GOTT mit dir ist?

Befragung zur Bestimmung deiner Beziehung

Diese Befragung verrät dir etwas über die Bestimmung deiner Beziehung und über das, was ihr im Weg steht. Wir haben sowohl auf der menschlichen als auch auf der spirituellen Ebene eine Bestimmung zu erfüllen. Auf der menschlichen Ebene handelt es sich dabei um eine konkrete Aufgabe. Wir sind hier, um etwas zu tun, das unsere Lebensaufgabe ist und zu unserem Glück beiträgt, und wir sind hier, um der zu sein, der zu sein wir versprochen haben. Unsere Bestimmung kann beispielsweise darin bestehen, ein Heiler, eine Führungspersönlichkeit oder ein Künstler zu sein. Sie lässt unsere Gaben und unser wahres Wesen durchscheinen. Sie gibt uns die Möglichkeit, durch unser Geben und unser Glück ein leuchtendes Beispiel zu sein und den Menschen, die mutlos und verzagt geworden sind, neuen Mut zu geben. Dies kann sich bis hin zu einer Erfahrung des HIMMELS auf Erden erstrecken.

Die Bestimmung unserer Beziehung ist eine noch größere Herausforderung. Sie bedeutet, dass wir gemeinsam mit unserem Partner der sind, der zu sein wir versprochen haben. In unserem Zusammensein öffnen wir eine Pforte der Liebe und der Inspiration, die anderen Menschen neue Hoffnung in Bezug darauf gibt, was Liebe und Beziehungen sein können. Wenn wir in unserer Beziehung eine Himmelsleiter bauen, wird sie stark genug, um eine Vielzahl von Menschen in ihrem Aufstiegsprozess zu unterstützen.

Unsere spirituelle Bestimmung liegt darin, mit Hilfe unseres Partners unser Selbst zu überschreiten und unser SELBST zu finden. Wenn wir die Identität der Trennung loslassen, die das Ego ist, dann entdecken wir, dass wir ein KIND GOTTES sind. Dann erkennen wir, dass wir hier sind, um die ganze Fülle des Lebens zu empfangen, sodass wir alles geben können. Wir sind hier, um zu erkennen, dass wir reiner Geist sind, ein unverzichtbarer Teil des EINSSEINS. Wir sind geheilt und ganz, in vollkommener Sicherheit, im GEIST GOTTES, der keine Trennung, sondern nur die LIEBE kennt. Wir sind hier, um uns so vollkommen mit unserem Partner zu verbinden und ihn so vollkommen zu lieben, dass wir zuerst Gemeinschaft, dann Vereinigung und schließlich das EINSSEIN mit ihm erfahren, wenn die EKSTATISCHE LIEBE, die GOTT ist, uns davonträgt. Unser Partner ist die Pforte, die uns den Weg nach Hause weist. Durch Liebe und Vergebung haben wir den Weg zur Ganzheit gefunden, uns vor dem Wüten und der Kleinheit des Egos gerettet und aus einer von Trennung und Leiden erfüllten Welt heraus erneuert.

Jede Beziehung beginnt mit Anziehung. Wir werden von etwas angezogen, das wir unserer Meinung nach selbst nicht haben und nun von unserem Partner bekommen wollen. Dies nährt unser Bedürfnis und unsere Selbstherrlichkeit. Es ist das, was später zu Kämpfen und zu Leblosigkeit führt. Aller Schmerz, den wir in Beziehungen erleiden, gründet in dem Verlangen, etwas von unserem Partner zu bekommen. Emotionale Reife, Ebenbürtigkeit, Heilung und Ganzheit als Ziel können unsere Einstellung vom Bekommen zum Geben und vom Bedürfnis zum Empfangen und Geben verwandeln. Wir können das innere Licht in uns selbst und in unserem Partner nur finden, wenn wir uns unserer Götzen entledigen im Austausch gegen die Gaben, die von unserer eigenen Liebe, der Liebe unseres Partners und der Liebe des HIMMELS zeugen, sodass wir die Welt mit Glück segnen können.

Durchführung der Befragung

Bei dieser Befragung geht es um die Bestimmung deiner Beziehung. Wenn dein Partner anwesend ist, bitte ihn, die Karten für seinen Anteil der Befragung selbst zu ziehen. Wenn er nicht anwesend ist, kannst du die Karten für ihn ziehen. Wenn du eine Karte gezogen hast, notiere dir ihre Position in der Befragung und lege sie dann in den Stapel zurück. Wenn du alle Karten gezogen hast, nimm sie aus dem Stapel heraus und lege sie entsprechend dem nachstehenden Muster aus. Diese Vorgehensweise zeigt dir, ob ein Thema mehr als einmal zwischen dir und deinem Partner steht.

1. Ziehe für dich und deinen Partner zuerst jeweils drei Karten aus dem Stapel der Götzenkarten. Im nachstehenden Legemuster sind dies die Karten 1 bis 3 für dich selbst und 4 bis 6 für deinen Partner. Diese Karten stehen für **die Blockaden zu Beginn der Beziehung** und für das, was du von deinem Partner bekommen wolltest. Frage dich dann intuitiv, wie groß der Schmerz, der Groll, die Desillusionierung und die Bitterkeit sind, die du in dir trägst, weil du in diesen Bereichen keine Erfüllung findest.
2. Ziehe für dich und deinen Partner nun jeweils drei weitere Karten aus dem Stapel der Götzenkarten. Im Legemuster sind dies die Karten 7, 9 und 11 für dich selbst sowie 8, 10 und 12 für deinen Partner.
    - Karte 7 steht für die Götzen, die **der Verbindung zwischen dir und dem HIMMEL im Weg stehen**. Karte 8 steht für die Götzen, die **der Verbindung zwischen deinem Partner und dem HIMMEL im Weg stehen**.
    - Karte 9 steht für das, was **deiner persönlichen Bestimmung im Weg steht**. Karte 10 steht für das, was **der persönlichen Bestimmung deines Partners im Weg steht**.
    - Karte 11 steht für das, was **auf deiner Seite der Bestimmung eurer Beziehung im Weg steht**. Karte 12 steht für das, was **auf der Seite deines Partners der Bestimmung eurer Beziehung im Weg steht**.
3. Ziehe für dich und deinen Partner nun jeweils drei Karten aus dem Stapel der Gaben- und Gnadenkarten. Im Legemuster sind dies die Karten 13, 14 und 15 für dich selbst sowie 16, 17 und 18 für deinen Partner. Die Karten 13 und 14 stehen für die Seelengaben, die du mitgebracht hast, und Karte 15 steht für die Gabe, die der HIMMEL für dich bereithält, **um deine vom Beginn der Beziehung herrührenden Götzen zu heilen**. Die Karten 16 und 17 stehen für die Seelengaben, die dein Partner mitgebracht hat, und Karte 18 steht für die Gabe, die der HIMMEL für ihn bereithält, **um seine vom Beginn der Beziehung herrührenden Götzen zu heilen**.
4. Ziehe für dich und deinen Partner nun jeweils zwei weitere Karten aus dem Stapel der Gaben- und Gnadenkarten. Im nachstehenden Legemuster sind dies die Karten 19 und 20 für dich selbst sowie 21 und 22 für deinen Partner. Karte 19 steht für die Seelengabe, die du selbst mitgebracht hast, und Karte 20 steht für die Gabe, die der HIMMEL für dich bereithält, **um die Blockade zwischen dir und dem HIMMEL aufzuheben**. Karte 21 ist die Seelengabe, die dein Partner mitgebracht hat, und Karte 22 ist die Gabe, die der HIMMEL für ihn bereithält, **um die Kommunikation zwischen ihm und dem HIMMEL wiederherzustellen**.

5. Ziehe für dich und deinen Partner nun jeweils zwei weitere Karten aus dem Stapel der Gaben- und Gnadenkarten. Im Legemuster sind dies die Karten 23 und 24 für dich selbst sowie 25 und 26 für deinen Partner. Karte 23 steht für die Seelengabe, die du mitgebracht hast, und Karte 24 für die Gabe, die der HIMMEL für dich bereithält, **damit du deine persönliche Bestimmung annehmen kannst.** Karte 25 ist die Seelengabe, die dein Partner mitgebracht hat, und Karte 26 die Gabe, die der HIMMEL für deinen Partner bereithält, **damit er seine persönliche Bestimmung annehmen kann.**
6. Ziehe für dich und deinen Partner noch einmal jeweils zwei Karten aus dem Stapel der Gaben- und Gnadenkarten. Im Legemuster sind dies die Karten 27 und 28 für dich selbst sowie 29 und 30 für deinen Partner. Karte 27 steht für die Seelengabe, die du mitgebracht hast, und Karte 28 für die Gabe, die der HIMMEL für dich bereithält, **um den Götzen aufzulösen, der verhindert, dass du die Bestimmung eurer Beziehung verwirklichen kannst.** Karte 29 steht für die Seelengabe, die dein Partner mitgebracht hat, und Karte 30 für die Gabe, die der HIMMEL für deinen Partner bereithält, **um den Götzen aufzulösen, der verhindert, dass er die Bestimmung eurer Beziehung voll und ganz annehmen kann.**
7. Ziehe für dich und deinen Partner nun wieder jeweils drei Karten aus dem Stapel der Götzenkarten. Im nachstehenden Legemuster sind dies die Karten 31 bis 33 für dich selbst und 34 bis 36 für deinen Partner. Die Karten 31 bis 33 stehen für **deine eigenen Götzen, die eurer Beziehung gegenwärtig im Weg stehen.** Die Karten 34 bis 36 stehen für **die Götzen deines Partners, die eure Beziehung gegenwärtig zurückhalten.**
8. Ziehe zum Schluss für dich und deinen Partner jeweils zwei Karten aus dem Stapel der Gaben- und Gnadenkarten. Im nachstehenden Legemuster sind dies die Karten 37 und 38 für dich selbst sowie 39 und 40 für deinen Partner. Karte 37 steht für die Seelengabe, die du mitgebracht hast, und Karte 38 für die Gabe, die der HIMMEL für dich bereithält, **um deine** Götzen durch die Liebe und die GÖTTLICHE LIEBE **zu ersetzen.** Karte 39 steht für die Seelengabe, die dein Partner mitgebracht hat, und Karte 40 für die Gabe, die der HIMMEL für ihn bereithält, **damit er seine Götzen zugunsten seiner Seelengabe und der Gnade des** HIMMELS **aufgeben kann.** Götzen sollen die Gaben verbergen, die Vereinigung und echte Erfüllung bringen. Wenn du deine eigenen Seelengaben annimmst und die Gaben des HIMMELS empfängst, werden deine Götzen als überflüssige Hindernisse aufgelöst.

Wenn alle Karten gezogen sind, kannst du sie im nachfolgend dargestellten Legemuster auslegen.

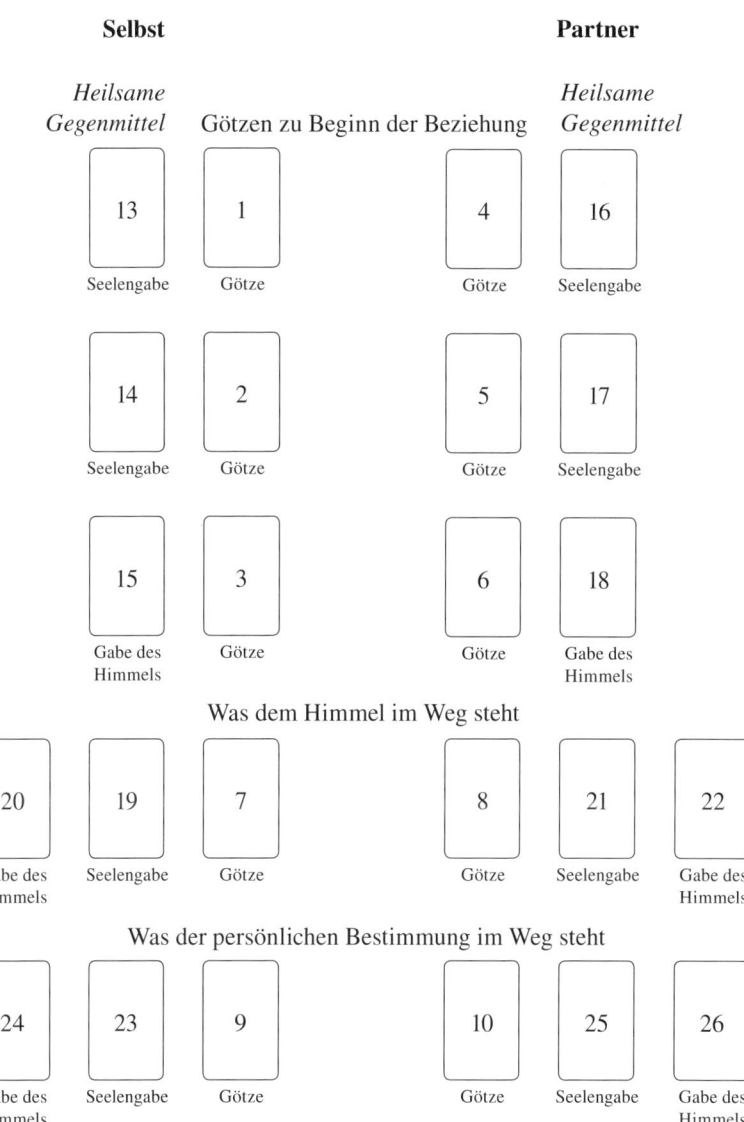

Befragung zur Beziehung I

In dieser Befragung findest du heraus, wo in deiner Beziehung du in die Falle von Götzen getappt bist und was dir an ihrer Stelle angeboten wird, um dich wirklich glücklich zu machen. Die Befragung besteht aus zwei Teilen. Im ersten Teil bestimmst du die Götzen, die sich negativ auf die Beziehung zwischen dir und deinem Partner auswirken. Im zweiten Teil findest du heraus, welche Gaben dir zu Verfügung stehen, um Heilung zu erlangen.

Unterteile das Kartenspiel zunächst in die Götzenkarten und in die Gaben- und Gnadenkarten.

Teil 1: die Götzen

1. Ziehe drei Karten für dich selbst aus dem Stapel der Götzenkarten. Im nachstehenden Legemuster sind dies die Karten 1, 2 und 3. Notiere dir,

welche Karten du gezogen hast. Lege sie dann zu den Götzenkarten zurück und mische den Stapel.
2. Ziehe dann drei Karten für deinen Partner aus dem Stapel der Götzenkarten. Im nachstehenden Legemuster sind dies die Karten 4, 5 und 6. Wenn dein Partner anwesend ist, kannst du ihn auch bitten, die Karten selbst zu ziehen. Notiere dir, welche Karten du gezogen hast, lege sie zurück und mische den Stapel.
3. Ziehe nun für dich selbst und deinen Partner jeweils eine weitere Karte aus dem Stapel der Götzenkarten. Im Legemuster sind dies die Karten 7 und 8. Sie stehen für die Dinge, die sich negativ auf die Beziehung zwischen dir und deinem Partner auswirken.

Alle diese Karten zeigen, was dich daran hindert, tiefere Liebe und größeres Glück zu erfahren. Wenn du keine Karte doppelt gezogen hast, kannst du sie nun gemäß dem folgenden Muster auslegen.

Das Legemuster für die Götzen in deiner Beziehung

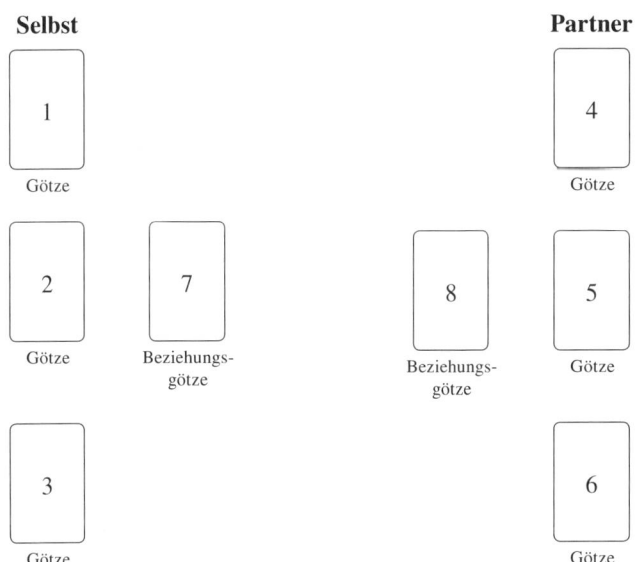

Die Götzenkarten stehen für die Orte, an denen du mehr an deinen Götzen als an deinem Partner interessiert bist. Der Beziehungsgötze zeigt, wo du von deinem Partner oder von deiner Beziehung einen bestimmten Götzen bekommen willst. Diese Götzen stehen der Liebe im Weg. Nimm dir nun ein wenig Zeit, um die Karten zu studieren.

Teil 2: die heilenden Gaben

4. Ziehe aus dem Stapel der Gaben- und Gnadenkarten jeweils zwei Karten für die drei Götzen, die im obenstehenden Legemuster an den Positionen 1 bis 3 liegen. Im nachstehenden Legemuster sind dies die Karten 9 bis 14. Die erste Karte steht dabei jeweils für eine Gabe an dich selbst, während die zweite Karte für eine Gabe steht, die du von deinem Partner empfängst. Notiere dir wiederum, welche Karten du gezogen hast, lege sie zurück und mische den Stapel.
5. Ziehe danach jeweils zwei Gabenkarten für die drei Götzen, die im obigen Legemuster an den Positionen 4 bis 6 liegen, oder bitte deinen Partner, es zu tun. Im nachstehenden Legemuster sind dies die Karten 15 bis 20. Die erste Karte der Heilung steht dabei jeweils für eine Gabe deines Partners an sich selbst, während die zweite Karte für eine Gabe steht, die er von dir empfängt. Dies sind die Gaben, die euch anstelle eurer Götzen angeboten werden. Notiere dir, welche Karten du gezogen hast, lege sie dann zurück und mische den Stapel.
6. Ziehe nun zwei Gaben- und Gnadenkarten für den Götzen, der sich von dir aus negativ auf die Beziehung zwischen dir und deinem Partner auswirkt und im obenstehenden Legemuster an Position 7 liegt. Im nachstehenden Legemuster sind dies die Karten 21 und 22. Bitte dann deinen Partner, zwei Gaben- und Gnadenkarten für den Götzen zu ziehen, der sich von ihm aus negativ auf die Beziehung zwischen ihm und dir auswirkt und der im obigen Legemuster an Position 8 liegt. Falls dein Partner nicht anwesend ist, kannst du die Karten für ihn ziehen. Im nachstehenden Legemuster sind dies die Karten 23 und 24. Auch hier steht die erste Karte jeweils für eine Gabe von dir an dich selbst beziehungsweise an deinen Partner, während die zweite Karte jeweils für eine Gabe von ihm an sich selbst beziehungsweise an dich steht.
7. Ziehe zum Abschluss aus dem Stapel der Gaben- und Gnadenkarten eine weitere Karte für die Lebensaufgabe der Beziehung, die im nachstehenden Legemuster an Position 25 liegt. Bitte deinen Partner, ebenfalls eine Karte für die Bestimmung der Beziehung zu ziehen, die im Legemuster an Position 26 liegt. Falls dein Partner nicht anwesend ist, kannst du die Karte für ihn ziehen.

Der Schlüssel dieser Befragung liegt darin, die Götzen zugunsten von etwas loszulassen, das einen wahren Wert hat und dich glücklich machen kann. Nimm die Gaben und die Gnade für deinen Partner an und dehne ihre Energie auf ihn aus, sodass er erfüllt und offen ist. Sei gleichermaßen offen, die Gaben und die Gnade zu empfangen, die seine Karten für dich darstellen. Heißt dann gemeinsam die Lebensaufgabe und die Bestimmung eurer Beziehung willkommen. Wenn du die Befragung für euch beide durchgeführt hast, heiße die Gaben und die Gnade für euch beide willkommen.

Die Gabenkarten, die du für deine jeweiligen Götzenkarten ziehst, können dich von deinen Götzen befreien, wenn du die Gaben voll und ganz annimmst. Außerdem zeigen sie dir, was du deinem Partner geben musst, um ihn vor sich selbst und vor seinen Illusionen zu retten. Die Alternative besteht darin, dass du deine Götzen benutzt, um von deinem Partner oder von der Welt zu nehmen. Wenn du deine Götzen loslässt, erwarten dich Gaben, die du nutzen kannst, um deinem Partner zu helfen. Umgekehrt gilt, dass die Gabenkarten, die dein Partner für seine jeweiligen Götzenkarten zieht, für die Gaben stehen, die er mitgebracht hat, um sich von seinen Götzen zu befreien und dich davor zu bewahren, eine falsche Entscheidung zugunsten deiner Götzen zu treffen.

Das Legemuster für die heilenden Gaben

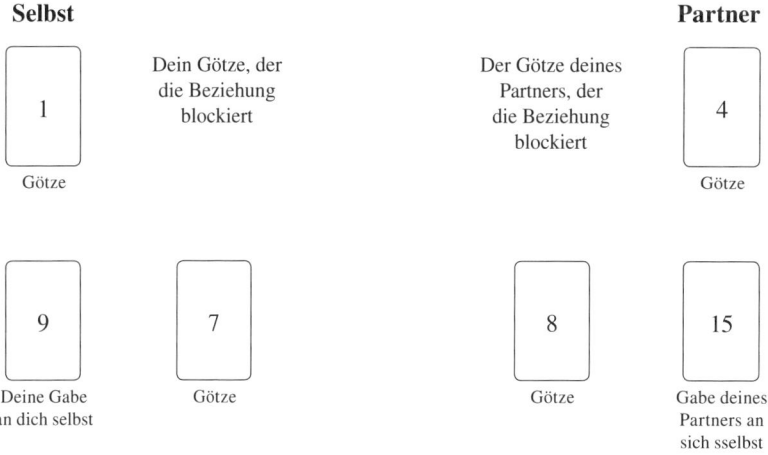

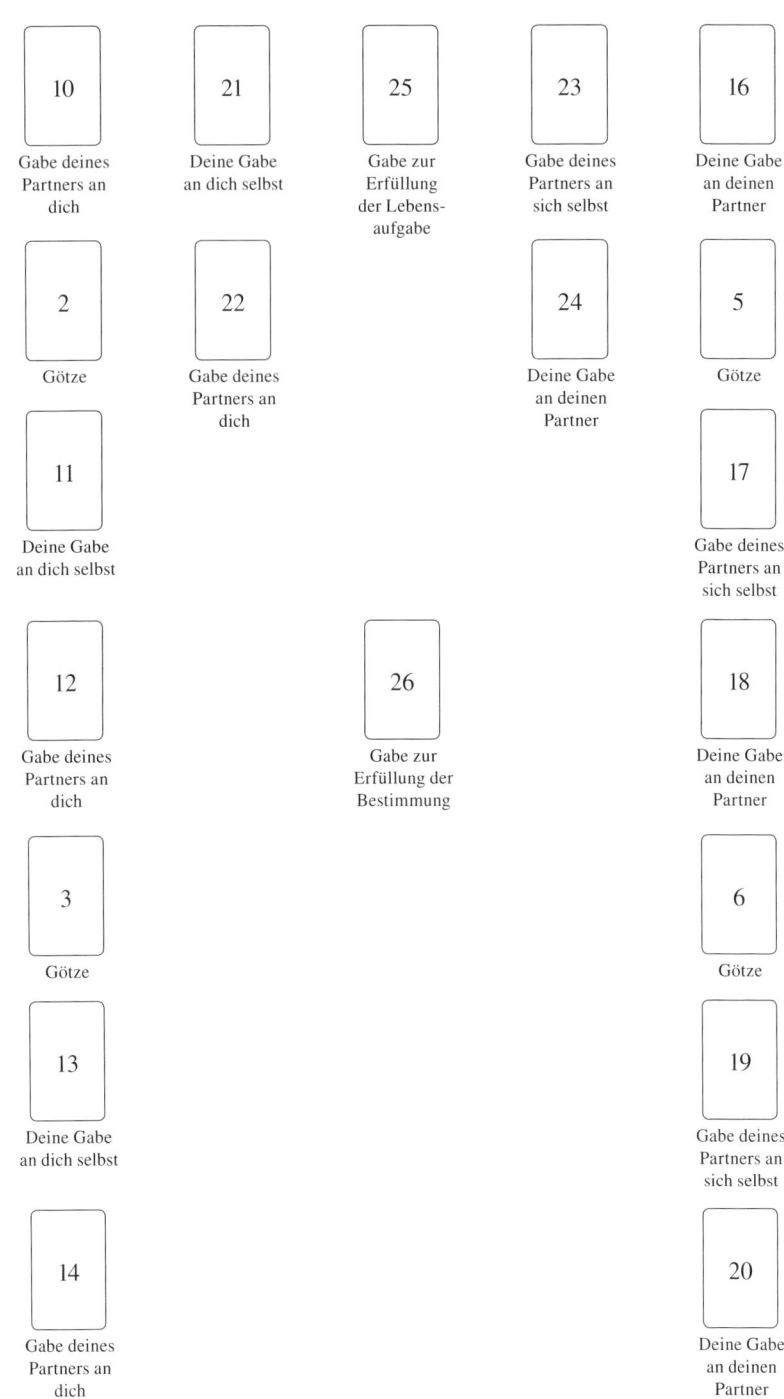

Befragung zur Beziehung II

Unterteile das Kartenspiel zunächst in die Götzenkarten und in die Gaben- und Gnadenkarten.

1. Ziehe drei Karten aus dem Stapel der Gaben- und Gnadenkarten. Karte 1 steht für dich selbst. Karte 2 steht für deine Seelengabe. Karte 3 steht für die Gabe des HIMMELS. Karte 1 steht dafür, wer du unter der Maskerade deines Egos wirklich bist. Die Karten 2 und 3 stehen für die Gaben, die dir helfen sollen, die persönlichen Götzen aufzulösen, die deine Beziehung behindern. Lege diese Karten zu den Gaben- und Gnadenkarten zurück und mische den Stapel.
2. Ziehe dann drei Karten aus dem Stapel der Götzenkarten. Im nachstehenden Legemuster sind dies die Karten 4, 5 und 6. Sie stehen für die persönlichen Götzen, die dich zurückhalten. Lege die Karten zu den Götzenkarten zurück und mische den Stapel.
3. Ziehe anschließend zwei weitere Karten aus dem Stapel der Götzenkarten. Im nachstehenden Legemuster sind dies die Karten 7 und 8. Sie stehen für das, was du von deinem Partner zu nehmen oder zu bekommen versuchst. Lege auch diese Karten zu den Götzenkarten zurück und mische den Stapel erneut.
4. Ziehe zwei weitere Karten aus dem Stapel der Gaben- und Gnadenkarten. Im nachstehenden Legemuster sind dies die Karten 9 und 10. Sie stehen für das, was du deinem Partner und deiner Beziehung geben willst, und für das, was der HIMMEL dir und deinem Partner gibt. Lege die Karten zu den Gaben- und Gnadenkarten zurück und mische den Stapel.
5. Wenn dein Partner anwesend ist, bitte ihn nun darum, Karten für sich selbst zu ziehen. Wenn er nicht anwesend ist, ziehe die nächsten zehn Karten für ihn. Mische den jeweiligen Stapel wie oben beschrieben nach jedem Schritt. Die ersten drei Karten aus dem Stapel der Gaben- und Gnadenkarten stehen für ihn selbst, seine unter den Götzen verborgen liegende Seelengabe und die Gabe des HIMMELS, die ihm helfen soll, seine Götzen aufzulösen. Dies sind die Karten 11, 12 und 13 im nachstehenden Legemuster. Die nächsten drei Karten aus dem Stapel der Götzenkarten stehen für die persönlichen Götzen, die ihn zurückhalten und dadurch einen negativen Einfluss auf die Beziehung ausüben. Im nachfolgenden Legemuster sind dies die Karten 14, 15 und 16. Wenn du die Karten zurückgelegt und den Stapel neu gemischt hast, ziehe zwei

weitere Karten aus dem Stapel der Götzenkarten. Es sind die Karten 17 und 18 im nachfolgenden Legemuster. Sie stehen für das, was dein Partner von dir und von der Beziehung zu nehmen oder zu bekommen versucht. Ziehe dann zwei weitere Karten aus dem Stapel der Gaben- und Gnadenkarten. Im nachstehenden Legemuster sind dies die Karten 19 und 20. Sie stehen für die Seelengabe deines Partners und für die Gabe, die der HIMMEL für ihn und für eure Beziehung bereithält.

6. Füge zum Schluss die Götzenkarten sowie die Gaben- und Gnadenkarten zu einem Stapel zusammen und mische sie. Ziehe aus dem gemischten Stapel dann Karte 21 für deine unmittelbare Zukunft und Karte 22 für den Rest des Jahres. Ziehe zum Abschluss aus dem gemischten Stapel die Karten 23 und 24 für deinen Partner. Diese vier Karten zeigen entweder die Gaben, die dich erwarten, oder die Götzen, die losgelassen werden müssen. Falls es sich um Götzenkarten handelt, frage dich, wie viele Götzen dieser Art du in dir trägst.

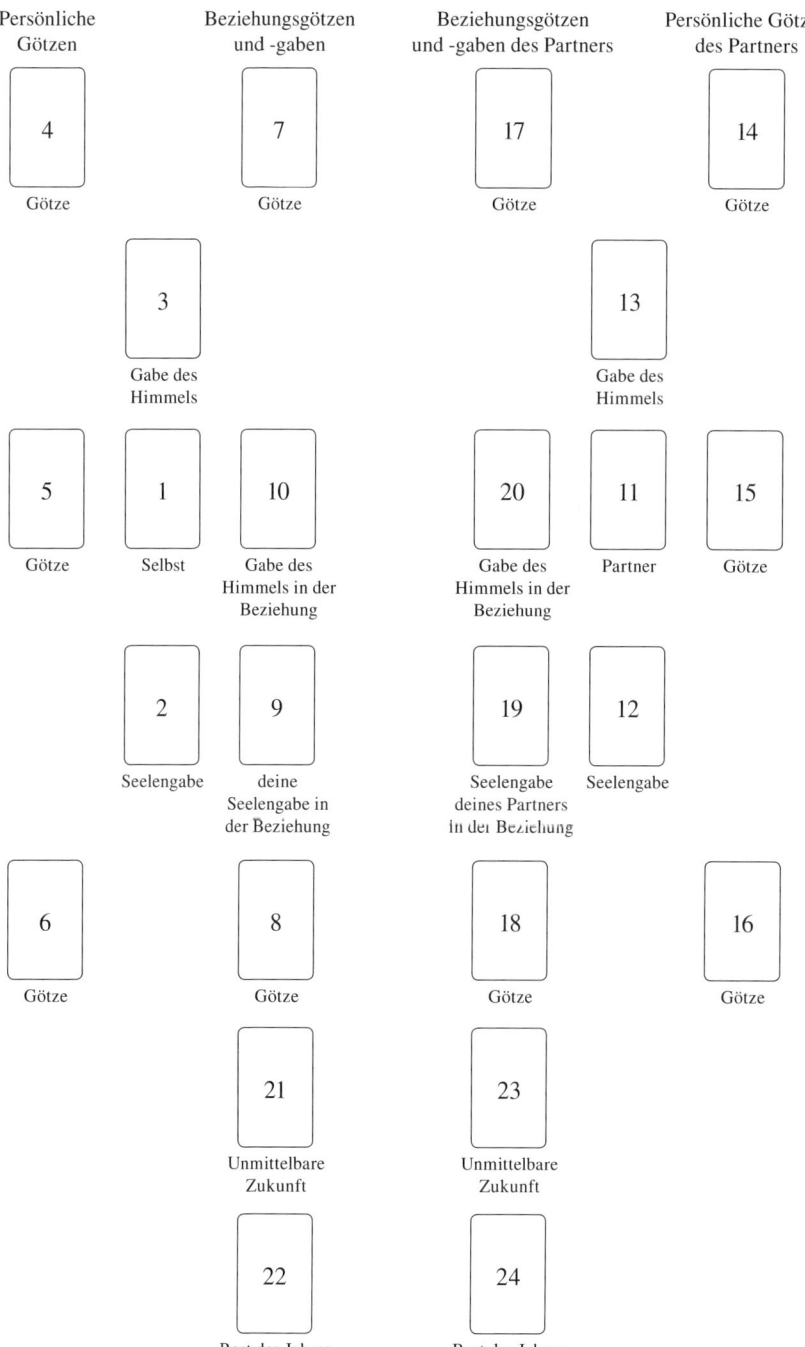

Unter jedem Götzen liegen sowohl Seelengaben als auch die Gaben des HIMMELS verborgen, die dir wirkliche Erfüllung bringen, wenn du sie empfängst und mit anderen Menschen teilst. Deine Götzen sorgen dafür, dass du das Glück immer dort suchst, wo es nicht ist. Versuchung, Schwelgen, Enttäuschung, Schuld, Desillusionierung, zerschlagene Träume, Depression und schließlich Tod sind die Folge.

Beziehungen können dagegen eine Himmelsleiter sein. Deine Beziehung ist das perfekte Instrument, um zu lernen, dass dein Glück von innen und von dem herrührt, was du gibst und mit anderen Menschen teilst. Sie lehrt dich, dass du in deiner eigenen Unschuld die Unschuld anderer Menschen erkennst und dass dies eine Voraussetzung dafür ist, den HIMMEL auf Erden zu erfahren. Daher rührt deine Freude. Sie liegt im Geben, das die Liebe willkommen heißt.

Willst du die Nähe echter Zugehörigkeit, oder willst du lieber deine Gelüste befriedigen? Der Versuch, deine Gelüste zu befriedigen, bedeutet, von ihnen und deinem Verlangen abhängig zu sein. Du bist ständig damit beschäftigt, dir Dinge anzueignen, und schaust dabei nicht auf deinen Partner, sondern nur auf deine eigene Befriedigung, auch wenn es auf Kosten deines Partners geschieht. Er wird entweder vernachlässigt oder zu einem Objekt gemacht und benutzt. Das Ausmaß unseres Verlangens nach Götzen entspricht dem Maß an Verlust, Schmerz und Eigensinn, das wir in uns tragen, und dem Maß, in dem unser Leben von Trennung und Schwierigkeiten statt von Verbundenheit und Mühelosigkeit geprägt ist. Es entspricht dem Ausmaß unseres Kampfes mit GOTT und unseres Verlangens nach einer Welt, die von Träumen und von Wahnvorstellungen erfüllt ist. Dabei gibt es einen anderen, einen besseren Weg. Es ist der Weg der Beziehung. Wenn wir uns unseres Grolls und damit auch unserer Schuld entledigen, können wir in immer höherem Maße eine Beziehung zu unserem Partner herstellen und im gleichen Maße auch GOTTES LIEBE willkommen heißen. In dem Maße, in dem es uns gelingt, gelangen wir über den falschen Glanz der Welt hinaus und lassen uns nicht länger von dem ablenken, was *Ein Kurs in Wundern* die wirkliche Welt nennt, eine Welt der Liebe, die jenseits der Welt des Egos liegt. Wir haben diese Welt erschaffen, um unser Ego zu nähren und seinen Fortbestand zu sichern. Sie ist ein Denkmal der Selbstverherrlichung, und da sie von Konkurrenzdenken geprägt ist, bei dem eine Seite gewinnt und die andere Seite verliert, ist es zugleich auch eine Welt der Herabsetzung und der Selbstverachtung.

Zwei wirksame Gegenmittel gegen Götzen sind Sündenlosigkeit und Gaben. Wir selbst tragen das Rüstzeug in uns, das wir brauchen, um Frieden und Ganzheit zu erlangen, statt nach Götzen zu streben. Nehmen wir zum Beispiel an, dass du deine Beziehung vernachlässigt hast, weil du vierunddreißig Götzen des Essens in dir trägst. Nachdem du dir ihrer nun bewusst geworden bist, lässt du sie los und setzt die Liebe oder eine Gabe an ihre Stelle. Du bringst deine Beziehung voran, indem du sie mit Glück erfüllst. Hinter jedem unserer Götzen wartet eine Gabe. Dies kann eine Gabe von solcher Größe sein, dass alle deine Götzen des Essens sich auflösen, wenn du dich für diese Gabe entscheidest. Sie kann dich selbst und andere Menschen retten, und sie kann deine Beziehung auf eine äußerst heilsame Weise voranbringen.

Meditiere über deinen Götzen und über die Seelengabe, von der er dich abgelenkt hat. Stelle dir vor, dass du die Tür in deinem Geist öffnest, um die Gabe und die mit ihr verbundene Unschuld in deinem Leben willkommen zu heißen. Frage anschließend den HIMMEL, welche Gabe ER bereithält, um diesen Götzen oder diese Reihe von Götzen für dich aufzulösen. Lasse dich von diesen Gaben erfüllen und frage dich dann, wie viele Götzen der betreffenden Art du jetzt noch in dir trägst. Wenn noch Götzen vorhanden sind, wiederhole die Übung. Falls du das Gefühl hast, dass du feststeckst, liegt es an deinem gespaltenen Bewusstsein und an deinem Widerstand dagegen, diesen speziellen Götzen loszulassen. Frage dich in diesem Fall, ob du den Götzen oder eine bessere Beziehung, den Götzen oder tiefere Liebe in der Beziehung zu deinem Partner willst. Wenn du alle Götzen zugunsten des besseren Angebots losgelassen hast, das die Gabe dir macht, wirst du feststellen, dass deine Beziehung wächst. Heiße deine Gabe willkommen und lasse dich von ihr erfüllen. Teile sie danach mit deinem Partner und mit allen Menschen, die diese Gabe deiner Meinung nach brauchen. Heiße dann die Gabe willkommen, die der HIMMEL für dich bereithält. Teile sie energetisch mit deinem Partner und mit allen Menschen, die diese Gabe deiner Meinung nach brauchen. Du kannst die Übung auch mit den Seelengaben durchführen, die du mitgebracht hast, um deinen Partner bei der Auflösung seiner Götzen zu unterstützen. Zum Abschluss kannst du die Gaben willkommen heißen, die der HIMMEL vor allem für die unmittelbare Zukunft und für den Rest des Jahres für euch beide bereithält, und auch sie mit deinem Partner teilen.

Solange du keine Angst davor hast, dein Licht leuchten zu lassen, gibt es keine Situation mit deinem Partner, in der du nicht eine Seelengabe in dir trägst, um ihn zu befreien. Manche Probleme mit deinem Partner sollen dich auch dazu motivieren, deine Seelengabe zu öffnen, um ihm zu helfen. Gaben sind das, was du auf natürliche Weise gibst. Sie sind Ausdruck deiner Liebe, und sie geben dir die richtige Einstellung zurück, die darin besteht, die Liebe zu schenken, die Glück bringt, statt etwas bekommen zu wollen. Deine eigenen Gaben und die Gaben des HIMMELS stellen deine Ganzheit und deine Unschuld wieder her, und sie sind in allen Unbilden des Lebens für dich verfügbar.

Die Gaben- und Gnadenkarten

1
Angebot

Was wir der Welt *anbieten*, wird uns in gleichem Maße *angeboten*. Dies ist ein universelles Prinzip. Wir ernten, was wir säen. Wir empfangen, was wir geben. Wenn wir der Welt ein Urteil angeboten haben, werden auch wir verurteilt, und die Illusion von Schmerz wird verstärkt. Wir empfangen, was wir geben, und was wir empfangen, gibt uns die Möglichkeit, in noch höherem Maße zu geben. Geben und Empfangen sind die beiden entgegengesetzten Seiten der Münze, die Liebe heißt. Heute können wir das Beste geben, das wir besitzen. Wir können uns selbst uneingeschränkt hingeben. Wenn wir es tun, öffnen sich Türen und wir gelangen voran, weil unser Geist und unser Herz *angeboten* wurden. Mit jedem *Angebot* erlangen wir größere Ganzheit. Ob das, was wir *anbieten*, angenommen wird oder nicht, ist nicht wichtig. Der Same ist gelegt und wird, ob es uns bewusst ist oder nicht, irgendwann zur Blüte gelangen.

Der HIMMEL bietet uns alles an. Es liegt in der Wesensnatur GOTTES, uns alles von SICH zu geben. Je mehr unsere Entwicklung voranschreitet, umso mehr geben wir von uns selbst, bis wir es GOTT SELBST gleichtun. Was wir *anbieten*, erlauben wir uns zu empfangen. Heute können wir bewusst das *anbieten*, was ein anderer Mensch braucht. Deshalb sind wir hier. Was wir selbst nicht zu besitzen glauben, das können wir vom HIMMEL empfangen und es dann einem anderen Menschen *anbieten*.

Jeder Schmerz, den wir erlitten haben, war eine Weigerung, uns *anzubieten*. Wir waren hartherzig, als wir gebraucht wurden. Dabei hätten wir derjenige sein können, der die Rettung bringt, aber unsere Weigerung hat dazu geführt, dass sich die Situation verschlechtert hat. Wir haben uns versteckt und getrennt. Wir haben uns vom Leben abgewandt. Wir haben unsere Identität auf Schmerz und auf Trennung aufgebaut. Der Altar unseres Geistes birgt unsere *Angebote*. Wo wir uns versteckt haben, statt zu helfen, tragen wir Verlust, Angst, Versagen, Schuld, Geiz und Götzen in uns, um zu kompensieren, was fehlt. Unsere Hartherzigkeit und unser Mangel an Hingabe lassen uns nicht empfangen. Diese Spaltung hat zu einer inneren Leere geführt, die wir mit Götzen füllen wollten. Götzen können jedoch weder die Leere in uns füllen, noch können sie uns glücklich machen. Nur das, was wir *anbieten*, kann die Spaltung in uns selbst und in anderen Menschen heilen.

Was diese Karte bedeutet

Diese Karte fordert dich auf, dich mit deinen Götzen auseinanderzusetzen, denn sie verhindern, dass du geben und empfangen kannst. Es sind zukünftige Enttäuschungen, die darauf warten, dass sie geschehen. Sie zeigen, dass du eine falsche Richtung eingeschlagen hast. Deine Götzen sind nur eine Kompensation für deine innere Leere und deine Hartherzigkeit, und auch wenn du diese Dinge mit Geschichten darüber zugedeckt hast, was andere Menschen dir getan haben, war es dein Fehler, der dein Bedürfnis und deinen Schmerz hervorgerufen hat. Nun gestattest du dir nicht zu empfangen, weil deine Zurückweisungen die Tür zum Empfangen verschlossen haben.

Stelle dir vor, dass du den Tempel deines Geistes betrittst. Gehe ins Zentrum des Tempels. Dort steht dein Altar, der zeigt, was du dem Leben *anbietest*. Stoße alle Götzen und alle dunklen Emotionen von deinem Altar herunter. Schaue zu, wie die Lilien der Vergebung und eine Gabe des HIMMELS auf deinen Altar gelegt werden. Diese Gaben helfen dir, dich daran zu erinnern, dass du empfängst, was du gibst.

Nun ist es an der Zeit, dich zu entscheiden, was du *anbieten* möchtest. Wer braucht heute Frieden? Wer braucht Heilung? Wer in deiner Welt braucht Fülle? Wen kennst du, der Liebe braucht? Wer braucht ein Wunder? Nimm dir ein wenig Zeit, um den Menschen in deiner Umgebung diese Dinge *anzubieten*, sodass die Geisteshaltung des *Anbietens* dir in Fleisch und Blut übergeht. Urteile und Groll fallen fort, wenn du die Hilferufe hörst und die Hilfsbedürftigkeit erkennst. Wenn du das anbietest, was gebraucht wird, und es außerdem vom HIMMEL empfängst, um es mit den betreffenden Menschen zu teilen, dann wirst auch du selbst diese Gaben empfangen.

Übe dich heute darin, anderen Menschen zu geben, und nimm dann wahr, dass du empfängst, was du *angeboten* hast. Die Welt erlangt ein höheres Maß an Ganzheit durch das, was du *anbietest*. Dein Geist wird in höherem Maße geeint und bittet das Licht herein. Gib und empfange heute. Der Segen, den du gibst, segnet dich selbst. Was du dem Leben *anbietest*, wird dir *angeboten*.

2
Belohnung

Belohnungen werden uns aufgrund unseres Handelns und aufgrund unserer Wesensidentität als KIND GOTTES zuteil. Eine *Belohnung* hebt die Macht auf, die unser Ego über uns hat. Wir brauchen uns nicht länger anzutreiben, um immer neue Götzen zu bekommen. Götzen erzeugen Zwiespältigkeit. Wir wollen sie und wollen sie gleichzeitig nicht. Götzen verstärken unseren Glauben, dass Erfolg und Glück von äußeren Dingen herrühren. Sie verstärken die Macht, die das Ego über uns hat, während eine *Belohnung* uns erkennen lässt, dass das Ego überflüssig ist. Je tiefer wir verbunden sind, umso größer sind auch die *Belohnungen*, die wir auf inneren und äußeren Ebenen empfangen. *Belohnungen* sind Segnungen, die uns glücklich machen. Götzen bringen uns keine Befriedigung. Je mehr wir nach ihnen streben, umso geringer wird der Ertrag, den sie uns einbringen. Einer *Belohnung* brauchen wir dagegen nicht nachzujagen. Sie kommt zu uns und erweitert unsere Fähigkeit, zu empfangen und geliebt zu werden. *Belohnungen* mehren das Glück und den Fluss in unserem Leben in größtmöglichem Umfang. Sie sind eine Form der Anerkennung, die von Selbstanerkennung herrührt. Eine *Belohnung* kann uns von anderen Menschen zuteilwerden, ist in Wahrheit jedoch eine Gabe von uns an uns selbst und an den HIMMEL. *Belohnungen* bringen sowohl Motivation als auch Fluss mit sich, und beide tragen zu unserem spirituellen Entwicklungsprozess bei.

Was diese Karte bedeutet

Wenn du diese Karte erhältst, stehst du im Begriff, aufgrund dessen, was du gibst, oder aufgrund deiner Wesensidentität als KIND GOTTES eine *Belohnung* zu empfangen. Lasse zu, dass diese *Belohnung* zu dir kommt, denn sie bedeutet Zuwachs für dich selbst und das kollektive Feld und bereichert damit die gesamte Menschheit. Heiße deine *Belohnung* heute willkommen. Auf dieser Ebene erntest du, was du säst, und deine *Belohnung* kann dir nicht nur für das zuteilwerden, was du gesät hast, sondern auch deshalb, weil in deiner Identität als reiner Geist festgelegt ist, was du verdienst. In dem Maße, in dem deine Strahlkraft wächst, wächst auch dein Glück, und

Belohnungen werden zu einer Lebensart. Es besteht ein unmittelbarer Zusammenhang zwischen deinen *Belohnungen* und dem Maß, in dem dein Leben von Glanz und Herrlichkeit erfüllt ist. Die Ernte ist Gipfelpunkt vieler *Belohnungen*, die alle zur gleichen Zeit reifen. Ein direkter Zusammenhang besteht auch zwischen *Belohnung* und Selbstwert.

Diese Karte zeigt dir, dass deine *Belohnung* greifbar nahe ist. Bitte sie, zu dir zu kommen, und heiße sie willkommen. Lasse zu, dass du geliebt wirst. Deine *Belohnung* hilft dir selbst und anderen Menschen, und sie bringt Inspiration in die Welt hinein. Dein Einsatz und deine Strahlkraft geben anderen Menschen neuen Auftrieb. Öffne die Tür, um deine *Belohnung* zu empfangen. Sie macht dich nicht besser als andere Menschen, wie dein Ego dir weismachen will, führt aber dazu, dass du nicht länger versuchst, GOTT zu Unrecht die Schuld an deinem Mangel zu geben. Empfange alle *Belohnungen*, die heute zu dir kommen möchten. Du hast sie verdient.

3
Bestimmung

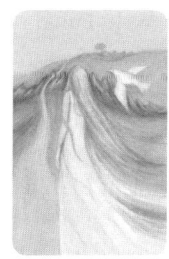

Unsere *Bestimmung* liegt darin, der zu sein, der wir in diesem Leben sein wollten. Ein goldener Pfad ist für uns vorgesehen, der uns von unserer Kindheit an führt, und wenn wir diesem Pfad und uns selbst treu bleiben, gehen wir von einer goldenen Kindheit zu einem goldenen Leben voran. So sollte es sein. Dies ist der Weg, der uns zum PARADIES zurückführt. So war es vorgesehen, um uns die Möglichkeit zu geben, durch die Ablenkungen und den Groll des Geistes hindurch zum Licht zurückzugelangen. Deshalb sind wir hier, und das Licht wird uns selbst und die Welt retten.

Unsere *Bestimmung* ist eine Zwischenstation auf unserem Weg nach Hause. Sie zentriert uns, und sie gibt uns unseren Frieden und unsere Unschuld zurück. Joseph Campbell hat einmal geschrieben: „Ich glaube, dass die Menschen nicht so sehr nach dem Sinn des Lebens als vielmehr nach der Erfahrung streben, sich lebendig zu fühlen." Wenn wir unsere *Bestimmung* leben, sind wir ganz und gar lebendig. Wir haben in unsere Mitte zurückgefunden. Wir haben unser *Sein* ans Licht gebracht und das falsche Tun aufgegeben, das nur ein Abwehrmechanismus gegen Wertlosigkeit ist.

Unsere *Bestimmung* ist die Anerkenntnis unseres Wertes als KIND GOTTES.

Unsere *Bestimmung* zu leben heißt, die Erfahrung eines strahlenden Lebens zu machen, offen für das Leben zu sein, empfangen zu können und nicht einfach aus dem heraus zu geben, was wir tun, sondern aus dem heraus, der wir sind. Gnade und Wunder ergießen sich durch unsere *Bestimmung*. Wenn wir auf den WILLEN GOTTES ausgerichtet sind, sind wir auf unseren wahren Willen ausgerichtet. Dies gibt uns die Möglichkeit, nicht nur im Fluss zu sein, sondern den Fluss durch uns hindurchströmen zu lassen. Wie wir unsere Lebensaufgabe annehmen müssen, um unsere *Bestimmung* leben zu können, so müssen wir auch unseren goldenen Glanz annehmen, um das PARADIES möglich zu machen.

Was diese Karte bedeutet

Diese Karte fordert dich dazu auf, deine *Bestimmung* anzunehmen. Deine traumatischen Erfahrungen und die chronischen Probleme, die dein Leben prägen, kommen daher, dass du deine *Bestimmung* verleugnet hast. Deine *Bestimmung* eröffnet sich dir, weil du bereit bist, die Kontrolle über dein Leben aufzugeben und dem HIMMEL die Führung zu überlassen. Deine *Bestimmung* kann ans Licht kommen, weil du zahlreiche Selbstkonzepte losgelassen hast. Du trittst zurück, sodass der HIMMEL in höherem Maße präsent ist. Du bist, was die Welt angeht, in Übereinstimmung mit dem HIMMEL. Du bist, wie Jesus es wollte, in der Welt, aber nicht von der Welt. Paradoxerweise gibt dies dir die Möglichkeit, alles zu haben, was du willst, auch wenn dein einziger Wunsch häufig darin besteht, still und im Frieden zu sein, während du den HIMMEL und seine große Freude erfährst. Deine *Bestimmung* ist dein Glück. Du bist ausgelassen und frei von Sorgen, weil es so viel weniger zu tun gibt und dein Leben von einem so hohen Maß an Unschuld geprägt ist. Frieden ist nicht nur ein Ziel, sondern eine Seinsweise in der Welt. Du hast die Schwere der Vergangenheit losgelassen und benutzt sie nicht länger als Ausrede, um in der Gegenwart einen heimlichen Plan zu verwirklichen oder ein wahrgenommenes Bedürfnis zu erfüllen.

Deine *Bestimmung* lässt dich deine Ganzheit erfahren, sodass du weder Götzen noch andere äußere Dinge brauchst, um dich glücklich zu machen. Du bist glücklich. Du bist mit deiner eigenen Fülle und der Fülle der QUELLE verbunden. Weil du glücklich bist, hast du eine ansteckende Wirkung. Weil du so sehr liebst, wirst du zu einer Liebesplage. Du trägst Spaß und Humor im Übermaß in dir, weil du die Absurdität erkannt und den Witz verstanden hast. Deine *Bestimmung* lässt dich nur ein Ziel kennen, und es besteht darin, das Licht mit offenen Armen zu begrüßen und dich als KIND GOTTES zu erkennen.

4
Danksagung

Dank zu sagen ist ein Weg, unsere Dankbarkeit zum Ausdruck zu bringen, und eine machtvolle Gabe, die uns in den Fluss zurückgelangen lässt. Es befreit uns von der Dürre der Habgier und vom Bankrott des Nehmens. Es rückt die Dinge wieder in die richtige Perspektive und lässt uns erkennen, dass unser Dank und die Tatsache, dass wir ihn zum Ausdruck bringen, das ist, was uns glücklich macht. Unser Herz öffnet sich, wenn wir Dankbarkeit gegenüber den Menschen empfinden, die uns nahestehen. *Dank zu sagen* ist das Gegenmittel gegen alle Zeiten, in denen wir unser Herz in Unabhängigkeit, Aufopferung und Opferdenken verhärtet haben. Die machtvollste *Danksagung* ist die *Danksagung*, die wir an GOTT richten, denn sie öffnet unseren Geist und befähigt uns, ein weit höheres Maß an GÖTTLICHEN Gaben und GÖTTLICHER Liebe zu empfangen. Sie lässt größere Gnade und ein höheres Maß an Weisung zu uns durchdringen. Und wenn uns die Antwort durch Weisung zuteilwird und durch Gnade verwirklicht werden kann, wo liegt dann das Problem? *Ein Kurs in Wundern* erklärt in machtvollen Worten, wie wir GOTT für SEINE Gaben danken können:

> „Empfange heute GOTTES Dank, wenn du IHM Dank sagst. Denn ER möchte den Dank, den du sagst, dir schenken, da ER deine Gaben in liebevoller Dankbarkeit empfängt und sie um tausend- und um hunderttausendmal vermehrt zurückgibt, als sie gegeben wurden. ER wird deine Gaben dadurch segnen, dass ER sie mit dir teilt. So nehmen sie an Macht und Stärke zu, bis sie die Welt mit Freude und mit Dankbarkeit erfüllen."
>
> *Ein Kurs in Wundern*, Ü-I.123.6:2:5

Dankbarkeit heißt zu erkennen, wem wir dankbar sind, ihn wertzuschätzen und auch seine Dankbarkeit uns gegenüber zu erkennen. Dankbarkeit heißt, uns noch einmal an der Gabe zu erfreuen, für die wir dankbar sind.

Was diese Karte bedeutet

Diese Karte fordert dich auf, dir heute ein wenig Zeit zu nehmen, um deine Liebe und deine Freude zu vergrößern, indem du den Menschen dankst, die dich beschenkt haben. Danke GOTT für alle SEINE Gaben an dich und hilf dadurch der Welt. *Ein Kurs in Wundern* rät, zweimal täglich fünfzehn Minuten zu meditieren, einmal am Morgen und einmal am Abend, um GOTT für alles zu danken, wofür du Dank zu sagen hast.

„Empfange SEINEN Dank, und bringe IHM den deinen heute zweimal eine Viertelstunde dar. ... Diese heilige halbe Stunde, die du IHM gibst, wird dir zurückgegeben werden in Jahren für jede Sekunde: als eine Macht, die Welt um Ewigkeiten schneller zu erlösen, durch deinen Dank an IHN.

Empfange SEINEN Dank, und dann verstehst du, wie liebevoll ER dich in SEINEM GEIST bewahrt, wie tief und grenzenlos ER für dich sorgt und wie vollkommen SEINE Dankbarkeit dir gegenüber ist. Erinnere dich jede Stunde, an IHN zu denken und IHM für all das zu danken, was ER SEINEM SOHN gab, damit er sich über die Welt erheben und sich an seinen VATER und sein SELBST erinnern möge."

Ein Kurs in Wundern, Ü-I.123.7:1, 7:3, 8:1-2

Dank zu sagen ist eine der einfachsten Möglichkeiten, alles zu erneuern, was im dunklen und geträumten Abstieg aus dem EINSSEIN verloren gegangen ist. Nun kannst du auf das aufbauen, was du hast, indem du dankbar dafür bist. Je dankbarer du bist, umso mehr öffnet sich dein Herz. Du segnest dich selbst, wenn du die Welt segnest, und das hat zur Folge, dass alle Menschen vorangebracht werden.

5
Das Licht

Licht ist das Wesen aller Dinge. Unserem tiefsten Wesen nach sind wir *Licht*. GOTT ist seinem tiefsten Wesen nach LICHT und LIEBE. Als wir begonnen haben, von Trennung zu träumen, hat die Dunkelheit *das Licht* überdeckt, und in dieser Dunkelheit haben wir unsere Glaubenssätze über uns selbst nach außen auf die Welt projiziert. Die Welt und unser Körper, der ebenfalls ein Ergebnis unserer Trennung ist, wurden erschaffen, um die Trennung festzuschreiben. Darunter aber liegen die GROSSEN STRAHLEN, die durch alle Ewigkeit leuchten. Wir sind Teil dieses ewigwährenden *Lichts* jenseits der Trennung von Raum und Zeit, die unser Ego herbeigeführt hat, das durch unser Urteil erschaffene Trennung ist. Dieses *Licht* ist leuchtende, grenzenlose LIEBE, und wir wurden als Ausdehnung dieses *Lichts* geschaffen. Die Wesensnatur, in der wir geschaffen wurden, kann nie verändert, sondern durch Illusionen lediglich verschleiert werden. Je weiter wir in unserer Entwicklung vorankommen, umso mehr ist unser Leben von *Licht* erfüllt. Je näher wir dem *Licht* kommen, umso stärker leuchtet es in der Welt, indem es zuerst das erhellt, was wir in der Welt sehen, und anschließend aus ihr herausleuchtet. Schließlich gelangen wir zur Erfahrung der spirituellen Schau, in der wir über die Erscheinungen der Welt hinausschauen, um *das Licht* zu erfahren, das wirklich da ist. Dies bewirkt Heilung und bringt Wunder. Es segnet und erhebt die Welt. Wenn wir in unserer Erkenntnis zum EINSSEIN zurückgelangen, wird es nichts als *Licht* geben. *Das Licht* ist hier und wartet nur darauf, dass wir unsere Götzen und Anhaftungen aufgeben, um weit mehr erfahren zu können, als wir es uns durch unsere Götzen und durch die Illusionen, die sie erzeugen, jemals hätten erhoffen können. Sie führen uns in Versuchung, haben aber lediglich zur Folge, dass wir die Hölle anstelle des HIMMELS erleben.

Was diese Karte bedeutet

Diese Karte zeigt das Ende deiner Götzen an, weil du dich an *das Licht* erinnerst. Heute ist *das Licht* deiner Wahrnehmung sehr nahe. Heute kann *das Licht* erkannt werden. Du kannst über die dunklen Wolken der Glaubenssätze in deinem Bewusstsein hinausgehen. Du kannst über die Augen des

Körpers hinaus zu einer spirituellen Schau gelangen, die *das Licht* sowohl in dir selbst als auch im Körper eines anderen Menschen sieht. Manchmal ist *das Licht* anderer Menschen in so hohem Maße unterdrückt, dass nur noch ein Funke bleibt. Wenn du Zeugnis für ihr inneres *Licht* ablegst, blüht es jedoch von einem Funken wieder zu einem wunderbaren *Licht* auf. Es gibt eine Welt, die jenseits der Welt der Erscheinungen liegt, und es ist eine Welt des *Lichts*, in der alles eins ist. Du bist vom selben *Licht* wie ALLES, WAS IST. Es ist *das Licht*, das allen gemeinsam ist. Diesen Ort des *Lichts* zu erreichen heißt, dich selbst und die Welt zu retten. Du nimmst deinen Platz unter den Erlösern der Welt ein. Sei heute fest entschlossen, über alle Götzen hinauszugelangen. Rufe deinen eigenen Willen und auch den WILLEN des HIMMELS an. Es ist GOTTES WILLE, dass du den Weg NACH HAUSE findest, und deshalb muss es einen verhältnismäßig einfachen Weg geben. Du bist hier, um aus dem Spiel des Lebens auszubrechen und deinen Weg zurück zum *Licht* zu finden. *Das Licht* ist dein Verbündeter. Sein fester Rückhalt ist dir gewiss, bis es dir gelungen ist. Du hast heute die Möglichkeit, einen großen Schritt in diesem Entwicklungsprozess zu gehen.

6
Das Tao

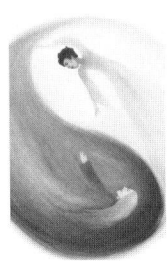

Das Tao ist sowohl in der Zeit als auch in der Zeitlosigkeit. Es ist im EINSSEIN, aber es ist auch in der Zeit. Es führt uns, und es erhebt den Entwicklungsprozess der Zeit auf die höchstmögliche Ebene, bis wir von neuem in der Zeitlosigkeit und im EINSSEIN angekommen sind. *Das Tao* inspiriert uns. Es sendet uns Zeichen und Signale, damit wir den richtigen Weg voran finden. *Das Tao* ist die WAHRHEIT, die uns von der Getrenntheit zur Verbundenheit und schließlich zur Einheit und zur Vereinigung führt. Alles, was im Westen dem HEILIGEN GEIST zugeschrieben wird, würde man im Osten dem *Tao* zuschreiben. Es ist der Aspekt des EINSSEINS oder GOTTES, der in der Zeit wirkt, um uns aus Schwierigkeiten und Schmerz zu führen, bis wir von neuem unseren Platz im REINEN GEIST jenseits dieser Welt einnehmen können.

Das Tao bringt uns somit an einen Ort, an dem wir den HIMMEL auf Erden erfahren. Das PARADIES erwartet uns, und von jenseits des PARADIESES ruft uns der HIMMEL. *Das Tao* ist uns ständig behilflich, wenn es darum geht, uns von unseren Götzen zu befreien. Mit leiser STIMME sagt es uns, dass die wahren Schätze in uns liegen und nur darauf warten, entdeckt und geteilt zu werden, während Schmerz und Enttäuschung außerhalb von uns liegen und uns in Versuchung führen, um uns aufzuhalten, und damit die Sicherheit unseres Egos gewährleisten. *Das Tao* ist grenzenlose LIEBE, und es kommt in der Zeit, wenn wir offen dafür sind. Wir wollen *das Tao* willkommen heißen. Wir können es bitten, unseren Geist in seine Obhut zu nehmen. Wir können ihm unsere Probleme übergeben, sobald wir die Verantwortung dafür übernommen haben. *Das Tao* ist sowohl unser Zuhause als auch der Weg, der uns nach Hause bringt.

Was diese Karte bedeutet

Wenn du diese Karte erhältst, wurde dir die Antwort gegeben. Öffne dich, um sie zu empfangen. *Das Tao* ist die Kraft des HIMMELS und vollbringt durch dich alle Dinge, die zu tun du aufgerufen bist. Worüber solltest du dir Sorgen machen müssen, wenn *das Tao* hier und jetzt ist? Es ist schon immer hier gewesen. Es ist gekommen, um dich nach Hause zu führen. Öffne dich und heiße seine Liebe und seine Weisheit willkommen. Es ist gekommen, um dich daran zu erinnern, dass dein Zuhause nicht von dieser Welt ist und dass die überwältigende Schönheit des HIMMELS dich freudvoll zum Glück, deinem Zuhause in der LIEBE, zurückruft. Lasse deinen Geist zur Ruhe kommen. Der HIMMEL geht mit dir. Was könnte es für ein Problem geben? Du bist hier, um zu lernen, dass Liebe und Wahrheit das sind, wonach du strebst, und nicht der wertlose Tand, der für das Auge anziehend ist, dir aber keine bleibende Befriedigung bringt. Erfüllung findest du in dir. Götzen wollen dich glauben machen, dass das Glück in der Form liegt, aber alles, was du in der Form suchst, wird eines Tages für dich verloren sein. Die Formlosigkeit des *Tao* fordert dich dagegen auf zu sehen, dass dein Glück jenseits der Form liegt und dass die Wahrheit das Ganze umfassen muss. *Das Tao* ist in dir. Wenn du auf eine Ebene der Meisterschaft gelangst, wird *das Tao* dich durchströmen wie eine Quelle in der Wüste, und wenn du zur Vollendung gelangst, wirst du erkennen, dass *das Tao* stets in dir war und du stets in ihm gewesen bist.

7
Den Kanal öffnen

Ein Gegenmittel gegen Götzen besteht darin, *den Kanal zu* GOTT *zu öffnen*. Statt nach etwas außerhalb von uns zu suchen, blicken wir nach innen zur QUELLE. Sie ist das höchste Ziel, und nur sie kann uns vollständige Befriedigung bringen. Bis es so weit ist, vergeuden wir Zeit damit, außerhalb von uns nach weltlichen Dingen zu streben und einen Götzen nach dem anderen zu bekommen. Wenn wir *den Kanal öffnen*, strömen Gnade und Wunder ein, um uns und unsere Situation zu transformieren und uns dadurch GOTT näher zu bringen. Die Einladung, die die GÖTTLICHE PRÄSENZ herbeibringt, bringt immer auch einen Zuwachs an Selbstliebe. Der Kanal, der sich zu GOTT hin öffnet, durchschneidet Angriff und Selbstangriff, die das Fundament des Egos sind. Er lässt uns die Freude erfahren, die jenseits von Schuld und Groll existiert. Die größte Funktion, die wir in dieser Welt haben, besteht darin, zum Licht zu erwachen, denn dies rettet sowohl uns als auch die Welt. Es ist das Gegenteil zu unseren Götzen, die etwas bekommen wollen von einer Welt, die durch unsere projizierten Urteile scheinbar wirklich geworden ist. *Den Kanal öffnen* ist die Entscheidung, uns dem zuzuwenden, was uns wirklich glücklich macht.

Was diese Karte bedeutet

Diese Karte lässt dich wissen, dass du von dem Groll abrückst, der die Welt und deinen Geist verdunkelt. Du gibst den Willen des Egos auf, das eine andere Welt als die gemacht hat, die GOTT erschaffen hat. Du blickst auf das, was wirklich eine Veränderung in deinem Leben bewirken kann. *Den Kanal öffnen* bedeutet, aktiv darum zu bitten, dass dir der Weg gezeigt werden möge, indem du zulässt, dass der HIMMEL dich führt, während du die Gnade empfängst, die alles vollbringt, was zu tun du dich berufen fühlst. *Den Kanal öffnen* ist die Überholspur, die dich zum EINSSEIN und zu dem vollkommenen Frieden zurückführt, den das EINSSEIN bringt. Es ist die unablässige Erinnerung an deine Ganzheit und daran, dass der HIMMEL über dich wacht. Diese Karte zeigt dir, dass du deine Prioritäten danach setzt, was dich tatsächlich glücklich machen kann, was in dieser Welt zu tun sich lohnt und wie du den Weg NACH HAUSE auf die denkbar müheloseste Weise finden kannst. *Den Kanal öffnen* heißt, dich der stolzen ELTERLICHEN LIEBE zu öffnen, die von oben auf dich herabstrahlt, denn dies ist die erste und wichtigste Botschaft, die durch den Kanal gesendet wird: Du wurdest ganz und gar erkannt, und du bist ganz und gar geliebt. „Erinnere dich daran, wer du bist. Komm nach Hause." Diese Karte steht für einen Prozess der Öffnung und der Entfaltung und fordert dich auf, dich in noch höherem Maße zu öffnen.

8
Der Fluss der Fülle

Der Fluss der Fülle verneint unser Verlangen nach Götzen. Wenn die *Fülle fließt*, besteht keine Notwendigkeit, nach Dingen im Traum zu streben. Das Leben ist reich. Das Leben ist gut. Wir sind zuversichtlich, dass es so weitergehen wird, weil dies die natürliche Lebensordnung ist. Wir sind in Übereinstimmung mit dem WILLEN GOTTES für uns. Wir erfahren ein hohes Maß an Verbundenheit, das uns sowohl empfangen als auch unsere Unschuld erkennen lässt. *Der Fluss der Fülle* hat damit zu tun, dass wir nichts beweisen und auch keine Identität für uns selbst erschaffen müssen. Wir sind entweder im Fluss und erfahren das große Glück, oder wir tragen Groll und Selbstkonzepte in uns. *Der Fluss der Fülle* entspringt unserer Identität als KIND GOTTES, und obwohl wir uns noch immer in einem von unseren Selbstkonzepten projizierten Traumzustand befinden, wollen wir daraus erwachen und GOTT von neuem erkennen. Dies ist die HÖCHSTE FÜLLE, und in ihr gewinnen wir den HIMMEL zurück.

GOTT gibt uns alles, und ER tut es unaufhörlich. Das Problem besteht nicht in GOTTES Geben. Es besteht in unserem Empfangen. Damit wir empfangen können, müssen wir unseren Groll loslassen. Wir müssen die Mauer aufgeben, die das Ego errichtet hat und die unserem Empfangen und unserer Offenheit im Weg steht. Wir müssen unsere Selbstgerechtigkeit aufgeben, unter der das Gefühl verborgen liegt, im Unrecht zu sein. Die BANK GOTTES ist ein Zeichen dafür, dass wir bereit und willens sind, die Angst vor Verbundenheit und vor dem Verlust unseres Egos loszulassen, die normalerweise verhindert, dass wir empfangen können. Wir sind sowohl über unsere Angst vor Überforderung als auch über unsere Angst davor hinausgelangt, die ganze Fülle des Lebens für uns anzunehmen. Wir kämpfen mit GOTT, weil wir glauben, dass ER uns unsere Götzen und unsere anderen kleinen „Annehmlichkeiten" fortnehmen will. Dabei will GOTT uns unsere Spielzeuge gar nicht fortnehmen. ER will lediglich verhindern, dass wir uns selbst verletzen, weil wir dort nach Liebe suchen, wo sie nicht ist. Deswegen fürchten wir uns vor der LIEBE GOTTES und vor SEINER Großzügigkeit. Wir glauben, dass GOTT uns unsere Welt entreißen will. Der HIMMEL kann jedoch nur dann zurückgebracht werden, wenn wir erkennen, dass diese Welt nichts birgt, was wir jemals wollen könnten. Wir müssen die armseligen Angebote und bedeutungslosen Gaben aufgeben, die uns die Welt anbietet. Wir müssen zulassen, dass GOTTES LIEBE die Stelle der trivialen Dinge einnimmt, die uns teuer sind, damit wir die Gaben empfangen können, die GOTT für uns bereithält. Hier wartet unser Glück.

Der Fluss der Fülle ist der Segen, den der HIMMEL uns spendet, und er birgt alle guten Dinge wie Liebe, Glück, Gesundheit, Geld, Abenteuer und Freiheit. Er kommt von innen und lässt uns erkennen, dass die Außenwelt der Traumzustand ist, den unser Bewusstsein widerspiegelt. *Der Fluss der Fülle* entspringt unserem Selbstwert und unserem wahren Wert, den unser SCHÖPFER in SEINER Schöpfung festgelegt hat. Wir haben unser wahres Wesen mit der Identität zugedeckt, die wir selbst erschaffen haben, aber alle unsere Selbstkonzepte bekriegen einander, um die Vorherrschaft zu erlangen. Wir haben unser SELBST und unser Vermächtnis aufgegeben, damit wir ein Selbst und seine Götzen haben konnten, die uns nur Enttäuschung und Tod gebracht haben. Heute wollen wir den *Fluss der Fülle* für uns selbst wählen.

Was diese Karte bedeutet

Wenn du diese Karte erhältst, befindest du dich im Fluss aller guten Dinge. Du hast die Wahrheit der Einheit für dich angenommen, und der HIMMEL ist dein Ziel. Alle guten Dinge strömen von GOTT aus und erschaffen eine Welt, in der es keine Dualität und kein gespaltenes Bewusstsein gibt. Die Einsgerichtetheit deines Ziels lässt dich empfangen, und du lässt zu, dass du geliebt wirst. Du begreifst, dass Fülle dein Vermächtnis ist, und unternimmst nichts, um aus einem Gefühl der Unsicherheit heraus zu beweisen, dass du sie verdient hast, da dies den Fluss lediglich behindern würde.

Wenn du diese Karte erhältst, hast du die Ablösung für alles Verlangen und allen Schmerz gefunden, den deine Götzen verursacht haben. Diese Dinge können nun durch die LIEBE ersetzt werden, die GOTTES Gabe an dich ist. Wenn die Illusion deiner Götzen fortfällt, fällt auch die Welt selbst fort und wird ersetzt durch die LIEBE GOTTES und die Erkenntnis, dass du Liebe, Unschuld und ein Teil des SELBST bist, das eins mit GOTT ist. Je mehr du diesen Aspekt deines SELBST erkennst, umso mehr kannst du ein Teil des *Flusses der Fülle* sein, der die LIEBE ausgibt. Das ist der Grund, aus dem du hier bist: um es GOTT gleichzutun. Du bist Gesellschafter der BANK GOTTES. Eine Zeitlang war dir entfallen, dass du ein Treuhänder im Vorstand der BANK bist, aber nun wirst du an dein Erbe und dein Vermächtnis erinnert. Du wurdest sowohl heil als auch heilig erschaffen. Du wurdest als Liebe erschaffen, und nichts vermag daran jemals wirklich etwas zu ändern. Es war dir lediglich entfallen. Es war nicht verloren. *Der Fluss der Fülle* kann dir deine wahre Identität zurückbringen. Er fließt in jedem Moment, und jede Gabe, die du einem anderen Menschen gibst, wird zugleich auch dir gegeben. Jede Gabe, die du GOTT gibst, kehrt hundertfach von IHM zu dir zurück.

Dein einziges Ziel auf dem Weg zum EINSSEIN besteht darin, das gespaltene Bewusstsein zu heilen, das du in Bezug auf das Empfangen hast. Es rührt daher, dass du insgeheim an deiner Unabhängigkeit festhältst, was dazu führt, dass du weder empfangen noch dich wieder neu verbinden kannst. Dies bringt dir jedoch die Ganzheit zurück, die existiert hat, ehe du den Fehler begangen hast, dich zu trennen.

Da das EINSSEIN unteilbar ist, kannst du nur geträumt haben, dass du dich getrennt hast, und deshalb ist dein gespaltenes Bewusstsein eine Illusion. Wenn du über dein Verlangen nach Unabhängigkeit hinausgehst, bringt dein Wunsch nach Ganzheit sie dir zurück. Im *Fluss der Fülle* wirst du wieder zum Kind, das auf das vertraut, was der HIMMEL ihm bringt. Du weißt, dass alles deinem Wohl dient und dass entweder Heilung oder Freude sein Zweck sind. *Der Fluss der Fülle* ist der natürliche Fluss innerhalb der Zeit auf dem Weg hin zu dem, was zeitlos und unveränderlich ist. Dies ist die Rückkehr zu deinem uranfänglichen SELBST, dem Ort, an dem nichts gebraucht und somit auch nichts jemals gesucht wird. *Der Fluss der Fülle* kommt daher, dass du ihn willkommen heißt. Du empfängst die Anerkennung und die Liebe, die du als KIND des SCHÖPFERS verdienst. Irgendwann wirst du zum REICH GOTTES in dir erwachen, und *der Fluss der Fülle* wird enden, wenn die Zeit dahinschwindet, weil alles in GOTT, der QUELLE aller Fülle, enthalten ist.

9
Der Gral

Der Gral war der Kelch CHRISTI beim letzten Abendmahl. *Der Gral* steht symbolisch für eine vermeintlich aussichtslose Suche, die durch Reinheit und Wunder zum Erfolg geführt werden kann. Als *der Gral* verloren ging, begaben die Ritter der Tafelrunde sich auf die Suche nach ihm. Doch nur Galahad, dem „makellosen" Ritter, gelang es, ihn zu finden. *Der Gral* ist eine Metapher für den AUSSICHTSLOSEN TRAUM, den wir leben und der darin besteht, unsere Lebensaufgabe zu erfüllen und unsere Bestimmung anzunehmen. Das bedeutet, dass wir nicht für uns selbst oder dafür leben, in der Welt voranzukommen. Diese Dinge sind vollkommen belanglos, denn in Wirklichkeit geht es darum, über die kleinlichen Ziele der Welt und ihr Verlangen nach hemmungslosem Konsum hinauszugehen. *Der Gral* ist von höherer und reinerer Natur. Er fordert uns auf, ein Held und ein Visionär zu sein. Selbst das lassen wir jedoch los, wenn wir uns zur Meisterschaft bekennen und zu einer lebendigen Brücke zwischen HIMMEL und Erde werden. Dann erwachen wir und gehen in die Erleuchtung hinein, weil wir erkannt haben, dass alles nur ein Traum ist, und das Buddha-Bewusstsein in uns verwirklichen. Daraufhin erreichen wir das Stadium der Einheit, in dem wir die wechselseitige Verbundenheit aller Dinge erfahren. Im folgenden Schritt verwirklichen wir das Stadium der Vereinigung und nehmen unser CHRISTUS-BEWUSSTSEIN und das Licht in uns an. Zuletzt bleibt uns nur noch, das EINSSEIN und die GROSSEN HIMMLISCHEN STRAHLEN anzunehmen. *Der Gral* steht für unsere feste Entschlossenheit, stets den höchstmöglichen Zustand zu verwirklichen, den wir in dieser Welt erlangen können.

Was diese Karte bedeutet

Diese Karte fordert dich auf, über dich selbst hinauszugehen, um dein SELBST zu finden. Du bist aufgerufen, dich immer wieder von neuem einem Prozess der Reinigung zu unterziehen und Heilung zu erlangen, bis dein Geist seine Liebe und seine Ganzheit zurückgewonnen hat und über alle Orte hinausgelangt ist, an denen du hartherzig warst. Es sind die Orte, an denen du dich losgesagt und nach Unabhängigkeit gestrebt hast. Leiden und Opfersituationen sind der Preis, den du dafür bezahlt hast.

Der Gral ist ein Ruf. Dieser Ruf ergeht an alle Menschen, aber nur wenige entscheiden sich, ihm zu folgen. *Der Gral* ist ein Weg, der zuerst zum HIMMEL auf Erden, zum PARADIES, und dann zum HIMMEL SELBST führt. Diese Karte zeigt, dass der Ruf erneut an dich ergeht, damit du nach dem streben kannst, was jenseits von dir, aber dennoch in dir ist. Dies ist deine Heimkehr. Dir wird alle Hilfe zuteil, die du brauchst, um den *Gral* zu finden, aber deine feste Entschlossenheit ist gefordert. Dein Wille, deine Entschlossenheit, deine Vergebung und deine Liebe sind die Dinge, die gegen scheinbar unmögliche Widerstände siegen. Du gehst über dein persönliches Leben hinaus und beginnst, für alle Menschen zu leben. Der HIMMEL steht hinter dir, und du kannst um Wunder bitten.

10
Der heilige Augenblick

Der heilige Augenblick ist ein Augenblick in der Zeit, der sich in die Zeitlosigkeit hinein öffnet. Er entsteht, wenn du dich von Geist zu Geist mit einem anderen Menschen verbindest. In dem Moment, in dem alle Urteile und alle Trennung wegfallen, erfährst du einen Augenblick von so tiefer Liebe, dass der HIMMEL sich öffnet. *Der heilige Augenblick* wird durch Absicht und Bereitschaft erreicht. Er geschieht, wenn wir nicht versuchen, die Gegenwart zu kontrollieren oder die Zukunft zu planen, und wenn wir unaufhörlich die Illusionen der Vergangenheit loslassen. Wenn wir dem Tao die Führung überlassen und unseren Geist in die Obhut des natürlichen Prozesses der Entfaltung geben, die geschehen will, dann hadern wir nicht mit dem, was geschieht. Alles ist an diesem Punkt hilfreich und dient unserem Weg voran. *Der heilige Augenblick* ist ein Akt der Reinheit durch alle Illusionen hindurch, die uns scheinbar trennen. Er hilft uns dabei, uns an die Wahrheit zu erinnern, dass wir eins sind und dass alle anderen Erfahrungen, die wir in unserer Wahrnehmung vermeintlich machen, ein Fehler sind, mit dem wir uns selbst täuschen. *Der heilige Augenblick* spart uns Zeit, sodass das Glück, das wir normalerweise viel später erfahren hätten, sich schon jetzt einstellt und das Leiden, das uns normalerweise noch länger geplagt hätte, jetzt losgelassen wird. *Der heilige Augenblick* lässt Entwicklung auf eine Weise zu, die eine himmlische Beschleunigung erzeugt auf unserem Weg zur Erfahrung der überwältigenden Ekstase des Glücks, das uns im EINS-SEIN erwartet.

Was diese Karte bedeutet

Diese Karte fordert dich auf zu erkennen, dass die Pforte zum HIMMEL dich ruft. Du kannst sie und das Licht heute dadurch erreichen, dass du dich mit einem anderen Menschen verbindest. Götzen können dich nicht in Versuchung führen, und du weißt, dass Verbindung der beste Weg ist, um diese Welt der Träume zu überschreiten und den HIMMEL auf Erden zu genießen. Mehr als einen Augenblick in dieser Erfahrung des Lichts zu verbringen kann einen tiefgreifenden Wandel bewirken. Du glaubst nie wieder voll und ganz an die Welt, wie sie dir erscheint, und die GROSSEN HIMMLISCHEN STRAHLEN werden zur Wirklichkeit. Deine Sehnsucht wendet sich ab von den Dingen dieser Welt und stattdessen hin zu der Liebe, die wahre Bedeutung und bleibenden Wert hat. Du willst für dich und alle anderen Menschen den HIMMEL auf die Erde übertragen und die Welt zu Partnerschaft und Vereinigung bringen. Das macht dich achtsam für die Liebe, und immer wenn du von ihrem Weg abweichst, wirst du dir dieser Tatsache bewusst, weil du keine vollkommene Freude empfindest. *Der heilige Augenblick* geschieht, weil du deine Absichten nicht mehr auf die Ziele dieser Welt, sondern auf die wirkliche Welt ausgerichtet hast, in der du durch Vergebung und Liebe das PARADIES von neuem erfährst. *Der heilige Augenblick* stellt sich ein, wenn du den HEILIGEN GEIST darum bittest. Bitte jetzt.

11
Der Name Gottes

Der Name Gottes ist der Name all dessen, was du willst. Er sagt dir, dass du allumfassend geliebt wirst und allumfassend liebenswert bist. Er sagt dir, dass du vollkommen unschuldig bist und dass du alle guten Dinge verdienst. Alles andere ist eine List des Egos, mit der es uns eine Identität geben und seinen Fortbestand sichern will. *Der Name Gottes* ruft uns in Erinnerung zurück, dass hinter der Welt, die unsere Selbstkonzepte erfunden haben, egal wie gut oder schlecht sie sein mag, eine Welt liegt, die von überwältigender Freude und verschwenderischer Liebe erfüllt ist. Sie ist vollkommen frei, aber in dem Verlangen, uns eine Identität zu geben und eine Welt zu erschaffen, in der wir das Sagen haben, glauben wir, uns getrennt zu haben, und in dieser Trennung haben wir Dunkelheit, Schmerz, Verlust, Bedürfnisse, Angst, Schuld und Unzulänglichkeit erzeugt. Dann haben wir die Dissoziation erschaffen, um zu verhindern, dass uns der Schmerz umbringt, und Götzen, um für unsere Unterhaltung zu sorgen. Es war ein schlechter Handel im Austausch gegen die SCHÖPFUNG.

Nun erinnern wir uns endlich an unseren Weg und daran, dass es eine Alternative zu der Welt gibt, die wir geschaffen haben. In *Ein Kurs in Wundern* heißt es über den *Namen Gottes*:

> „Sage SEINEN NAMEN, und du lädst die Engel ein, den Boden, auf dem du stehst, zu umringen und dir zuzusingen, während sie ihre Flügel auseinander breiten, um dich sicher zu bewahren und vor jedem weltlichen Gedanken abzuschirmen, der sich in deine Heiligkeit eindrängen möchte. Wiederhole GOTTES NAMEN, und alle Welt antwortet, indem sie Illusionen niederlegt. Jeder Traum, der der Welt lieb ist, ist plötzlich vorbei, und da, wo er zu stehen schien, findest du einen Stern, ein Gnadenwunder. Die Kranken stehen auf, geheilt von ihren kränklichen Gedanken. Die Blinden können sehen, die Tauben hören. Die Kummervollen werfen ihre Trauer ab, und die Schmerzenstränen sind getrocknet, wenn ein glückliches Lachen kommt, um die Welt zu segnen."
>
> *Ein Kurs in Wundern*, Ü-I.183.2:2, 3:1-5

Was diese Karte bedeutet

Diese Karte stellt das Gegenmittel gegen alles Elend, alle Götzen und alle Süchte in deinem Leben dar. Langsam den *Namen Gottes* im Angesicht deiner Süchte und Zwänge zu wiederholen, langsam den *Namen Gottes* im Angesicht von Verlust, Elend oder Ungerechtigkeit zu wiederholen, langsam den *Namen Gottes* in deinen Meditationen zu wiederholen heißt, dich zu befreien und mit neuem Frieden zu erfüllen. Dieser Friede ist es, der Liebe und Glück hervorbringt. Dieser Friede ist es, der Feindschaft und Illusion auflöst. Dieser Friede ist es, der das Tor zur vollkommenen Welt jenseits dieser Welt oder zur überwältigenden Freude des HIMMELS öffnet. GOTT ist dein Gegenmittel. ER ist der Weg NACH HAUSE und gleichzeitig das ZUHAUSE SELBST. ER ist das Gegenteil von allem, was trennt: Dunkelheit, Unheil, das Dämonische, Urteil, Verlust, Schuld, Selbstzentriertheit, Angst, Scham und Groll.

Religionen wurden allzu häufig benutzt, um zu trennen, weil das Ego sich ihrer bemächtigt hat. Alles, was trennt, statt in Liebe zu verbinden, ist nicht von GOTT. Es ist wichtig, GOTT für das zu vergeben, was in SEINEM NAMEN getan wurde, damit dieser Quell der LIEBE und der Macht wieder von neuem für dich verfügbar ist.

12
Der stille Geist

Der stille Geist ist der Weg zum Frieden, und Frieden ist der Ursprung von Liebe, Fülle und Gesundheit. Frieden ist die Pforte zum *stillen Geist*, und *der stille Geist* ist der Weg zur STIMME FÜR GOTT und zur Zeitlosigkeit. Er offenbart uns unsere Ganzheit, und dadurch entdecken wir das innere Licht. *Der stille Geist* ist die Antwort auf alle unsere Gebete, und er bewirkt, dass wir uns wieder neu mit dem HIMMEL und mit GOTT verbinden. Frieden und Heilung gehen Hand in Hand und führen zum *stillen Geist*, in dem offensichtlich wird, dass alle Götzen eine Illusion sind und dass unser Streben nach ihnen nur von Trennung und von dem Glauben herrühren kann, gesündigt zu haben. Im *stillen Geist* wird die Wahrheit unserer Unschuld ebenso offenbart wie die Täuschung des Egos, das uns dazu bringen will, in den

Körper, in Götzen und in den Tod zu investieren. *Der stille Geist* setzt unsere Investition in die Welt, ihre Unwägbarkeiten und ihren Tand außer Kraft. Er führt uns über den Traum hinaus zu den überwältigenden Gefilden des Lichts, in denen Freude die Schale des Egos zum Schmelzen bringt und wir wieder ins EINSSEIN der LIEBE hinein ausgedehnt werden.

Was diese Karte bedeutet

Diese Karte fordert dich auf, dir ein wenig Zeit zu nehmen, um deinen Geist zu zentrieren und in die Stille zu führen. Sie ist der Ort, an dem GOTT zu dir spricht und dich daran erinnert, dass du SEIN GELIEBTES KIND bist, dessen Vermächtnis der gesamte HIMMEL ist, und dass die Trennung, für die du dich entschieden hast und die dir deinen Glauben an Sünde und Schuld gegeben hat, niemals wahr sein kann. Deine Unschuld ist durch deinen SCHÖPFER und durch deine Schaffung nach SEINEM Ebenbild garantiert. Nimm dir heute ein wenig Zeit, um zu entspannen und tief in dich hineinzusinken, vorbei an allen Gedanken oder Zwängen, die dich quälen, und sprich dann einfach die Worte: „Dieser Gedanke ist Ausdruck eines Zieles, das mich daran hindert, meine Lebensaufgabe zu erfüllen." Jeder Gedanke gibt dir eine Aufgabe, und jede Aufgabe hält deinen Geist auf Trab und verhindert, dass du empfangen kannst. *Der stille Geist* gibt dir die Möglichkeit, dich nicht ablenken zu lassen, sondern deine Gedanken mit GOTT zu denken und die Glückseligkeit in dir zu fühlen. Nimm dir jede Stunde ein paar Minuten lang Zeit, um dich von der Stille segnen zu lassen, in der Schmerz und Konflikte sich auflösen und du die Dinge von einer höheren Warte betrachten kannst, bis die spirituelle Schau, die über die Form hinausblickt, von neuem geboren wird.

13
Die großen Strahlen

Die großen Strahlen sind ein anderer Name für GOTT. Sie werden so genannt, weil viele Mystiker die Erfahrung von Lichtstrahlen machen, die sich von Ewigkeit zu Ewigkeit erstrecken. *Die großen Strahlen* sind aus Licht, Liebe und ekstatischer Freude gemacht. Sie sind allwissend, und wenn man sie erfährt, bergen sie das Licht DES EINEN, DER sie ebenfalls erfährt. Sie sind Bestandteil des ewigen Lichts, das vollkommen liebt und das manchmal über das Gefühl von Trennung lacht, das derjenige, der diese transzendente Erfahrung macht, nach wie vor empfindet. *Die großen Strahlen* sind der URGRUND DES SEINS. Sie sind Anfang und Ende. Sie sind die einzige Wirklichkeit. Alles andere ist Illusion.

Die großen Strahlen sind das, worauf wir uns in unserer illusorischen Welt der Trennung hin entwickeln. Da wir als eine Ausdehnung der *großen Strahlen* geschaffen wurden, haben wir sie in Wirklichkeit niemals verlassen. Wir konnten nur träumen, dass wir es getan haben, weil unser Ego das Bedürfnis hatte, sich zu trennen und eine eigene Welt zu erschaffen.

Erwachen heißt, über den Traum hinauszugelangen, dass wir getrennt sind oder uns jemals getrennt haben könnten. Dies erfahren wir, wenn wir aus dem Traum erwachen.

Die großen Strahlen sind das EINSSEIN, und alle Fragen werden beantwortet in der Feststellung: *Die großen Strahlen* sind. Das EINSSEIN ist. Unsere Entwicklung hin zu dieser Erkenntnis ist eine Entwicklung in Integrität, Unschuld, Liebe und Freude. *Die großen Strahlen* sind das letzte Ziel, zu dem wir gelangen, indem wir alle unsere Götzen und Anhaftungen aufgeben. Wir erreichen dieses Ziel aus der tiefen Absicht heraus, das Licht und die LIEBE der *großen Strahlen* zu erfahren. Dies erfordert unsere Hingabe und die feste Entschlossenheit, unseren Willen mit dem WILLEN GOTTES in Übereinstimmung zu bringen. Unser tief empfundener Wunsch, über den in der Dualität angelegten Konflikt hinaus *die großen Strahlen* zu erfahren, führt uns zum EINSSEIN zurück.

Was diese Karte bedeutet

Wenn du diese Karte erhältst, ist es an der Zeit, darüber zu frohlocken, dass dir das Beste angeboten wird, was ein Mensch im Leben jemals erfahren kann. *Die großen Strahlen* sind das ALPHA und das OMEGA. Sie sind die Freude, die jedes Maß übersteigt. Sie sind der Ort, von dem du hergekommen bist, zu dem du gehst und an dem du jetzt bist. Da diese Welt die Illusion ist, durch Götzen verstärkt, aber ohne Substanz, sind *die großen Strahlen* deine Wirklichkeit, obwohl du dir dieser Erfahrung gegenwärtig nicht bewusst bist.

Diese Karte zeigt an, dass dein Erwachen zu den *großen Strahlen* nicht nur möglich, sondern wahrscheinlich ist und letztlich eintreten wird. Der Schleier der Illusion zwischen dir und den *großen Strahlen* ist ausgesprochen dünn, aber sie warten auf deine Einladung und dein Willkommen. *Die großen Strahlen* sind die Antwort auf alle Probleme. Sie sind die einzige Wirklichkeit, und du kannst über jede Illusion der Trennung hinausblicken, die du heute erfährst, um dich als Teil der *großen Strahlen* zu sehen, vollkommen erkannt und geliebt, eins mit deinem SCHÖPFER. Die Erfahrung der *großen Strahlen* lässt dich erkennen, dass du ein Licht und als reiner Geist ein SELBST bist, vereint mit GOTT.

Die Erfahrung der *großen Strahlen* lässt dich zur Wahrheit erwachen. Du kannst niemals wieder voll und ganz an die Traumwelt glauben. Wenn du in der Erfahrung verweilen kannst, gelangst du zur Erleuchtung. Wenn du längere Zeit darin verweilen kannst, wirst du GOTTVERWIRKLICHT, und schließlich ERWACHST du zum EINSSEIN und zu GOTT, während die Welt der Trennung sich auflöst und nur die LIEBE bleibt.

14
Die heilige Beziehung

Die heilige Beziehung ist eine Beziehung, die Liebe und Glück gewidmet ist. Ihr Ziel ist der HIMMEL. Wenn wir in einer *heiligen Beziehung* leben, haben wir in dem Wissen, dass alle guten Dinge von Frieden herrühren, unsere Beziehung in die Obhut des HIMMELS gegeben, sodass sie den Weg eines sich immer stärker vertiefenden Friedens geht. Sie hat das Bedürfnis des Egos nach Besonderheit, das unsere Beziehungen sabotiert, aufgegeben im Austausch gegen emotionale Integrität, da sie weiß, dass alle Probleme und Emotionen dazu dienen, Heilung zu erlangen, damit die Mauern des Egos fallen und wir ein noch höheres Maß an Freude erfahren können.

Das Ziel der *heiligen Beziehung* ist es, das Licht in dem jeweils anderen zu finden, das die Pforte zum Staunen und zum EINSSEIN ist. Dies kann nur dann geschehen, wenn alle Urteile und alle Selbsturteile in der Wahrheit der Unschuld losgelassen wurden. Das Licht in einem anderen Menschen zu finden heißt, dass wir uns stets auf unseren Partner und unsere Verbundenheit mit ihm ausrichten und nicht auf die vielen falschen Götter in der Welt, von denen wir glauben, sie könnten uns glücklich machen, die uns in Wahrheit aber nur Verlust, Verletzung und Enttäuschung einbringen. Wir verpflichten uns, alle Klagen und alle Urteile aufzugeben, weil sie Orte zeigen, an denen wir weder unserem Partner noch uns selbst gegeben und vergeben haben. Klagen, Angriff und Groll zeigen die Orte, an denen wir erwartet haben, etwas von einem anderen Menschen zu bekommen. Unsere Urteile zeigen die Orte, an denen wir glauben, ein anderer Mensch habe uns im Stich gelassen und nicht das getan, was notwendig war, um uns glücklich zu machen. Genau genommen weisen alle diese Dinge auf Orte hin, an denen wir einen anderen Menschen als Ausrede benutzt haben, um uns zu trennen und unseren eigenen Weg zu gehen, obwohl Schmerz der Preis war, den wir dafür zahlen mussten. Unter diesen Dingen verbergen sich unsere Schuld und unsere Angst vor dem nächsten Schritt. Unsere Klagen und unser Groll zeigen einen Ort, an dem wir nicht geben. Wir wollen Liebe, haben uns aber dem Ego verschrieben, das für seinen Weg und seine Mauern kämpft, die aus Selbstkonzepten aufgebaut sind. *Die heilige Beziehung* beruht stattdessen darauf, durch und gemeinsam mit einem Partner den HIMMEL zu finden. Wir gehen durch jedes auf altem Schmerz und Illusion beruhende Selbstkonzept hindurch, um ein immer höheres Maß an Verbundenheit zu erlangen, bis wir durch unseren Partner schließlich GOTT, den GELIEBTEN, erreichen können.

Was diese Karte bedeutet

Wenn du diese Karte erhältst, bist du aufgerufen, deine Beziehung erneut der Liebe zu weihen und sie dem HIMMEL zu übergeben. Heilung wird zu deinem obersten Ziel, weil du die Mauern des Schmerzes und der Illusion aus dem Weg räumen willst, die Trennung hervorgerufen haben. Bis du gemeinsam mit deinem Partner den HIMMEL erfährst, bist du dazu aufgefordert, in immer höherem Maße zu vergeben, um Angriff und Selbstangriff aufzulösen, die das Fundament deiner Selbstkonzepte und deiner Trennung sind. Heilung ist der Weg zum HIMMEL auf Erden. *Die heilige Beziehung* hat keinen anderen Wunsch als den, dass du im Elixier der Liebe und in den Gefilden der Freude aufgehen mögest. Sie will jede Sünde von dir nehmen, die du auf die Welt projiziert hast, angefangen bei deinem Partner. Wenn es dir gelingt, jede Klage gegen deinen Partner loszulassen, kannst du dich retten und von alten Fehlern erlösen, die du im Bedürfnis des Egos nach Trennung in Sünde verwandelt hast.

Wenn du diese Karte ziehst, hast du den Weg nach Hause gefunden, denn das Licht in deinem Partner zu finden bedeutet, dass du es auch in dir gefunden hast. Du bist einen weiteren großen Schritt im Hinblick darauf gegangen, nicht länger zu nehmen oder zu bekommen, weil du weißt, dass dein Glück von dem herrührt, was du gibst und infolgedessen empfangen kannst. Jede Emotion, jeder Akt der Dissoziation und jedes Urteil wird zu einem Werkzeug, das der Heilung dient. Da dein Partner und die Welt dein Spiegel sind, erkennst du, dass alles, was du siehst, dir Selbstkonzepte zeigt, von denen einige so tief vergraben sind, dass du sie und ihre tief verborgenen Kammern der Schuld niemals entdeckt hättest, wenn dein Partner sie nicht für dich ausagiert oder verkörpert hätte. Verpflichte dich deinem Partner jeden Tag neu. Vergib jeden Tag deinem Partner und auch dir selbst. Heile jeden Tag die Distanz zwischen euch, damit nur die Liebe bleibt, die alle Angst, allen Schmerz und die Leblosigkeit all deiner Abwehrstrategien überschreitet. Wenn du Liebe und Glück nicht fühlen kannst, dann gibt es noch mehr zu lernen und noch mehr zu heilen, aber deine *heilige Beziehung* ist deine Himmelsleiter.

15
Die himmlischen Auen

Die himmlischen Auen rufen uns NACH HAUSE. Von der LIEBE vervollkommnet ist dieser innere Ort uns so vertraut, dass es so scheint, als hätten wir ihn niemals vergessen können. Er wurde jedoch von unzähligen Selbstkonzepten überdeckt, und sie haben die Welt mit den Spaltungen unseres Bewusstseins gepflastert, die wir benutzt haben, um unser Ego aufzubauen. Die eindringliche Schönheit, die der zärtlichsten LIEBE innewohnt, ruft uns jedoch zu unserem SELBST und zu dem zurück, was wir vor so langer Zeit verloren haben. Das ist es, wonach wir in der verhängnisvollen Anziehungskraft unserer Götzen und in der Schwere des Todes, der uns von unserem SELBST fortziehen will, wirklich gesucht haben.

Wir haben uns für den falschen Glanz unserer Götzen entschieden, und sie haben uns auf der Folterbank der Enttäuschungen und der zerschlagenen Träume gebrochen. *Die himmlischen Auen* rufen uns nun jedoch NACH HAUSE zu unserem SELBST. Der Ruf zentriert uns und erinnert uns an das, was einen Wert besitzt. Er legt im Hinblick auf die Dinge, in die wir die Kraft unseres Geistes investieren, die Prioritäten neu fest. *Die himmlischen Auen* rufen uns NACH HAUSE zurück, und der unaufhaltsame Ruf der LIEBE an die Liebe bringt uns über uns selbst hinaus. Die LIEBE ruft uns NACH HAUSE. Die überwältigende Schönheit, die Liebe erschafft, liegt jenseits von allem, was die Welt zu bieten hat. Sie ist die Rast unseres Herzens und das, was uns rettet. *Die himmlischen Auen* sind der unbeschwerte Zauber einer Welt, die durch Liebe erschaffen wurde.

Was diese Karte bedeutet

Wenn du diese Karte erhältst, wurde das Verlangen nach deinem ZUHAUSE berührt. Eine uralte Wahrheit, die tief in dir wohnt, ruft dich. *Die himmlischen Auen* sind eine Zwischenstation auf deiner Reise, die vor der Formlosigkeit des HIMMELS liegt. *Die himmlischen Auen* sind von Heiligen, Engeln und Lichtwesen bevölkert. Hier finden sich nicht nur Bodhisattwas, die sich zwischen zwei Leben ausruhen, sondern auch eine Vielfalt von anderen Wesen, die im Begriff stehen, individuelle Erfahrungen hinter sich zu lassen, um die ozeanische Erfahrung des EINSSEINS zu machen. *Die himmlischen Auen* künden vom Beginn der Erinnerung an den, DER du wirklich bist. Diese Karte ist gleichbedeutend mit der Erkenntnis, dass die Welt der Dualität, der Trennung und des Leidens eine illusionäre Welt ist und dass die Schmeicheleien der Illusion ohne Bedeutung sind. *Die himmlischen Auen* sind eine Erinnerung daran, dass das, was einen wahren Wert besitzt, über die Aufgabe des Körpers hinaus Bestand haben wird. *Die himmlischen Auen* sind sowohl der Weg zur Belohnung als auch die Belohnung selbst. *Die himmlischen Auen* erlauben dir, sowohl die Freuden der Gemeinschaft als auch den Frieden der Vereinigung zu genießen. Die Mauern, die du errichtet hattest, werden hier aufgelöst, weil es dir wichtiger ist, andere Menschen teilhaben zu lassen, als die Trennung und deine Selbstgerechtigkeit aufrechtzuerhalten. Der HIMMEL hat dich gerufen, und du hast geantwortet. Du öffnest dich für Ebenen tiefen Friedens, tiefer Verbundenheit und umfassenden Erfolges. *Die himmlischen Auen* sind der vollkommene Ort für eine Wiedervereinigung von Seelen.

Diese Karte ist ein großer Segen für jeden, der sie empfängt. Lasse dich von ihrer wunderbaren Energie heute erfüllen, damit du den inneren Ruf, NACH HAUSE zu kommen, hören kannst. Lasse dich von den Schwingen der Liebe umhüllen und erlaube dir, an diesem Ort des Seins zu ruhen, an dem kein Tun mehr gefordert ist. *Die himmlischen Auen* sind der letzte Halt auf dem Weg zum kosmischen Tanz des SEINS. Sie werden auch als die wirkliche Welt (*Ein Kurs in Wundern*) und als HIMMEL auf Erden bezeichnet. *Die himmlischen Auen* sind ein Ort der Liebe, der Vollkommenheit und der überwältigenden Schönheit.

16
Die Stimme Gottes

Die Stimme Gottes ist der HEILIGE GEIST. Sie ist das EINSSEIN in einer Welt der Dualität. Sie ist das sich entfaltende Tao in einer Welt, in der wir uns selbst in Urteil, Schmerz und Tod verloren haben. *Die Stimme Gottes* zeigt uns den Weg, der uns aus dem Traum des Urteils hinausführt. *Die Stimme Gottes* erinnert uns daran, dass wir geliebt werden, dass unser Wert unermesslich groß ist und dass wir uns unmöglich von reinem Geist in die Identität verwandelt haben können, die wir aus uns selbst gemacht zu haben scheinen. *Die Stimme Gottes* flüstert uns zu, dass wir kein Körper sind, dass wir alle sündenlos sind und dass der Tod nicht wirklich ist. *Die Stimme Gottes* ist der Weg, auf dem wir zum HIMMEL in uns zurückfinden. *Die Stimme Gottes* ist unsere Führung und unsere Inspiration. Sie ist da, um uns zu befreien und uns eine höhere Warte zu zeigen, von der aus wir das Leben betrachten und somit unbeschwert und aus der Gnade heraus leben können. Als wir in den Traum hineinfielen, der mitunter ein Alptraum direkt aus der Hölle war, wurde uns sofort *die Stimme Gottes* als Trost und Möglichkeit zu unserer Rettung geschenkt.

Was diese Karte bedeutet

Diese Karte fordert dich auf, tief in dich hineinzuhorchen. Der Weg zum Licht ruft dich. Horche und richte dich auf deinen wahren Willen aus, an den du erinnert wirst und der dem WILLEN GOTTES entspricht. Du bist GOTTES GELIEBTES KIND, und das gibt dir die Gewissheit, dass dir die Hilfe geschickt wird, die du brauchst. *Die Stimme Gottes* ist gekommen. Die Freiheit ist greifbar nahe. Heiße *die Stimme Gottes* willkommen. Gehe in die Stille, und du wirst gesegnet. Du wurdest erkannt. Die *Stimme* erklärt deine Unschuld. Erlaube dir, in Frieden zu sein. Heiße die *Stimme* willkommen. Der Weg wird dir gezeigt, und er wird für dich verwirklicht. Überlasse deinen Geist dem HIMMEL, und alle seine Irrtümer werden berichtigt. Überlasse dein Herz dem HIMMEL, und alle Orte, an denen es hart geworden ist, werden von der Liebe weich gemacht. *Die Stimme Gottes* ruft dich jetzt. Sie weist dir den Weg, der dich zum Licht und zu deinem ZUHAUSE zurückbringt. Der Weg wird dir geebnet. Lasse zu, dass du geliebt wirst. Horche auf. Horche nach innen.

17
Die Welt retten

Wir alle haben versprochen, *die Welt zu retten*, und wenn unsere Seelen ein solches Versprechen gegeben haben, dann muss es auch einen Weg geben, es zu vollbringen. In ersten Schriften über *Ein Kurs in Wundern*, die jedoch nicht Teil des Originaltextes sind, heißt es, dass heute mehr Meister als jemals zuvor auf der Erde wandeln. Das liegt daran, dass in der heutigen Zeit die Möglichkeit eines Bewusstseinssprungs besteht, der uns aus dem dissoziierten Männlichen, in dem Gier und Leblosigkeit herrschen, auf eine Ebene der Partnerschaft, zu einem Gleichgewicht zwischen dem Männlichen und Weiblichen und in eine Zeit, in der Freunde Freunden helfen, hineinführen kann. Unsere Zeit kann zum Beginn eines GOLDENEN ZEITALTERS werden, in dem alle Menschen befreit und ermächtigt werden. Dies ist ein entscheidender Zeitpunkt in der Geschichte, in dem das Unbewusste sich der Heilung öffnet, weil wir den Mut haben, uns ihm zu stellen, den Schmerz und die Dunkelheit zu heilen und die uralten Gaben anzunehmen, die nur darauf warten, der Welt ihre Hilfe zu bringen. *Ein Kurs in Wundern* vermittelt in seinen Zeilen die folgende Botschaft: „Und was wirst du tun, wenn jene, die leiden und den Weg des Todes beschreiten, dich mit Augen anschauen, die sagen: Du hättest mir helfen können?" Dies ist eine entscheidende Zeit. Wir alle sind aufgerufen, zur *Rettung der Welt* beizutragen. Wirst du dem Ruf folgen?

Was diese Karte bedeutet

Diese Karte erinnert dich an dein heiliges Versprechen, *die Welt zu retten*. Dies geschieht nicht, indem du etwas tust, sondern indem du zulässt, dass die Gnade es durch dich vollbringt. Es braucht lediglich deine feste Absicht und deine Bereitschaft, jede Gelegenheit zur Heilung zu nutzen, sodass die Schritte, die du gehst, Millionen andere Menschen befreien. Jeder Akt der Vergebung, der Güte oder des Teilhabenlassens und jeder Schritt, den du gehst, hilft allen. Du bist hier, um die Welt durch die Schritte zu beschenken, die du in deiner Entwicklung gehst. In *Ein Kurs in Wundern* heißt es, dass du die Welt von jeder Art des Schmerzes befreien kannst, indem du dein Denken über dich selbst änderst (Ü-I.132.10:2). Dies ist die Erkenntnis, dass du Licht und ewiger Geist anstelle eines Körpers bist, der den Weg des Todes beschreitet. Dich als Licht und als KIND GOTTES zu erkennen heißt, dich selbst und die Welt zu retten. Der HIMMEL wird dir bei diesem heiligen Bestreben zur Seite stehen. Das Licht und die Liebe, die du bist, werden durch dich wirken. So erfährst du, wer du wirklich bist. Deine Identität als Sein im SEIN befreit dich von allen anderen Dingen, die du über dich geglaubt hast und aus dir selbst machen wolltest. Hierin erkennst du deine Grenzenlosigkeit, die Welt zu befreien. In deiner Unschuld liegt alle Unschuld. In deinem Frieden ist die Welt friedvoll. In deiner Liebe wird die Welt geheilt und heilig. Wenn du lernst, eins mit einem anderen Menschen zu werden, dann öffnet sich die Tür zu der Erkenntnis, dass du eins in GOTT bist und immer warst. Das Ego hat diese Tatsache lediglich überdeckt.

18
Einheit

Einheit ist ein Bewusstseinsstadium, in dem unser Geist geeint wird. Wir erkennen, dass alles miteinander verbunden ist. Dualität und Trennung werden noch wahrgenommen, aber auch als die Illusion erkannt, die durch die Wahrheit aufgelöst wird, sodass größere *Einheit* entsteht. Obwohl unsere Wahrnehmung uns eine Welt der Trennung zeigt, die von Urteilen herrührt, wissen wir, dass wir in Wirklichkeit eins sind. Je mehr wir uns diesem Zustand des EINSSEINS durch Vergebung und andere Formen der Heilung annähern, umso mehr wird die Welt wahr, wirklich und vollkommen. *Einheit* behebt den Schaden, der durch unser Verlangen nach Unabhängigkeit und danach entstanden ist, unseren eigenen Weg und nicht den Weg der Wahrheit zu gehen. *Einheit* ist die Absicht, unseren Geist und damit auch die Welt zu GOTT und zum EINSSEIN zurückzuführen. *Einheit* ist ein Stadium der Ermächtigung, das der Inbegriff umfassender Einschließlichkeit ist. *Einheit* ist die Erkenntnis, dass das Leben ein Traum ist, der die Entscheidungen widerspiegelt, die wir getroffen haben. Wir erkennen, dass die Welt ein Spiegel der Selbstkonzepte ist, die unser Geist geschaffen hat. Wir erkennen, dass unsere Selbstkonzepte eine Identität sind, die wir erschaffen haben, um unser wahres Sein zu überdecken. Unsere Selbstkonzepte, die Bausteine des

Egos, zeigen uns, was wir von der Welt denken. Sie schreiben uns Tun und Betriebsamkeit als den Weg vor, der uns glücklich macht. Unser Sein ist Teil allen SEINS, und die *Einheit* ist unser Weg, weil sie unser Glück ist.

Was diese Karte bedeutet

Wenn du diese Karte erhältst, wird dir die Gabe größeren Bewusstseins zuteil. *Einheit* macht nicht nur dein Leben, sondern das Leben aller Menschen in deiner Umgebung leichter. Deine Schau öffnet sich auf eine neue Ebene, auf der du nicht nur siehst, was möglich ist, sondern die wechselseitige Verbundenheit aller Dinge erkennst und die Freude und Sicherheit fühlst, die damit einhergehen. Weil du eine neue innere Mitte erreicht hast, bringst du den Menschen in deiner Umgebung ein vollkommen neues Maß an Frieden und *Einheit*, das bewirkt, dass zahllose Probleme sich auflösen. Öffne die Tür in deinem Geist, die das neue Maß an *Einheit* birgt, das der HIMMEL mit dir teilen will. Nur wenige Probleme können der Macht widerstehen, die der *Einheit* innewohnt, weil sie uns dabei hilft, unsere Aufsässigkeit, die Angst davor, die ganze Fülle des Lebens anzunehmen, und die Angst vor der LIEBE zu überwinden.

19
Ekstase

Ekstase trägt uns davon, fort von der Identität, durch die wir uns definiert haben. Sie ist das Ergebnis eines Gefühls von überwältigender Liebe und Freude. *Ekstase* stammt von dem griechischen Wort ex-histastai ab, das so viel bedeutet wie „aus sich heraustreten". Und *Ekstase* ist genau das. Wir werden aus unserer Verankerung gerissen und über unsere engen, selbstauferlegten Grenzen hinaus ausgedehnt. Wir werden von der Liebe mitgerissen, und es wird uns eine Schau dessen zuteil, was möglich ist, weil wir das Leben auf einer vollkommen neuen Ebene erfahren.

Ekstase ist ein Produkt der Liebe. Wir werden von der Liebe über das Lieben zur *Ekstase* katapultiert. Wir sind nicht mehr in den Begrenzungen des Egos oder des Körpers gefangen, sondern haben beide überschritten. Unsere Leidenschaft entspringt nicht der Dringlichkeit unserer Bedürfnisse, sondern rührt daher, dass wir alles geben und infolgedessen alles empfangen. Unabhängig davon, ob sie von unserer Liebe zu einem anderen Menschen oder von GOTT herrührt, befähigt *Ekstase* uns, über den hinauszugehen, der wir zu sein glauben, und ein kleines Stück vom HIMMEL zu erfahren. *Ekstase* ist für gewöhnlich an die Zeit gebunden, erlaubt uns aber dennoch, einen flüchtigen Blick über die Fesseln der Zeit hinaus auf die unvergleichliche, zeitlose Liebe zu werfen. *Ekstase* ist unsere natürliche Erfahrung als reiner Geist. Wir haben sie durch Selbstkonzepte und Götzen ersetzt, die wir benutzen, um uns dafür zu beschwichtigen, dass wir diese grenzenlose Erfahrung aufgegeben haben. Wenn wir uns jedoch von den Illusionen losreißen, die uns scheinbar trennen und Leid verursachen, dann finden wir das eigentliche Vergnügen, das darin liegt, jenseits der Mauer des Egos zu leben. Wir sind nun auf einem Weg, der uns zur *Ekstase* zurückführt.

Was diese Karte bedeutet

Wenn du diese Karte erhältst, stehst du unmittelbar am Abgrund. Die LIEBE fordert dich auf, dein kleines Selbst zu verlassen und dein SELBST zu finden. Wenn dies geschieht, lässt du die Mauern, die du im Laufe der Zeit so sorgsam errichtet hast, zugunsten von etwas unendlich viel Besserem los. *Ekstase* erfährst du, wenn du nichts zurückhältst und alles gibst. Deine Bedenken bleiben ebenso auf der Strecke wie deine letzten Anhaftungen an Schuld und Selbstangriff. Die Falle der Unwürdigkeit, die das Ego dir gestellt hat, gibst du für das Licht der Wahrheit auf. Du sagst ja zum Leben, ja zur Liebe und ja zu deinem Partner. Dies ist deine Pforte zum HIMMEL und zu dem PARTNER, der für dich der HIMMEL ist. Eine neue Welt der Freude öffnet sich dir. *Ekstase* ist kein Ziel, das du dir setzt, sondern eine Begleiterscheinung tiefer und vollkommener Liebe. Sie ist das Zeichen dafür, dass du Transzendenz erfahren hast. *Ekstase* ist keine Treppe, sondern ein Sprung in den Abgrund der Liebe, auf dass du, indem du dich verlierst, gefunden wirst, und indem du stirbst, in Herrlichkeit wiedergeboren wirst. Wenn du *Ekstase* erfährst, dann weißt du, dass dieser Ort der Liebe, der sich zu den Gefilden des Lichts hin öffnet, alles ist, was du willst. Er ist das lange verlorene Zuhause, zu dem du nun zurückkehrst. Du hast deine Götzen – wenn auch nur für eine gewisse Zeitspanne – aufgegeben und erlaubst dir, tief und vollkommen zu empfangen. Deine Reise war lang und anstrengend, aber du kehrst zu deinem SELBST zurück. Dies kann geschehen, wenn du ohne Urteil auf einen anderen Menschen blickst. Es öffnet die Tür der Erinnerung an die Liebe und an GOTT. Es kann auch geschehen, wenn du bereit bist, die GÖTTLICHE LIEBE zu empfangen, nachdem du sie willkommen geheißen hast.

20
Emotionale Reife

Emotionale Reife bringt uns zur Ganzheit. Wenn wir die richtige Beziehung zu unseren Emotionen haben, dann benutzen wir sie als Hinweiszeichen dafür, wo wir vom Weg abgekommen sind, damit wir wissen, was es zu berichtigen gilt. Wir erkennen, dass wir urteilen, und beginnen, an unserer Heilung zu arbeiten. Wir können Emotionen auch als Brennstoff für schöpferische Vorhaben benutzen und Schmerz in Kreativität verwandeln. Wir benutzen unsere Emotionen nicht als Mittel zur Selbstgerechtigkeit oder als Ausrede, um tun zu können, was wir wollen. Wir benutzen sie nicht als Angriff oder als eine Form von Selbstangriff. *Emotionale Reife* lässt uns erkennen, dass unsere Emotionen ein Hinweis auf etwas sind, das in uns der Heilung bedarf und das wir aus der Vergangenheit in die Gegenwart getragen haben. Dies ist nun ans Licht gekommen, um uns die Möglichkeit zu geben, eine neue Ebene der Ganzheit zu erreichen. Wo unser Bewusstsein gespalten war, dort entwickelt sich nun neues Selbstvertrauen, und Frieden tritt an die Stelle unserer Konflikte und der Orte, an denen wir mit uns selbst gehadert haben.

Emotionale Reife bedeutet, dass wir unsere Emotionen nicht benutzen, um einen anderen Menschen für das anzugreifen, was in uns vorgeht, auch wenn sein Handeln es scheinbar herbeigeführt hat. Wir benutzen unsere Emotionen ebenso wenig, um Aufmerksamkeit zu fordern. Wir erkennen, dass wir unsere Emotionen benutzt haben, um unser Bewusstsein zu spalten und diese Spaltung aufrechtzuerhalten, weil wir uns vor dem nächsten Schritt und ganz allgemein vor unserer Bestimmung gefürchtet haben. Wir können sie stattdessen benutzen, um die Wahrheit zu finden und Heilung zu erlangen. Als Folge davon verwandeln sie sich in Liebe, Verbundenheit, Stärke und die Fähigkeit, auf ganz neuen Ebenen zu geben und zu empfangen. *Emotionale Reife* geht mit einem höheren Maß an Bewusstheit einher, und dort, wo Schmerz war, kann nun der Frieden entstehen, von dem alle guten Dinge herrühren. Das Maß unserer *emotionalen Reife* ist das Maß, in dem unser Leben von Wahrheit erfüllt ist. Das Maß, in dem unser Leben von Wahrheit erfüllt ist, ist das Maß, in dem wir Freiheit und Freude empfinden. Die Alternative besteht darin, in der dissoziierten Unabhängigkeit gefangen zu sein, in der wir glauben, aufgrund von Dingen, die andere Menschen scheinbar getan oder nicht getan haben, tun zu können, was wir wollen, sodass wir in den Teufelskreis aus Schwelgen und Aufopferung geraten. *Emotionale Reife* bedeutet dagegen, dass wir Verantwortung für unsere Emotionen und unsere Erfahrung übernehmen und wissen, dass wir sie anstelle des Urteils und des Grolls, die ein Teil jeder Emotion sind, in Unschuld, Wahrheit und Hilfsbereitschaft verwandeln können.

Was diese Karte bedeutet

Diese Karte fordert dich auf, immer mehr darauf zu achten, dass du deine Emotionen klärst, damit du mit der richtigen Beziehung zu dir selbst, zu anderen Menschen und zum HIMMEL belohnt wirst. *Emotionale Reife* macht dich attraktiv und den Umgang mit dir einfach. Sie zeigt, dass du die Verantwortung für dein Leben und deine Erfahrungen übernimmst und dass du nicht versuchst, äußere Dinge zu bekommen, andere Menschen als Sündenbock zu benutzen oder sie wie ein Vampir auszusaugen. *Emotionale Reife* öffnet den Kanal, durch den die Gnade strömen kann. Wenn du deine Emotionen heilst, kannst du anderen Menschen helfen, auch ihre Emotionen zu heilen.

Emotionale Reife führt erst zum Gleichgewicht und dann zur Partnerschaft. Wenn sie wächst, führt sie zum goldenen Glanz des großen Glücks. Du verdrängst deine Emotionen nicht, übertreibst sie jedoch auch nicht. Stattdessen hältst du ständig Ausschau nach Orten, an denen du möglicherweise dunkle Emotionen gespeichert und verborgen hast, denn alle Emotionen, die in einer Situation zum Vorschein kommen, rühren aus der Vergangenheit her. Wenn du sie aufspürst, erkennst du, dass darunter nicht nur machtvolle Seelengaben verborgen liegen, sondern auch Aspekte, die für deine Lebensaufgabe und für den goldenen Glanz deiner Bestimmung notwendig sind. *Emotionale Reife* bringt deine männliche und deine weibliche Seite ins Gleichgewicht. Sie macht dich zum guten Partner und zum guten Freund. Du handelst richtig in der Beziehung zu anderen Menschen, zu dir selbst und zu GOTT. Deine Fähigkeit, Gnade und Wunder zu empfangen, macht dich zu einem Freund der Erde. Dies ist ein entscheidender Schritt nicht nur in deinem persönlichen Entwicklungsprozess, sondern auch in der Evolution des Planeten.

21
Erinnerung

Erinnerung bringt uns unser SELBST zurück. Wir *erinnern* uns daran, dass wir reiner Geist sind. Wir *erinnern* uns an das Licht und daran, dass wir dieses Licht sind. Wir gelangen an einen Ort jenseits des Körpers, der uns irgendwie vertraut scheint. Wenn wir uns an das Licht *erinnern*, dann finden große Veränderungen in unserer Wahrnehmung der Welt statt, die zu einem schöneren und glücklicheren Ort wird. Bald darauf gelangen wir an einen Ort, an dem der HIMMEL auf Erden herrscht. Hier setzen wir unsere Arbeit der Vergebung fort, damit die Menschen, die nicht im PARADIES sind, sich allmählich daran *erinnern* können, dass auch sie Liebe sind und von der LIEBE geschaffen wurden. Wir *erinnern* uns allmählich an unsere Meisterschaft, und dann erwachen wir und *erinnern* uns daran, dass alles ein Traum ist, dass wir der Träumer sind und dass das, was im Traum geschieht, unsere Wünsche sind. Unsere Entwicklung hin zur Ganzheit setzt sich fort, und wir *erinnern* uns an die Einheit und daran, dass wir alle als Fäden in einen einzigen großen Teppich hineingewebt sind. Wenn diese Ganzheit verwirklicht ist, bringt die *Erinnerung* an unsere Heiligkeit uns in unserer Entwicklung zum Stadium der Vereinigung voran. Im letzten Schritt dieses Stadiums *erinnern* wir uns daran, dass wir ein KIND GOTTES und Teil von GOTT SELBST sind. Wir *erinnern* uns an den HIMMEL und an das EINSSEIN. Wir sind reiner Geist und Teil des SEINS. Wir *erinnern* uns an GOTT als LIEBE und an den unaufhaltsamen Sog SEINER LIEBE, die uns zu unserem einen SELBST zurückruft, bis wir eins mit unserem SCHÖPFER sind.

Was diese Karte bedeutet

Wenn du diese Karte erhältst, kehrt die *Erinnerung* zu dir zurück, und diese *Erinnerung* lässt viele Illusionen fortfallen, als ob es sie niemals gegeben hätte. Irgendwann wirst du dich an alles *erinnern*, was du verleugnet und dissoziiert hast, bis du wieder beim HIMMEL SELBST angekommen bist. *Erinnerung* geschieht, wenn du fest entschlossen bist, dich zu *erinnern*, und wenn du bereit bist, das zurückzugewinnen, was du verloren hast. Jeder Fehler, den du begangen hast, wird durch Sühne berichtigt, und das hat zur

Folge, dass du anfängst, dich an die Wahrheit über dich selbst und auch daran zu *erinnern*, dass diese Welt nicht dein Zuhause ist. Der Weg, der aus dieser Welt hinaus zu deinem wirklichen ZUHAUSE führt, ist nicht der Tod, sondern das Erwachen. Dein Bewusstsein befindet sich in einem ständigen Spannungsfeld zwischen Schlaf und *Erinnerung*. Du entscheidest dich in jedem Augenblick für die *Erinnerung* oder für den Schlaf. *Erinnerung* ist der Weg, der aus deinem selbstverschuldeten Gefängnis hinausführt. Heute ist ein glücklicher Tag, weil du dich an etwas *erinnerst*, das wahrer und ursprünglicher ist als die Welt, die du siehst.

22
Gaben

Gaben sind das Gegenmittel nicht nur gegen Probleme, sondern auch gegen die Vorstellung von Götzen überhaupt, die unsere Probleme am Leben erhalten. Statt zu nehmen oder zu bekommen, geben wir. Geben ist das, was uns Freude erfahren lässt, und das, was uns selbst und andere Menschen befreit. Wenn wir unsere *Gaben* mit anderen Menschen teilen, bringen sie automatisch noch mehr *Gaben* aus unserem Geist hervor, die uns zuteilwerden wollen, um uns unsere Ganzheit zurückzugeben. Wir tragen unzählige *Gaben* in Form von Potenzialen in uns, und mitunter werden wir vor ein Problem gestellt, damit der Wunsch, einem Menschen, den wir lieben, zu helfen, oder die Erfordernis, auf eine Notsituation zu reagieren, uns dazu veranlasst, eine neue *Gabe* hervorzubringen. Seltene und uralte *Gaben* kommen zur Erde herab, wenn wir auf die Hilferufe der Menschen in unserer Umgebung eingehen. Zusätzlich zu den *Gaben*, die als Lösung für alle Schwierigkeiten in Form von Potenzialen in uns warten, trägt auch der HIMMEL eine *Gabe* bei, sobald ein Problem auftritt. Wir brauchen weder auf eine Lösung zu warten, noch muss Zeit zwischen dem Geben der *Gabe* und der Klärung der Situation vergehen. Nur unsere Angst legt einen zeitlichen Unterschied zwischen unserem Geben und der Klärung des Problems fest.

Gaben bringen Fluss und Partnerschaft. Sie helfen uns selbst und anderen Menschen. *Gaben* machen unser Leben leicht, und je mehr *Gaben* wir haben und mit anderen Menschen teilen, umso mehr lassen wir unser Licht leuchten. *Gaben* erzeugen Fluss und führen positive Ereignisse herbei. Wenn wir unsere *Gaben* mit anderen Menschen teilen, sind wir glücklich und öffnen uns für die *Gaben* und die Gnade, die der HIMMEL uns geben will. Wenn wir unsere *Gaben* mit GOTT teilen möchten, dann stehen wir SEINEN Kindern bei, indem wir unsere *Gaben* mit ihnen teilen. *Gaben* bringen Segen, und in dem Maße, in dem wir segnen, werden wir gesegnet.

Was diese Karte bedeutet

Diese Karte fordert dich auf, deine *Gaben* zu geben, denn sie können dort Transformation bewirken, wo du auf der Stelle trittst oder die Welt ins Stocken geraten ist. Eine *Gabe* macht den Akt des Gebens für gewöhnlich mühelos, und die geringe Mühe, die es manchmal kostet, eine *Gabe* zu geben, rührt von deiner Liebe her und segnet dich deshalb mit Freude. *Gaben* können die Zeit verkürzen oder sie sogar aufheben. Sie geben uns Mittel und Wege an die Hand, um eine Herausforderung, deren Lösung normalerweise Tage oder noch länger gedauert hätte, mühelos und effektiv zu bewältigen.

GOTTES GABEN an dich sind immer Wunder, sodass die Gesetze der Welt, die von kollektiven Glaubenssätzen und Entscheidungen herrühren, durch die Gesetze GOTTES abgelöst werden. Um zu erfahren, welche *Gabe* du in eine bestimmte Situation einbringen kannst, frage dich einfach, welche *Gabe* die Herausforderung transformieren würde, und finde durch Schlussfolgerung oder mithilfe deiner Intuition heraus, welche *Gabe* für dich verfügbar ist.

Wenn du willst, kannst du dir vorstellen, dass du einen der Korridore in deinem Geist entlanggehst. Dieser Korridor besitzt viele Türen zu beiden Seiten, aber du siehst, dass mindestens eine der Türen leuchtet. Gehe zu dieser Tür hin und öffne sie. Nimm die *Gabe* an, die dich hinter dieser Tür erwartet. Empfange sie und lasse dich von ihr erfüllen. Lasse sie dann energetisch in die Situation oder in die Menschen einströmen, die sie brauchen. Du kannst auch die *Gabe* des HIMMELS empfangen, die in einem Wunder besteht und die ER dir anbietet, um jede Situation zu transformieren, in der du gefangen bist. Eine Situation besteht aus den Beziehungen mehrerer Menschen zueinander, aber für ein Wunder, das eine Form von GÖTTLICHER LIEBE ist, stellt dies kein Problem dar, wenn du bereit bist, es zu empfangen.

Lasse zu, dass *Gaben* sowohl dein Leben als auch das Leben der Menschen in deiner Umgebung segnen! Wenn du deine *Gaben* an GOTT gibst, dann wird ER dich darin leiten, wie du sie anwenden sollst, und sie werden vervielfacht zu dir zurückkehren.

23
Glaube

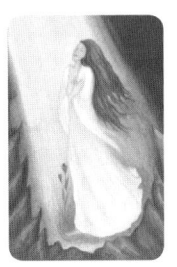

Glaube ist der wahre Gebrauch deines Geistes, und damit berichtigt er das, was nicht die Wahrheit ist. *Glaube* ist eine Investition in unser SELBST anstelle unseres Egos. *Glaube* ruft nach Ganzheit und Schönheit. In *Ein Kurs in Wundern* heißt es über den *Glauben*:

„Denn Glaube bringt Frieden, und so ruft er die Wahrheit an, einzutreten und das schön zu machen, was für die Schönheit schon bereitet ist. Die Wahrheit folgt dem Glauben und dem Frieden und vervollständigt den Prozess des Schönmachens, den sie begonnen haben."
Ein Kurs in Wundern, T-19.I.15:2-3

Glaube bringt Selbstvertrauen, und sowohl *Glaube* als auch Selbstvertrauen besitzen die Macht, jedes Problem zu heilen. Die Kraft unseres Geistes muss in eine Richtung gelenkt werden, und wir selbst bestimmen darüber, wie wir sie einsetzen. *Glaube* zeigt, dass wir unseren Geist in eine positive Richtung gelenkt haben, während Angst und Unglück beweisen, dass wir in Negativität investiert haben. Wenn wir angstvoll sind, dann haben wir die Kraft unseres Geistes in eine negative Richtung gelenkt und uns illusorische Dinge vorgestellt. *Glaube* lässt sich von Götzen weder verteufeln noch ablenken. Er sorgt dafür, dass unser Geist auf die „besonders wertvolle Perle" ausgerichtet bleibt, und er wendet uns stets auf die Wahrheit und auf richtige Beziehungen hin. Es ist an der Zeit, dass wir die Wahrheit erbitten und unseren Geist nach ihr ausrichten, damit sich in unserer *Glaubenstreue* alle Dinge positiv entfalten. *Glaube* ist das Gegenteil von Urteilen. Urteile, Groll und Trennung zeigen, wo wir unseren *Glauben* verloren haben und damit ungläubig gewesen sind. Alle unsere schmerzhaften Erfahrungen rühren von Urteilen, Groll und der Entscheidung für die Trennung her. Dort, wo wir den *Glauben* an einen anderen Menschen verlieren, handelt auch er ohne *Glauben* an uns. Unser *Glaube* führt uns über unsere Götzen hinaus zu unserer geistigen Wesensnatur hin, in der wir jedes Bedürfnis als eine Illusion erkennen.

Was diese Karte bedeutet

Wenn du diese Karte erhältst, ist *Glaube* die Antwort auf deine Gebete. Setze deinen Geist so ein, wie es ihm bestimmt ist. Damit richtest du dich auf den HIMMEL aus. *Glaube* bedeutet, dass du das wahre Ziel siehst, fühlst, hörst, spürst und erkennst. Wenn du deinen Geist auf dieses Ziel ausgerichtet hältst, entwickelt sich das, was ihm im Weg steht, auf paradoxe Weise zur Wahrheit hin, bis es schließlich fortfällt. Setze die Kraft deines Geistes ein. Wenn du deinen Geist unbeirrt auf Schönheit und Harmonie ausrichtest, entfaltet er sich rasch zu dem hin, was du willst. GOTT setzt SEINEN *Glauben* in dich, und dein *Glaube* an GOTT kann dich mühelos und sanft zu IHM zurückbringen. Es gibt kein Problem, das *Glaube* nicht zu heilen vermag.

Glaube ist die Erkenntnis, dass alle schmerzhaften Ereignisse von Urteilen herrühren. *Glaube* erneuert den Geist, weil er gibt, statt anzugreifen. *Glaube* ist die Entscheidung, deinen Geist in das zu investieren, was wahr ist, und je mehr du deinen Geist auf ein positives Ergebnis ausrichtest, umso unmittelbarer und unbeschwerter ist das Ergebnis.

24
Glück

Glück, das von außen kommt, ist flüchtig. Wir können es genießen, sollten aber nicht an ihm festhalten. *Glück*, das von innen heraus leuchtet, ist dagegen von Dauer. Wir suchen nach Götzen, um glücklich zu sein, können in ihnen aber kein *Glück* finden, und selbst wenn es uns gelänge, würde unsere Haltung des Nehmens und des Bekommens uns verraten. Wir wollen das *Glück* zum Maßstab für die Wahrheit in unserem Leben machen.

Glück ist eine Entscheidung. Es liegt darin begründet, wie wir uns trotz der Umstände hingeben. *Glück* besteht in der Liebe und in der Selbsthingabe, die wir anderen Menschen schenken. Wir wollen das *Glück* zu dem Weg machen, der uns zum *Glück* führt. Außerhalb von uns zu suchen ist unabhängig davon, ob wir erfolgreich sind oder versagen, stets mit Enttäuschung verbunden. Der Weg NACH HAUSE führt nicht über außen. Hier lernen wir unsere Lektionen, bei denen es immer darum geht, unabhängig von den Umständen unseren Weg zum inneren *Glück* zu finden. Heute wollen wir ungeachtet der Umstände andere Menschen segnen und uns ihnen öffnen. Wir wollen vergeben und glücklich sein. *Glück* ist ansteckend. Es berührt die Menschen in unserer Umgebung und erhebt sie durch seine Strahlkraft. Unser *Glück* ist die Liebe, die wir für die Welt empfinden. Wir wollen nicht in Götzen nach unserem *Glück* streben, sondern in der liebevollen Verbindung mit den Menschen, vor die das Leben uns heute stellt. Wir wollen uns an allen Menschen und Umständen freuen. Wir wollen uns wahrhaft verbinden. Wir wollen unsere Urteile übergehen, damit wir andere Menschen erkennen und lieben können, weil sie Hilfe brauchen oder weil Schönheit und Verbundenheit eine Resonanz in uns finden. Heute erwartet uns die Welt. Sie erbittet unsere Vergebung. Sie braucht unsere Liebe, und hier wartet unser *Glück*.

Was diese Karte bedeutet

Wenn du diese Karte erhältst, ist *Glück* deine Gabe, die gegeben werden möchte. Wenn du die LIEBE und das *Glück* des HIMMELS empfängst, kannst du nur glücklich sein. Dann weißt du, dass du dich für das entschieden hast, was wirklich wesentlich ist. Du bist eine Hand Kuan Yins, die Barmherzigkeit austeilt. Du bist ein Teil des heiligen Herzens CHRISTI, das die ganze Welt heilt. Der HIMMEL mag für die meisten Menschen zu weit entfernt scheinen, aber du bist es nicht, und mit deiner Hilfe werden sie sich an den Weg NACH HAUSE erinnern. Dieses ZUHAUSE ist das *Glück*, und du bist der Weg, der NACH HAUSE führt. Dein *Glück* zeigt, dass du GOTTES Lehre von der Liebe verkörperst, aber du musst sie zuerst für dich selbst empfangen.

Um die Welt ist es deshalb so schlimm bestellt, weil sie vergessen hat, dass GOTT die LIEBE und nicht die Angst ist. Dein *Glück* kündet davon, dass du gelernt hast, sowohl dich selbst als auch andere Menschen einzubeziehen. Lasse zu, dass dein Lachen die Welt segnet. Jedes Mal, wenn du lächelst, jedes Mal, wenn deine Augen voller Liebe leuchten, jedes Mal, wenn du einen Fehler übersiehst, strömt *Glück* von dir aus und die Welt wird in höherem Maße vereint. Du wirst zu einer Pforte, die NACH HAUSE führt. Du heißt alle Menschen willkommen. Deine innere Strahlkraft dehnt sich über dich selbst hinaus aus und berührt Menschen, denen du nie begegnen wirst, die dich aber kennen und von dir inspiriert sein werden. Der HIMMEL geht mit dir. ER leitet dich, und ER segnet alle Menschen, die zu dir kommen. Sei heute *glücklich*. Die Liebe, die du der Welt schenkst, bringt ihr die Erlösung.

25
Gottes Kindern helfen

Wie können wir GOTT helfen? Die Antwort ist einfach: indem wir *Gottes Kindern helfen*. Wir alle brauchen Hilfe, und wir helfen GOTT am besten, indem wir *seinen Kindern helfen* und sie wertschätzen.

Es gibt zahllose Möglichkeiten, wie wir *Gottes Kindern helfen* können. Die erste Möglichkeit besteht in der Erkenntnis, dass wir alle KINDER GOTTES sind und dass das, was bei einem anderen Menschen nicht Liebe ist, seine Art ist, um Hilfe zu bitten. Wir können ihn segnen und ihm vergeben. Wir können ihm helfen, indem wir uns mit ihm verbinden, statt über ihn zu urteilen und uns zu trennen. Wir können eine Veränderung bewirken, indem wir geben, zu ihm hinausreichen und mit ihm kommunizieren. Ihn zu befreien, indem wir ihm Mühelosigkeit und Trost bringen, bewirkt eine tiefgreifende Veränderung für ihn, für uns selbst und für GOTT.

Hilfe ist das Wesen sowohl der Partnerschaft als auch der Führungsstärke. Wir gehen auf die Hilferufe in unserer Umgebung ein, und gleichzeitig reichen wir hinaus, um die Menschen aufzumuntern und zu unterstützen, die dieser Dinge bedürfen. Anders als die Suche nach weltlichen Götzen gehört Hilfsbereitschaft zu den sinnvollsten Möglichkeiten, unsere Zeit zu verbringen. Jedes Mal, wenn wir einem anderen Menschen helfen, ermächtigen wir ihn, und damit helfen und ermächtigen wir uns selbst. Wir verhelfen einem anderen Menschen zu größerer Ebenbürtigkeit, und dies hat ein höheres Maß an Fluss für uns beide zur Folge. Hilfsbereitschaft baut Verbundenheit auf und ist eine Form von Liebe, die daher kommt, dass wir uns selbst geben und hingeben. Anderen Menschen zu helfen befreit uns von unseren Begrenzungen und bringt ein höheres Maß an Wahrheit und Richtung sowohl in unser Leben als auch in ihr Leben hinein. Gleichzeitig bringt es Erfüllung für uns beide. Wenn wir einem anderen Menschen helfen, dann helfen wir uns selbst, und wir helfen GOTT.

Was diese Karte bedeutet

Diese Karte fordert dich auf, GOTT zu helfen, indem du *seinen Kindern hilfst*. Frage dich, welche KINDER GOTTES deine Hilfe brauchen, und nimm wahr, wer dir in den Sinn kommt. Sende allen Menschen, die dir in den Sinn kommen, deine Liebe. Wenn du dich inspiriert fühlst, mehr zu tun, dann tue es und lasse zu, dass Inspiration und Gnade dir dabei helfen. Anderen Menschen zu helfen gehört zu den besten und wahrhaftigsten Dingen, die du mit deiner Zeit anfangen kannst. Es bringt dir Erfüllung, und es heilt das Bedürfnis und die Gier, die von Trennung herrühren. *Gottes Kindern zu helfen* erfüllt dein Leben mit Sinn. Es erzeugt Fluss und gibt dir das Gefühl, dein bestes Ich zu sein. Es öffnet dich dafür, die Hilfe zu empfangen, die du brauchst, und sie dann zu empfangen, wenn du sie brauchst, weil du dadurch, dass du Hilfe gewährst, den Hilfsgedanken verstärkst. Es öffnet deinen Geist dafür, dass Hilfe für dich verfügbar ist, wenn du sie brauchst. Deine Hilfsbereitschaft lässt dich in höherem Maße auf andere Menschen und andere Menschen in höherem Maße auf dich eingehen. Sie bewirkt, dass dein Herz sich mitfühlend öffnet, und bringt Schönheit in dein Leben hinein. Außerdem öffnet sie deinen Geist für Eingebungen und Ideenreichtum. Anderen Menschen immer wieder deine Hilfe zu gewähren heißt, deinen Geist und dein Herz in Schau und Absicht zu vereinen, übersinnliche und künstlerische Gaben zu entwickeln sowie neue, bessere Kapitel in deinem Leben aufzuschlagen. Sowohl deine Kreativität als auch deine Liebe wachsen, wenn du *Gottes Kindern hilfst*, und in dem Maße, in dem du hilfst, wird auch dir geholfen. Die Erfüllung deiner Lebensaufgabe *hilft Gottes Kindern*, und zugleich erfüllt und ermächtigt sie dich selbst. Die Erfüllung deiner Lebensaufgabe gibt deinem Leben eine Vision.

Wenn du diese Karte erhältst, ist Hilfsbereitschaft der Weg hindurch. Wenn alle deine schmerzhaften Emotionen von Götzen herrühren, weil dein Versuch, etwas zu bekommen, vereitelt wurde oder weil du von dem, was du bekommen hast, enttäuscht bist, dann ist Hilfsbereitschaft die Antwort. Sie lässt deine Liebe wachsen, erweitert dein Bewusstsein und leistet einen Beitrag zum Leben, indem sie deinem eigenen Leben und dem Leben der Menschen, denen du hilfst, eine Bedeutung verleiht.

Wenn dein Verlangen nach etwas vereitelt wird, erklärst du einen anderen Menschen zum Bösewicht, dem du die Schuld an deinem Schmerz gibst. Dabei hast du auf einer Seelenebene versprochen, genau diesem Menschen zu helfen. Was hat er von dir gebraucht? Bist du bereit, ihm jetzt zu helfen, oder willst du an deinem Schmerz und an deiner Schuld festhalten? Du trägst Seelengaben in dir, die du nun öffnen kannst. Es sind Gaben von GOTT, die du annehmen kannst, um anderen Menschen zu helfen und sowohl vergangene als auch gegenwärtige Probleme zu transformieren.

Wenn du auf dein Leben zurückblickst, wirst du wahrscheinlich erkennen, dass dein Verlangen nach äußeren Dingen die Ursache deines Leidens war. Der Mensch, der dir scheinbar „geschadet" hat, war derjenige, dem du die Erlösung hättest bringen sollen. Du kannst in die entsprechende Zeit zurückkehren und vor deinem inneren Auge die Liebe und die GÖTTLICHE LIEBE darum bitten, sich in der Situation einzufinden. Öffne dann die Tür in deinem Geist, hinter der nach wie vor die Seelengabe wartet, die den betreffenden Menschen retten kann. Teile die Gabe, deine Liebe und die LIEBE des HIMMELS energetisch mit allen Menschen, die an der Situation beteiligt waren. Empfange GOTTES Gaben, die dazu beitragen, den Schmerz zu transformieren und die Verbundenheit zu erneuern. Dies befreit euch beide von der Vergangenheit und gewinnt dir dort einen Verbündeten, wo du dir zuvor einen Feind gemacht hattest.

26
Gottes Wille

„GOTTES WILLE für mich ist vollkommenes Glück."
Ein Kurs in Wundern, Ü-I.101

Wenn wir nicht glücklich sind oder wenn wir von Problemen oder Krankheit geplagt werden, dann sind wir nicht in Übereinstimmung mit dem *Willen Gottes*. Mit dem *Willen Gottes* in Übereinstimmung zu sein heißt, vollkommen im Fluss zu sein und ein Gespür für den richtigen Zeitpunkt zu haben. *Gottes Willen* voll und ganz anzunehmen heißt, dass das Tao uns durchströmt wie eine Quelle und alle Menschen in unserer Umgebung segnet und belebt.

Es gibt entweder die Übereinstimmung mit GOTT oder die Investition in das Ego. Wenn wir glücklich sein wollen, ist es an der Zeit, den *Willen Gottes* für uns anzunehmen. Glück ist unser wahrer Wille, und er ist mit dem *Willen Gottes* in Übereinstimmung. Wenn wir erkennen, dass das Ego nicht unser Freund ist, dann werden wir uns seiner entledigen. Stelle dir eine Welt vor, in der es kein Leiden gibt und in der alle Menschen in vollkommener Harmonie leben. Es ist *Gottes Wille* für uns, dass alle guten Dinge uns gehören sollen. Denn es ist *Gottes Wille*, dass wir unser SELBST erkennen sollen, das alle guten Dinge in sich birgt, weil das SELBST im EINSSEIN ist.

Was diese Karte bedeutet

Diese Karte lässt dich wissen, dass es an der Zeit ist, den *Willen Gottes* zu erkennen und in Übereinstimmung mit ihm zu gelangen. Nimm ihn an. Vergib dir dafür, dass du einen anderen Willen hattest, der dich in eine andere Richtung geführt hat. Lasse deine Investition in den Willen deines Egos los. Dem Ego ist nicht daran gelegen, dir zu helfen. Ihm ist daran gelegen, sich selbst zu deinem Leben zu verhelfen. Es saugt dein Leben aus, um eine Identität zu erlangen, und dann überzeugt es dich davon, dass du diese Identität bist. Setze dein Vertrauen in den *Willen Gottes*. Die Kraft deines Geistes bewirkt, dass du Zugang zu *seinem Willen* erlangst. Verpflichte dich dem *Willen Gottes*. Er macht deine Beziehungen und dein Leben leicht. Nimm den *Willen Gottes* an. Er ist dein wahrer Wille. Er ist deine Bestimmung. Lasse zu, dass dein Leben ein Leben vollkommenen Glücks ist. Es ist der *Wille Gottes* für dich.

27
Großzügigkeit

Unsere *Großzügigkeit* dehnt uns aus und bringt einen wunderbaren Fluss in unser Leben hinein. Sie gibt uns das Gefühl, uns von unserer besten Seite zu zeigen. *Großzügigkeit* verstärkt die Fülle, und mit der Fülle werden alle Gedanken an Götzen hinfällig, weil Götzen nur in einem Zustand des Mangels anziehend sind. *Großzügigkeit* investiert in die Macht der Fülle und gegenseitigen Teilhabe. In dem Maße, in dem unsere persönliche Entwicklung voranschreitet, werden wir auf natürliche Weise immer *großzügiger*. Wir tun es GOTT, DER allen alles gibt, in immer stärkerem Maße gleich, wenn wir uns in unser SELBST verwandeln, das unwandelbar ist.

„Damit du hast, gib allen alles."
Ein Kurs in Wundern, T-6.V-A.5:13

Die Strahlkraft deines Seins ist grenzenlos und von Liebe erfüllt, und sie ist ein unerschöpflicher Geber. Wenn wir uns von unseren Selbstkonzepten befreien, kommen wir also zu unserem uranfänglichen SELBST zurück. Wir erkennen, dass wir reiner Geist sind, als den GOTT uns geschaffen hat. Daran hat sich nie etwas geändert. Wir haben nur geglaubt, dass es so ist. Unsere *Großzügigkeit* rettet uns. Sie befreit uns und beschenkt uns, und sie wird den Menschen in unserer Umgebung *großzügig* entgegengebracht. Durch unser Geben finden wir uns selbst. Wir entdecken, wer wir wirklich sind. Es gibt Leben, weil es *Großzügigkeit* gibt: die *Großzügigkeit* von Eltern gegenüber ihren Kindern, von Familien und Freunden gegenüber Familien und Freunden. Und alles hat mit der SCHÖPFERISCHEN *Großzügigkeit* GOTTES angefangen, DER sich in Liebe ausgedehnt hat, um SEINE KINDER zu schaffen, die als Ausdehnung des ALLGEBERS ebenfalls *großzügig* sind, wenn sie mit dem WILLEN GOTTES in Übereinstimmung sind.

Was diese Karte bedeutet

Diese Karte ruft dich auf, deine *Großzügigkeit* anzunehmen. *Großzügigkeit* hebt dich auf die Ebene der Partnerschaft empor, leugnet Mangel und überführt das Ego der Unwahrheit, das dich glauben machen will, dass du Götzen brauchst. Heiße deine *Großzügigkeit* willkommen, denn wie du gibst, so wird dir gegeben. Nimm deine *Großzügigkeit* an, denn mit ihrer Hilfe kannst du jede Mauer der Trennung überwinden, die das Ego errichtet hat, um seinen eigenen Fortbestand zu sichern. *Großzügigkeit* überbrückt die Kluft zwischen dir selbst und anderen Menschen, und sie macht dich glücklich. Je mehr du der Gabe der *Großzügigkeit* erlaubst, als Teil deiner Wesensnatur zu dir zu kommen, umso mehr kannst du sie mit anderen Menschen teilen.

Die größte *Großzügigkeit* besteht darin, dich selbst zu geben, und wenn du es tust, erkennst du allmählich, dass du nicht durch die Begrenzungen gefangen bist, die du dir auferlegt hast. Deine *Großzügigkeit* erinnert dich daran, dass GOTT in dir lebt und dass du im GEIST GOTTES ruhst. Lasse zu, dass deine *Großzügigkeit* dich selbst und andere Menschen heute segnet. Wenn du zulässt, dass GOTT dich mit SEINER *Großzügigkeit* segnet, wirst du niemals mit leeren Händen dastehen, weil du eine unerschöpfliche Schatzkammer in dir trägst, die GOTT ist.

28
Herrlichkeit

Wenn wir uns als Licht erfahren, ist *Herrlichkeit* die Folge. Wir überschreiten diese Welt und finden uns im PARADIES wieder. Das PARADIES ist eine Liebeswelt von so überwältigender Schönheit, dass alle Erfahrung von einem goldenen Glanz durchdrungen ist. Unsere Wahrnehmung ist noch immer an die Form gebunden, aber es ist eine Form, die sich selbst berichtigt hat. Es ist eine vollkommene Welt. Unsere Schuld ist fort, und unsere Unschuld strahlt als unvergängliche Wahrheit. Die Angst hat unseren Geist und unser Herz nicht länger in ihrer Gewalt, und die Welt erneuert sich selbst, weil wir frei sind. Wir haben nach dem Licht gesucht. Unsere Entschlossenheit war groß, und wir wurden von der unfehlbaren Macht der LIEBE unterstützt, die versprochen hat, dass sie uns helfen würde, den Weg nach Hause zu finden. Die Pforte in unserem Geist, die jenseits aller Götzen, Kümmernisse und Sorgen der Welt liegt, kommt immer näher, und GOTT SELBST erwartet uns dort, um uns seine Hilfe zu gewähren, wenn wir die Pforte öffnen, und um den letzten Schritt auf uns zuzugehen. Deshalb sind wir hier. Das Ende all unseres Strebens hat uns schließlich an diesen Punkt geführt. Die *Herrlichkeit* ist mit uns, wenn wir uns dieser Pforte nähern, die zu den GROSSEN STRAHLEN und ihrer überwältigenden Ekstase führt.

Wenn wir die Pforte durchschreiten, lösen sich alle Glaubenssätze auf, die diese Welt in Ketten gelegt haben. Wir werden zu einem Erlöser der Welt. Die *Herrlichkeit* ist das Wesen des Lichts, und sie durchflutet alles. Wir haben nach der Welt gesucht, die jenseits aller wertlosen Dinge und aller Belanglosigkeiten liegt, und die Dankbarkeit und die LIEBE GOTTES sind uns sicher. Diese Dankbarkeit gilt nicht nur unserer Rückkehr ins PARADIES, sondern auch der Tatsache, dass wir den Weg verbreitert und die Tür weiter geöffnet haben, sodass unsere Brüder und Schwestern es nun leichter haben auf dem Weg nach Hause zu ihrem SELBST. Unser Verlangen nach der Wahrheit und nach der Liebe hat uns zur *Herrlichkeit* gebracht.

Was diese Karte bedeutet

Wenn du diese Karte erhältst, führt die Schönheit deiner Entscheidungen dich zu einer Welt, die keinen Verlust kennt, in der die Liebe dein Herz schmelzen lässt und in der die Beengtheit deiner vielen Glaubenssätze aufgehoben und durch Erleuchtung ersetzt wird. Dies erhellt deinen Pfad und weist denen den Weg, die nach dir folgen. Du nimmst deinen Platz in CHRISTUS ein, winkst deine verirrten Brüdern und Schwestern zu dir und weist ihnen den Pfad des Glücks, der jenseits aller Götzen liegt. Du hast den Ruf des HIMMELS vernommen, und die *Herrlichkeit* ist das Zeichen dafür, dass du auf ihn hörst. *Herrlichkeit* ist die Zartheit des Lichts, das durch die Form hindurchleuchtet und das alle, die du kennst oder die von dir gehört haben, dazu aufruft, die Pforte zu finden, die zu einem SELBST zurückführt, das niemals verloren gehen, sondern von Glaubenssätzen und Selbstkonzepten nur überdeckt werden konnte.

Warum willst du noch länger in diesem Reich der Götzen und des Leidens verharren, wo doch der HIMMEL dich erwartet und der Weg von dem Licht erhellt wird, das ewig leuchtet? Deine *Herrlichkeit* hilft dir, dich für das zu entscheiden, was wirklich wertvoll ist. Wirst du vorausgehen auf dem Weg, der zur *Herrlichkeit* und zu dem Zuhause zurückführt, das seit vor Anbeginn der Zeit auf dich wartet? Die *Herrlichkeit* ist GOTTES Gabe an dich für den, der du bist. Der HIMMEL ist in dir. Wenn du ihn außerhalb von dir suchst, dann wirst du enttäuscht. Es ist nicht dein Wille, das Leiden zu erfahren, das Götzen bringen. Jenseits dieser Welt liegt eine andere Welt, die zum HIMMEL selbst führt. Im PARADIES gibt es nur *Herrlichkeit*, und die, die darin weilen, streben einzig nach Liebe und Vergebung, damit die Welt geeint werden kann, bis nur Gemeinschaft bleibt und das EINSSEIN nur mehr einen Atemzug entfernt ist. Die natürliche Schönheit und Strahlkraft, die allem innewohnen, leuchten aus allem heraus. Lasse zu, dass der Ruf der *Herrlichkeit* dich nach Hause zu deinem SELBST und zum HIMMEL führt.

29
Hingabe

Wir sind dazu aufgerufen, uns *hinzugeben*, weil *Hingabe* uns über unseren Schmerz, unsere Glaubenssätze und unsere Selbstgerechtigkeit hinausbringt und uns die Möglichkeit gibt, uns partnerschaftlich zu verbinden. Unser Schmerz und unsere Glaubenssätze halten uns in der Trennung, und unsere Selbstgerechtigkeit verbirgt Schuld. Das alles lässt weder Fluss noch Wahrheit und ebenso wenig die Verbundenheit zu, von der alle guten Dinge herkommen. Je mehr wir verbunden sind, umso glücklicher sind wir und umso mehr Frieden und Freude können wir vom HIMMEL empfangen, DER uns immerzu Frieden und Freude schenkt. *Hingabe* bewirkt Loslassen und Integration. Die Anhaftungen, die verhindern, dass wir empfangen können, werden losgelassen, während Integration sowohl Trennung als auch Illusion auflöst, sodass eine wahrhaftigere, vollständigere Ganzheit sich einstellt.

Hingabe bedeutet in Wirklichkeit, dass wir die Kontrolle *hingeben*. Das hat zur Folge, dass wir der wechselseitigen Abhängigkeit zugewandt werden und die gegensätzlichen Aspekte der Opferrolle und der Rolle dissoziierter Unabhängigkeit integrieren, in der wir unseren eigenen Weg gehen wollen und die an die Rolle der Aufopferung geknüpft ist. Daraus erwachsen neue Ganzheit und ein neues Selbstvertrauen, wenn es um Beziehungen geht. Nur durch *Hingabe* werden wir zum Empfangen geführt, denn wir können nicht empfangen, solange wir uns in einem Konflikt befinden. Wirkliche *Hingabe* ist immer auf mehr Verbundenheit und weniger Machtkampf ausgerichtet. *Hingabe* heilt die Anhaftung, den Konflikt, die Kontrolle und die Habgier, die allesamt ein fester Bestandteil unserer Götzen sind.

Was diese Karte bedeutet

Wenn du diese Karte erhältst, ist *Hingabe* die Antwort. Du bist aufgerufen, dich *hinzugeben* und dich mit einem Menschen oder einer Situation zu verbinden, um ein höheres Maß an Partnerschaft zu erlangen. Du bist aufgerufen, dich einer Wahrheit *hinzugeben*, die dich befreien wird. Du bist aufgerufen, dich dem REINEN GEIST *hinzugeben* und mit deiner eigenen geistigen Wesensnatur zu beginnen. Das bringt Liebe, Licht und Glück, und es befreit dich von dem Glauben, dass du ein Körper bist, dazu gezwungen, Dinge außerhalb von dir zu suchen, damit du glücklich sein kannst. Du bist aufgerufen, deine Ängste, deine Widerstände, deine Verletzungen, deinen Groll, deine Glaubenssätze sowie alle anderen Bereiche *hinzugeben*, die du benutzt, um dich gegen die Verbindung mit einem anderen Menschen zu wehren.

Hingabe braucht Mut, ist aber mit großem Lohn verbunden. Die Kontrolle aufzugeben, die auf dem Glauben beruht, dass du wissen kannst, was für dich selbst oder andere Menschen am besten ist, schenkt dir ein enorm hohes Maß an Freiheit. Wenn du dich dem HIMMEL *hingeben* und wieder wie ein Kind werden kannst, wird dir der Weg nicht nur gezeigt, sondern auch geschenkt. Dein Leben wird leichter. Desgleichen gilt, dass du, wenn du dich einem anderen Menschen *hingibst*, von einem weitaus höheren Maß an Frieden erfüllt bist. Du wertschätzt deine Beziehung, statt sie zu benutzen, damit alles sich um dich dreht. *Hingabe* ist weder Aufopferung noch Unterwerfung, denn in diesem Fall wäre niemand glücklich. Ebenso wenig bedeutet sie, dass du zwangsläufig mit der Haltung eines anderen Menschen einverstanden sein musst, vor allem dann, wenn sie albern oder verrückt ist. *Hingabe* bedeutet ganz einfach, dass dir die Verbindung mit dem betreffenden Menschen wichtiger ist als eure Meinungsverschiedenheit. Du bist bereit, deine Position aufzugeben, um dich mit ihm zu verbinden. Wenn du dich *hingibst* und dich tatsächlich mit ihm verbindest, dann wird euch beiden der beste Weg gezeigt, weil Integration geschieht. *Hingabe* ist nicht gleichbedeutend damit, dass du nachgibst, sondern ist vielmehr der Wunsch nach einem höheren Maß an Partnerschaft, der in der Verbindung mit dem betreffenden Menschen seinen Ausdruck findet. *Hingabe* rührt vom Mut deiner weiblichen Seite her, die erkennt, dass die Wahrheit aller Heilung und allen Wachstums in Verbundenheit liegt.

30
In Gott ruhen

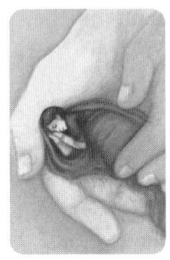

In Gott ruhen ist die Antwort auf alle deine Gebete. Es gibt keinen Schmerz und kein Problem, das es nicht zu heilen vermag. *In Gott ruhen* bringt uns tiefen Frieden. Es heilt uns von körperlichen, emotionalen, mentalen und spirituellen Problemen. *In Gott ruhen* macht Frieden mit jedem. Es macht jeden zu unserem Freund. Wenn GOTT uns zärtlich in SEINEN Armen wiegt, wie können wir dann nicht glücklich und in Sicherheit sein, da die LIEBE SELBST uns hält? Im HIMMEL werden wir ganz selbstverständlich im GEIST GOTTES ruhen. Jedes Mal, wenn wir uns nun eine Atempause gönnen, indem wir *in Gott ruhen*, rückt der Zeitpunkt jedoch näher, an dem alles Streben vorüber sein wird, an dem wir vollendet und von ekstatischer Freude erfüllt sein werden. Aller Angriff und alle Selbstkreuzigung werden als der böse Traum vergangen sein, der sie gewesen sind. Es wurde uns versprochen, dass die Welt nicht ohne Trost bleiben wird, und nun ist die Zeit gekommen, da dieses Versprechen erfüllt wird. Wir wollen heute und an jedem Tag *in Gott ruhen* in dem Wissen, dass uns alles gegeben wird, was wir brauchen, und dass alles, was wir zu tun aufgefordert sind, durch uns getan werden wird. Heute ist das Ende allen Unfriedens. Heute können wir in großen Schritten vorangelangen, wenn wir uns entspannen und GOTT einfach GOTT sein lassen, während wir uns daran freuen, ein KIND GOTTES zu sein. Unsere heutige Heimkehr verkürzt die Zeit, bis wir endgültig zu Hause sind. Wenn wir *in Gott ruhen*, wird die Welt gemeinsam mit uns gesegnet.

Was diese Karte bedeutet

Diese Karte weist dir den Weg zur Freiheit von allem, was dich auf grausame Weise von dem ferngehalten hat, was du verdienst, während du sanft umarmt und liebevoll gehalten wirst. Du brauchst nichts weiter zu tun, als dich entspannt zurückzulehnen und mit Freude zu erleben, dass alles, was heute zu tun ist, für dich getan wird. Du wirst geliebt, und du wirst umsorgt. Lasse zu, dass du wieder zum Kind wirst und kindliches Vertrauen in deinen geliebten ELTERNTEIL hast, der dir liebevoll zugetan ist. Nimm dir heute Zeit, um häufig *in Gott zu ruhen*, weil es die Schleier der Illusion klärt und du dich daran erinnerst, wer du wirklich bist. Die Ruhe und die Verjüngung, die du so dringend brauchst, sind heute für dich verfügbar. Alle Spalten und Risse in deiner Seele und in deinem Herzen werden liebevoll geheilt. Dadurch, dass du heute in den ARMEN GOTTES *ruhst*, erkennst du an, dass GOTT wirklich GOTT ist und du SEIN KIND bist. Alle uralten und teuflischen Wünsche nach Trennung, die dich in jedem gegenwärtigen Augenblick peinigen, werden berichtigt. Trost und Zuflucht erwarten dich. Lege deine Bürden nieder. Alles, was du dir jemals gewünscht hast, erwartet dich, wenn du aufhörst, nach äußeren Dingen zu streben, und erkennst, dass der einzige Ausweg in dir selbst liegt. Du wirst willkommen geheißen. Du brauchst nichts weiter zu tun, als dich in den liebenden ARMEN GOTTES zu entspannen. Es wird dich retten, und mit deiner Rettung werden viele andere Menschen in gleicher Weise gerettet. Der HIMMEL erwartet dich. Verkürze die Zeit, bis alle Menschen von neuem einen Zustand erleben können, der nur die Liebe kennt. Lasse dich heute von Zärtlichkeit und Wahrheit verwandeln. *Ruhe in Gott.*

31
Nähe

Nähe ist Innigkeit und der Wunsch, uns mit einem anderen Menschen zu verbinden. Sie räumt alle zwischen uns stehenden Urteile und Emotionen aus dem Weg, sodass das Ego schwindet, wenn die Liebe eingeladen wird. *Nähe* heißt, dass wir uns der Liebe verpflichten in dem Wissen, dass Liebe sowohl der Weg NACH HAUSE als auch der Schlüssel zum Glück ist. *Nähe* ist das Gegenteil des Egos, das Mauern aus Groll, Schuld und Angst errichtet, die sich gegenseitig unterstützen, damit das Ego seine Stärke behält. *Nähe* ist die Wahrheit, während Trennung die Lüge ist, die durch das Ego ins Werk gesetzt und am Leben erhalten wird. *Nähe* erkennt, wie wichtig Verbindung ist, damit Heilung geschehen kann. Wie Trennung die Wurzel aller Probleme ist, so ist Verbindung das wesentliche Element aller Heilung. Wir integrieren, vereinigen und werden eins, und wenn wir mit einem Menschen beginnen, beziehen wir nach und nach alle Menschen ein. Groll hält uns in der Trennung fest. Groll ist der Glücksplan des Egos, dem es jedoch nicht gelingt, uns glücklich zu machen. Groll will, dass andere Menschen sich ändern und Dinge anders machen, damit wir glücklich sein können. Dies ist der Kern all unseres Schmerzes und all unserer Urteile: „Wenn jemand dies oder das anders gemacht oder gesagt hätte, wäre ich glücklich."

Nähe ist die Bereitschaft zur Veränderung, um einem anderen Menschen noch näher zu kommen. Sie befreit sich von allen Urteilen, legt alle Glaubenssätze und Anhaftungen ab, gibt Groll auf und lässt alles los, was der Verbundenheit im Weg steht. *Nähe* benutzt weder Schuld noch Angst, um die Trennung am Leben zu erhalten. *Nähe* zieht Innigkeit jedem Götzen vor, weil sie nicht in die Falle tappt, bei ihrem Streben nach dem Glück etwas außerhalb von uns bekommen zu wollen.

Was diese Karte bedeutet

Wenn du diese Karte erhältst, hast du das Prinzip entdeckt, das deine Freude und auch deine Fülle mehrt. Probleme werden in den Rissen erzeugt, die durch Trennung entstehen, und in dem Groll, der die Trennung am Leben erhält. *Nähe* heilt die Risse und verbindet dich in immer größerer Einfühlsamkeit mit anderen Menschen und mit dir selbst. Sie ist ein Ausdruck sowohl von Liebe als auch von Selbstliebe. Sie versucht nicht zu nehmen oder zu bekommen, und anders als Götzen macht sie auch keine falschen Versprechungen. *Nähe* heilt die Fehltritte der Illusion und blickt nach innen statt auf die Chimäre äußerer Einflüsterungen, um den Weg zum Glück zu finden. *Nähe* gibt Hoffnung, während sie zugleich die alten Brüche in deinem Bewusstsein heilt. Sie heilt auch das Muster, das ständig den Weg für neue Brüche ebnet.

Wenn du diese Karte erhältst, hast du die Wüste und die Sackgasse der Unabhängigkeit überwunden und den Weg zur Oase und zur Pforte der *Nähe* gefunden. In dem Maße, in dem du *Nähe* erlebst, erlebst du auch Freude. Heiße heute andere Menschen in dein Herz hinein willkommen und lade sie ein, sich von Geist zu Geist in Heilung und Freude mit dir zu verbinden. Du hast aufgehört, Dinge bekommen zu wollen oder an die Stelle der Menschen zu setzen, die sich deinem Willen nicht unterworfen oder deine Bedürfnisse nicht erfüllt haben. *Nähe* birgt ein Maß an emotionaler Reife in sich und ist gleichbedeutend damit, dass du dem Glücksplan des HIMMELS folgst, weil nur er Erfolg haben kann. Jeder Schritt hin zu größerer Verbundenheit und *Nähe* ist ein Schritt hin zu deinem Sein und zu der Erkenntnis, dass du ein Sein im SEIN bist.

32
Reiner Geist

Diese Karte ist die Antwort auf alle unsere Probleme, denn im *reinen Geist* sind wir in Sicherheit, und wir sind geheilt. Er ist sowohl unsere Ganzheit als auch unsere Heiligkeit. Wir wurden als *reiner Geist* geschaffen. GOTT als *reiner Geist* hat uns als reinen Geist geschaffen. Als die LIEBE hat ER uns als Liebe geschaffen. Als das LICHT hat ER uns als Licht geschaffen. Als die UNSCHULD hat ER uns unschuldig geschaffen. Was GOTT dagegen nicht geschaffen hat, sind Illusionen. Das bedeutet, dass das Ego, das wir erschaffen haben, und auch sein Schmerz, sein Leiden und sein Mangel ganz einfach nicht die Wahrheit sind. Weil wir es erschaffen haben, glauben wir jedoch daran. Wir haben unsere Selbstkonzepte auf dem Fundament von Urteilen und Trennung erschaffen und sie anschließend nach außen auf die Welt projiziert, sodass wir nun glauben, dass das, was wir sehen, sich nur noch außerhalb von uns, aber nicht mehr in uns befindet. Unser Selbsturteil hat die Welt erschaffen, und obwohl wir alle diese Selbstkonzepte nach außen projiziert haben, ist es uns nicht gelungen, uns unseres Urteils zu entledigen. Immer wenn wir versuchen, etwas von der Welt zu bekommen, das uns Erfüllung bringen soll, sind wir deshalb im Zwiespalt, da wir etwas bekommen würden, das wir bereits verurteilt haben.

Als *reiner Geist* brauchen wir nichts. Als *reiner Geist* sind wir Bestandteil des EINSSEINS. Unser Bewusstsein ist nicht getrennt, sondern mit dem Bewusstsein anderer Menschen verbunden in einem SELBST, das Teil ist von ALLEM, WAS IST. Zu erkennen, dass wir *reiner Geist* sind, heißt, uns selbst und die Welt zu retten. Als eine Ausdehnung von GOTT wissen wir, dass wir alle guten Dinge verdient haben. Weil wir keine Bedürfnisse haben, sind wir nicht habgierig, sondern großzügig. Liebe und Wunder sind unsere Wesensnatur. *Reiner Geist* ist sowohl das, was wir sind, als auch unser höchstes Ziel. Die Erkenntnis, dass wir *reiner Geist* sind, ist gleichbedeutend mit der Erkenntnis, dass wir Teil des EINSSEINS sind, ein Faden im Gewebe von ALLEM, WAS IST. Die Erkenntnis, dass wir *reiner Geist* sind, geht über die Erleuchtung hinaus, die in der gelebten Erkenntnis besteht, dass die Welt ein Traum ist und dass wir alle Mitspieler in diesem Traum sind. Götzen erhalten den Traum von der Welt am Leben, aber Illusionen können uns auf Dauer nicht tragen. Träume können uns nicht glücklich machen, sondern nur das, was wirklich ist. Es ist dem gerissenen Ego gelungen, das, was unsichtbar und geistig ist, unwirklich erscheinen zu lassen in einer Welt, die auf zynische Weise alles verunglimpft, was nicht berührt, gemessen und benutzt werden kann. Es zweifelt GOTT an, damit es sich selbst zu einem Gott machen kann.

Als *reiner Geist* sind wir im GEIST GOTTES. Das heißt, dass wir alle Illusionen heilen können und alle Macht hinter uns haben. Wir können nicht sterben, weil wir ewiger *Geist* sind, getragen von der LIEBE GOTTES. Wir haben diese Tatsache aus den Augen verloren, weil unsere Götzen uns blind gemacht haben für das, was wahr ist und bleibenden Wert hat. Wir können über unsere Identifikation mit dem Körper hinausgehen, um den zu finden, der wir in Wirklichkeit sind und immer waren. Das Ego hat versucht, durch Trennung etwas aus sich zu machen. Es hat Schmerz und Illusionen benutzt, um an Stärke zu gewinnen, und will seinen Fortbestand durch Schuld, Angst und den Autoritätskonflikt sichern. Götzen sind die beste Waffe, die das Ego zur Verfügung hat, um uns in dem Glauben zu lassen, dass wir ein Körper sind und deshalb ein paar Trostpflaster im Leben verdienen, weil wir auf den Tod zusteuern. Es erklärt uns, dass wir in dieser Zeit ebenso gut ein wenig Spaß haben können. Götzen sind jedoch kein Spaß, der von Dauer ist. Sie bereiten uns Kummer, weil sie uns nicht das geben, was wir brauchen. Früher oder später enttäuschen sie uns. Nur das, was ein höheres Maß an Verbindung bringt, hat die Macht, uns auf Dauer glücklich zu machen. Nur das, was wir in uns tragen, birgt die Macht der Liebe und der Großzügigkeit in sich, die uns Erfüllung bringen. Alle äußeren Dinge werden irgendwann vergehen. Nur das, was wir von innen heraus mit anderen Menschen teilen, kann uns glücklich machen. Die Erkenntnis, dass wir *reiner Geist* sind, befreit uns aus dem Gefängnis, das unser eigenes Denken erschaffen hat. Dies verleiht unserem Geben eine Strahlkraft, die sich auf ganz natürliche Weise aus dem Sein unserer geistigen Wesensnatur heraus entwickelt.

Uns selbst als *reinen Geist* zu erkennen heißt, unsere höchste Bestimmung anzunehmen, die uns die spirituelle Schau bringt und uns einmal mehr Einlass ins PARADIES finden lässt. Der GEIST GOTTES ist in uns, und wir sind im GEIST GOTTES geborgen. Nichts anderes ist wirklich.

Was diese Karte bedeutet

Diese Karte erinnert dich an deine wahre Identität als Teil von GOTT SELBST. Diese Identität ist es, die dich rettet. Diese Erkenntnis ist es, die dich heilt und dir neue Ganzheit bringt. Nicht das, was du in der Welt tust, macht deinen Wert aus, sondern der, der du als *reiner Geist* bist. Trennung bringt

Schuld und einen Mangel an Selbstwert mit sich. Du glaubst, dich vom EINSSEIN trennen zu können, aber dieser irreführende Gedanke trennt dich gleichzeitig von deinem wahren Wert. Wenn du dich daran erinnerst, dass du *reiner Geist* bist, erinnerst du dich an deine Ganzheit und daran, dass das, was der Heilung bedarf, bereits verwirklicht wurde. Wenn du *reiner Geist* bist, gibt es nichts weiter für dich zu tun, als dem HEILIGEN GEIST zu folgen. Die Erkenntnis, dass du *reiner Geist* bist, ist zugleich die Erkenntnis, dass das EINSSEIN niemals verloren gehen, sondern nur verschleiert werden konnte und dass das Ego, das du aufgebaut hast, dich daran gehindert hat, deine wahre Wesensnatur als *reiner Geist* zu erkennen. Diese Erkenntnis gibt dir die endgültige Freiheit, und sie macht dich außerdem frei, die Welt zu retten. Sie befreit die Zukunft, heilt die Vergangenheit und bringt dich in die Gegenwart zurück. Sie bedient sich der Zeit, um dich über die Zeit hinaus zur Zeitlosigkeit zu bringen. „Ich bin *reiner Geist*." Wiederhole diese wirksamen Worte in Gedanken. Sie bringen dich dem Tag näher, an dem du erkennst, dass du nichts anderes als Licht bist, und an diesem Tag wirst du den HIMMEL als dein Eigen erkennen. Der HIMMEL, der in dir ist – die Erkenntnis GOTTES als EINSSEIN – ist alles, was von dir und für dich bleiben wird.

Suche in dir nach dem Frieden, mit dessen Hilfe du dich als *reinen Geist* erkennen kannst. Wende dich dem Licht zu. Es ist das, was du in deinem tiefsten SELBST bist. Es ist das Ziel deiner gesamten Entwicklung. Es ist der Ort, an dem alle Illusionen zu nichts verblasst sind, und was bleibt, ist die überwältigende, harmonische Schönheit des Lichts. Alle Trennung und alle mit ihr verbundenen schmerzhaften Brüche haben sich aufgelöst.

Bitte heute um die Hilfe des HIMMELS, damit du die LIEBE erreichen kannst, die der HIMMEL ist. Die Erkenntnis deiner selbst als grenzenloses Licht wird die Welt segnen und heilen. Dazu bist du hier. Die größte Vollendung besteht darin, dein SELBST zu erkennen. Wenn du entschlossen bist, etwas zu finden, wirst du es finden. Sei heute fest entschlossen, den *reinen Geist* in dir zu finden, der dort auf dich wartet.

Du bist GOTTES kostbares Kind und hast nicht nur alle guten Dinge, sondern den HIMMEL SELBST verdient. Die zahllosen Selbstkonzepte, die das Ego ausmachen und aus Angst, Schuld und Schmerz aufgebaut sind, halten dich in dem Glauben gefangen, dass du getrennt bist und dass du ein Körper bist, statt einen Körper zu haben, der in diesem Traum des Lebens das Werkzeug für dein persönliches Wachstum ist. Die Erkenntnis, dass du *reiner Geist* bist, führt dazu, dass du dich nicht mehr länger mit belanglosen Dingen befasst. Sie bringt Frieden, sodass du die Verbindung mit GOTT und die überwältigende Freude erfahren kannst, die mit dieser Verbindung einhergeht. Sobald du dich selbst als *reinen Geist* erkannt hast, üben weltliche Dinge keine wirkliche Anziehung mehr auf dich aus. Du erkennst, dass du noch ein wenig hier sein wirst, und dein einziger Wunsch besteht darin, wirklich hilfreich zu sein und deinen Brüdern und Schwestern das zurückzugeben, was sie verloren haben. Je mehr du dir deiner wahren Wesensnatur als *reiner Geist* von neuem bewusst wirst, umso grenzenloser wirst du selbst und umso mehr wird ihnen geholfen. Dich als *reinen Geist* zu erkennen heißt, zu einem Erlöser der Welt zu werden, weil es die Welt dem HIMMEL auf Erden einen Schritt näher bringt.

33
Selbstvergebung

Es gibt kein Problem, das nicht an Selbstangriff und an die Schuld geknüpft ist, die Selbstbestrafung verlangt. Es gibt keinen Götzen, der nicht an die Spaltungen in unserem Bewusstsein geknüpft ist, die zu Angriff, Selbstangriff, Illusionen und Götzen führen. Das gespaltene Bewusstsein ist von Schmerz, Angst, Schuld und Zwiespältigkeit erfüllt. *Selbstvergebung* heilt alle diese Dinge. Sie heilt die Distanz zwischen uns und uns selbst, und sie heilt die Trennung zwischen uns und anderen Menschen. Sie öffnet uns für den HIMMEL und seine Gnade.

Jedes Mal, wenn wir uns *selbst vergeben*, werden unsere inneren Emotionen friedvoller, und die äußere Situation wird weniger bedrohlich. *Selbstvergebung* ist der Durchbruch zu der Freude, die jenseits des Egos und seines Fundaments aus Angriff und Selbstangriff liegt. Weil wir den Groll und die Anschuldigungen, die wir gegen uns selbst richten, nicht ertragen können, überredet das Ego uns dazu, uns ihrer zu entledigen, indem wir sie verdrängen und nach außen auf die Welt projizieren. Das funktioniert aber nicht, weil wir sie zwar außerhalb von uns sehen, sie in Wirklichkeit jedoch nach wie vor in uns tragen und uns ihretwegen selbst bestrafen, während wir gleichzeitig die Menschen verurteilen, auf die wir sie projiziert haben. *Selbstvergebung* gibt uns die Möglichkeit, schuldlos zu sein und auch außerhalb von uns Unschuld wahrzunehmen. *Selbstvergebung* heilt die Schuld, die genau die Götzen stärkt, die uns dazu bringen, außerhalb von uns nach dem zu suchen, was nur in uns zu finden ist.

Was diese Karte bedeutet

Diese Karte zeigt dir den Weg durch jedes Problem, vor dem du gerade stehst, und auch durch das langfristige Thema, das damit verbunden ist. Schuld macht uns Angst und erhält die Trennung aufrecht. *Selbstvergebung* heilt unser gespaltenes Bewusstsein ebenso wie das Kernproblem, das in Trennung besteht. Schuld ist das, was uns von anderen Menschen getrennt hält. Schuld lässt Angst, Aggression, Unwürdigkeit, Aufopferung, Forderungen an uns selbst und andere sowie einen Teufelskreis aus Hass und Selbsthass entstehen. *Selbstvergebung* ist der Balsam, der Sorgen zerstreut, den Kummer aus Situationen herausnimmt und zulässt, dass Fehler berichtigt werden, anstatt sie durch Schuld zu glorifizieren. *Selbstvergebung* heilt das Bedürfnis, uns einen Namen zu machen, statt liebevoll und glücklich zu sein. *Selbstvergebung* heißt Lernerfahrungen willkommen und öffnet dem Erfolg die Tür. *Selbstvergebung* verstärkt Lebensfreude, Selbstwert und die sexuelle Energie, die für Liebe, Verbindung und Wunder gebraucht wird. Sie bringt uns auf den Weg der Heilung, der nach Hause zum HIMMEL auf Erden und dann zum HIMMEL SELBST führt.

34
Selbstwert

Selbstwert ist das Wissen, dass wir alle guten Dinge verdienen. Es gibt keinen Grund, hinter Götzen herzulaufen, weil wir alles, was wir brauchen, ganz einfach empfangen. Die Ganzheit, die mit *Selbstwert* einhergeht, lässt unsere Bedürfnisse fortfallen, weil sie aus einem Mangel an Ganzheit heraus entstehen. Mangelnder *Selbstwert* hat zur Folge, dass wir nach Götzen streben, damit sie uns unseren Wert geben und uns Macht und Geltung verleihen. Ein Götze besitzt aber immer nur den Wert und die Macht, die wir ihm zugeschrieben haben. Da Götzen eine Illusion sind, können sie uns nicht den Wert und die Macht verleihen, die wir uns ersehnen. Götzen rühren von Trennung her, und Trennung erzeugt Angst, Angriff und Schwäche, die unseren *Selbstwert* herabsetzt. Statt uns zu trennen, können wir die Türen in unserem Geist öffnen, hinter denen bestimmte Gaben auf genau diesen Augenblick gewartet haben. Der HIMMEL hält ebenfalls jederzeit Gaben für uns bereit, die alle Bedürfnisse erfüllen und uns helfen, alle Herausforderungen zu meistern, wenn wir sie annehmen.

Wir tragen unseren *Selbstwert* nach wie vor in uns und können Zugang zu ihm erlangen, indem wir unser inneres Licht finden oder uns mit einem anderen Menschen in Liebe von Geist zu Geist verbinden. Wenn wir uns wertlos fühlen, würden wir am liebsten sterben. Die meisten Menschen decken diese Tatsache mit einem hohen Maß an Betriebsamkeit zu. Damit kleben sie allerdings nur ein Pflaster auf eine Wunde, mit der wir uns befassen müssen, weil ein Mangel an *Selbstwert* zu zahllosen Problemen und zu ebenso vielen Kompensationen führt. Unser Wert kommt von innen. GOTT hat ihn bei unserer Schöpfung festgelegt. Das geschaffene SELBST wurde durch unzählige Selbstkonzepte zugedeckt, die alle von der Trennung herzurühren scheinen, die unser Bewusstsein gespalten und unsere Ganzheit und unseren *Selbstwert* überdeckt hat. Was von GOTT festgelegt wurde, kann jedoch nicht verändert werden. Wir können nur geträumt haben, dass eine solche Veränderung stattgefunden hat.

Was diese Karte bedeutet

Diese Karte lässt dich wissen, dass du ganz leicht wieder mit deinem Wert in Berührung kommen kannst, indem du GOTT und dein höheres Bewusstsein fragst, worin dein Wert liegt. Die Worte, die dir in den Sinn kommen, bringen Gnade und *Selbstwert* mit sich. Hinzu kommt, dass du einem anderen Menschen immer dann, wenn du ihm etwas gibst, auch einen Wert gibst, und alles, was du einem anderen Menschen gibst, gibst du dir selbst. Du kannst deinen eigenen Wert also jederzeit wiederherstellen, indem du einem anderen Menschen hilfst oder ihm etwas gibst.

Eine weitere Möglichkeit, mit deinem Wert in Berührung zu kommen, liegt darin, die GÖTTLICHE PRÄSENZ einzuladen, denn sie kommt stets, wenn sie gerufen wird, und bringt ein höheres Maß an Selbstliebe und *Selbstwert* mit.

Je mehr du dich durch Liebe, Verbindung, Vergebung oder eine andere Form der Heilung verbindest, umso weniger gespalten ist dein Bewusstsein, während nach außen hin deine Verbundenheit und dein Erfolg wachsen. Alle diese Dinge vergrößern deinen *Selbstwert* und kommen damit deinem Bedürfnis nach Götzen zuvor.

35
Stärke

Stärke ist die natürliche Folge von Reinheit. Je weniger wir in Konflikt sind, umso größer ist unsere *Stärke*. Die *Stärke* des Körpers ist in Wahrheit die *Stärke* des Geistes. Wir gehen über die Begrenzungen hinaus, die wir uns selbst durch zwiespältige Absichten, krankhafte Gedanken und Glaubenssätze, Groll, Urteile und die Pläne auferlegt haben, die wir gemacht haben, um für unsere Sicherheit zu sorgen. *Stärke* ist eine Gabe, die uns selbst und andere Menschen ermächtigt. Sie wird größer, wenn wir sie einsetzen oder mit anderen Menschen teilen. Zeit, Müdigkeit, Alter, das Wetter oder das Bedürfnis nach Essen und Trinken erlegen unserem Körper dann keine Begrenzungen mehr auf. Wir haben alle Funktionen losgelassen, die wir unserem Körper übertragen hatten, um die in jedem Akt der Trennung neu entstandenen Bedürfnisse unseres Geistes zu erfüllen. Wir besitzen alle *Stärke*, die wir für das brauchen, was wichtig ist. Wir machen unseren Körper nicht länger zum Sklaven der Unfreiheit unseres Geistes. Wir investieren nicht länger in Schwäche oder versuchen unsere Hilflosigkeit unter Beweis zu stellen, weil wir uns vor unserer Macht fürchten. Wir benutzen unsere Schwäche nicht länger als Ausrede, um uns zu verstecken, unsere Gaben zu verschleiern oder vor unserem heiligen Versprechen davonzulaufen, den Menschen zu helfen, die uns brauchen. Unsere *Stärke* wächst, wenn wir unsere Gaben, unsere Lebensaufgabe und unsere Bestimmung annehmen.

Was diese Karte bedeutet

Diese Karte fordert dich auf, dich zur Neutralität des Körpers und zu der *Stärke* zu bekennen, die daher rührt, dass du den Körper nicht missbrauchst. Du brauchst keine Pläne mehr zu machen, um seine Sicherheit und Unversehrtheit zu gewährleisten. Du vergeudest keine Zeit mehr, weil du von deinem Körper besessen bist. Du brauchst nicht mehr nach Vergnügen zu suchen, während du zugleich hoffst, dem Schmerz zu entkommen. Alle diese Dinge sind unnötig. Du brauchst nicht mehr in krankhafte Wünsche zu investieren oder in ein heimliches Bedürfnis nach Schmerz, das eine Form von Angriff und Selbstangriff ist. Alle Zeit, alles Geld und alle Energie, die du bisher darauf verwendet hast, verwendest du nun darauf, zu geben und dein Glück mit anderen Menschen zu teilen. Wenn dein Geist geeint wird in der alleinigen Absicht, Frieden zu erlangen, dann wird das, was zerbrochen war, wieder zusammengefügt, und das, was abgespalten war, wieder zu einer neuen Ganzheit verbunden, die ein noch höheres Maß an *Stärke* mit sich bringt. *Stärke* ist deine Macht, zu der du dich nun wieder bekennst. Sie geht über jedes Verlangen hinaus, dich von der Schwäche und dem gespaltenen Bewusstsein der Bedürfnisse und der Trennung nähren zu lassen, die von deinen Selbstkonzepten herrühren. *Stärke* ist dein Geburtsrecht, und im Verlauf deiner Entwicklung wirst du stärker und erlangst nicht nur ein höheres Maß an Ganzheit, sondern auch die Fähigkeit, Dinge zu erreichen, die du dir vorher nicht einmal vorzustellen vermochtest. Wenn du den Angriff und den Selbstangriff aufgibst, die das Fundament des Egos bilden, dann lassen die Selbstkonzepte, die deine falsche Identität zusammenhalten, das Licht und den Willen des reinen Geistes, der deine Wesensnatur ist, in immer höherem Maße zu. Dieser Wille kann alles erreichen, weil der reine Geist, der du in Wirklichkeit bist, grenzenlos ist. Wenn du diese wahre Identität erkennst, dann erkennst du auch, dass du große *Stärke* und vollkommene Sicherheit besitzt.

36
Übersinnliche Gaben

Übersinnliche Gaben sind insofern visionär, als dass sie über das allgemein akzeptierte Spektrum gesellschaftlicher Wechselbeziehungen hinausgehen. Diese Gaben und diese Form der Wahrnehmung sind jedoch ein normaler Bestandteil sowohl unseres menschlichen als auch unseres GÖTTLICHEN Erbes. Jeder Mensch besitzt übersinnliche Fähigkeiten, und wenn sie zu einer Gabe werden, sind sie hilfreich sowohl für uns selbst als auch für die Menschen in unserer Umgebung. Wir können darum bitten, dass uns bewusst werden möge, worin unsere Gabe besteht, oder dass sie uns in höherem Maße zuteilwerden möge. Dann können wir sie in die Obhut des HIMMELS geben und uns vom HIMMEL darin leiten lassen, wie wir sie einsetzen sollen. Diese Gabe reicht über das natürliche menschliche Bewusstseinsspektrum hinaus in das schamanische oder spirituelle Bewusstsein hinein. *Übersinnliche Ga-*

ben erzeugen Fluss und Mühelosigkeit. Sie sind dazu bestimmt, anderen Menschen zu dienen. Das Ego würde nur nach Besonderheit und Selbstverherrlichung streben und dadurch jede Gabe zerstören, die über die gesellschaftlich definierte Wirklichkeit hinausgeht. Wir sind als Gesellschaft nicht begrenzt, aber unsere Glaubenssätze haben uns Begrenzungen auferlegt. Gaben – und insbesondere *übersinnliche Gaben* – gehen über unsere Glaubenssätze, Selbstkonzepte und kollektiven Überzeugungen hinaus, um uns den Weg zurück zu unserer Grenzenlosigkeit zu weisen.

Was diese Karte bedeutet

Wenn du diese Karte erhältst, bist du aufgefordert zu erkennen, dass sich eine neue Gabe in dir entwickelt, die deine Wahrnehmung verstärkt und deine Macht vergrößert. Alle Gaben kommen von GOTT her. Lege deine *übersinnlichen Gaben* daher in SEINE HÄNDE, damit ER dich darin leitet, wie du sie zum höchsten Wohl einsetzen kannst, sodass sie gemehrt und nicht vom Ego sabotiert werden, um seinen eigenen Zwecken zu dienen.

Je mehr *übersinnliche Gaben* du annimmst, umso mehr solcher Gaben werden dir angeboten. Du bist mit dieser Gabe gesegnet, und sie dient einem Zweck im Plan des HIMMELS, der darin besteht, dir und den Menschen in deiner Umgebung zu helfen. Sie bringt dich über den Reiz, den Götzen ausüben, hinaus zu dem hin, was einen wahren Wert besitzt. Dein geschärftes Bewusstsein macht dich nicht nur glücklich, sondern vertieft zudem deine Verbindung zu anderen Menschen, zur Welt und zum HIMMEL. Es erhebt deine Wahrnehmung auf eine feinere Ebene, und der Gebrauch deiner *übersinnlichen Gaben* vermittelt dir das Gefühl, dich von deiner besten Seite zu zeigen, weil sie sowohl hilfreich als auch unterhaltsam sind. Deine *übersinnlichen Gaben* sind Teil deiner Lebensaufgabe, und weil du dein Licht leuchten lässt, inspirieren sie andere Menschen und zeigen ihnen, was möglich ist. *Übersinnliche Gaben* sind Teil eines GÖTTLICHEN PLANS und sollen dazu beitragen, die Welt friedlich zu einen.

37
Unschuld

Unschuld erneuert unsere Ganzheit. Sie bedeutet, dass keine Notwendigkeit besteht, außerhalb von uns nach etwas zu suchen. *Unschuld* bringt Freude. Ohne Schuld gibt es keine dunklen Verlockungen, und es besteht keine Notwendigkeit, die Dunkelheit mithilfe von Abwehrmechanismen zu verbergen. *Unschuld* erhellt den Weg. Wo *Unschuld* herrscht, sind wir nicht von anderen Menschen getrennt. Sie bringt Liebe, Freundschaft und Verbundenheit. Unsere *Unschuld* macht uns großzügig und frei. Sie verstärkt den Wunsch, mit anderen Menschen zu teilen. Schuld erzeugt dagegen Gier und Konkurrenz, aber weder unsere Habgier noch die Menge an Dingen, die wir ansammeln, sind in der Lage, unsere Schuld zu verringern. *Unschuld* lässt sowohl Fülle als auch Schönheit zu. Sie bringt uns auf den Weg zurück, auf dem wir das Licht finden können. Je größer unsere *Unschuld* ist, umso geringer ist das Maß an Distanz, Illusion und Dunkelheit, das zwischen anderen Menschen und uns selbst steht. Je *unschuldiger* wir sind, umso weniger bedrohlich ist die Welt. Wenn wir unser inneres Licht finden oder es erreichen, indem wir uns tief mit einem anderen Menschen verbinden, fällt die Trennung fort und wir erkennen, dass wir in Wahrheit alle *unschuldig* sind. Nur die Schuld kann uns dazu bringen, Dunkelheit in einem anderen Menschen zu sehen, statt den Hilferuf zu hören. Vergebung gibt uns und anderen Menschen die *Unschuld* zurück. Sie lässt zu, dass unsere Wahrnehmung sich klärt und von Schmerz und Problemen befreit wird. Falls Schmerz oder Probleme bestehen bleiben, gibt es noch weitere Dinge, die der Vergebung bedürfen. *Unschuld* ist unser Urzustand. Wenn unsere Heilung voranschreitet und unsere *Unschuld* wächst, gewinnen wir also nur zurück, was uns bei unserer Schöpfung geschenkt wurde. Alles andere ist entstanden, weil wir uns getrennt haben. Trennung erzeugt Schuld und die mit ihr verbundenen Abwehrmechanismen des Urteils und der Schuldzuweisung. Trennung lässt Illusionen aufblühen, während vollkommene *Unschuld* uns das EINSSEIN oder den HIMMEL erfahren lässt.

Was diese Karte bedeutet

Diese Karte erinnert dich an deine *Unschuld*. Deine *Unschuld* befreit sowohl dich selbst als auch die Menschen in deiner Umgebung. Es ist an der Zeit, dass du deine *Unschuld* annimmst, damit deine Probleme sich auflösen können. Deine Probleme sollen lediglich verhindern, dass du deine wirkliche Identität als KIND GOTTES erkennst, vollkommen *unschuldig* und ganz. Du bist nicht dein Ego, nicht dein Körper, und weder Sünde noch Schuld bergen Wahrheit in sich. Es sind die Werkzeuge, derer das Ego sich bedient, um seine Macht zu vergrößern und dich vom Licht fernzuhalten. Deine *Unschuld* ist unveränderlich und unzerstörbar. Nur das Ego ist der Meinung, dass sie verändert oder zerstört werden kann. Wenn du die deiner *Unschuld* innewohnende Wahrheit und Freiheit nicht erkennen kannst, nutze die Werkzeuge der Vergebung und der Selbstvergebung, um die *Unschuld* zu entdecken, die immer da war. GOTT als die vollkommene UNSCHULD betrachtet dich als *unschuldig*. Alles andere ist nur die Arroganz deines Egos, das dich in der Unfreiheit festhält, Sklave des Bildes, das es von dir, und der Auffassung, die es von der Wirklichkeit hat.

Unschuld ist der Weg, der dich aus der Hölle herausführt, in die deine Götzen dich gebracht haben. Die Unerfülltheit, die von Götzen herrührt, wird durch die Fülle geheilt, die *Unschuld* mit sich bringt. Verpflichte dich sowohl deiner eigenen *Unschuld* als auch der *Unschuld* aller anderen Menschen, denn wenn du in einem anderen Menschen etwas siehst, das Schuldzuweisung verdient hat, dann glaubst du, dass es in dir selbst noch etwas gibt, das schuldig und ungeheilt ist. Fehler verdienen Berichtigung, nicht Bestrafung, und wenn du anderen Menschen nicht hilfst, ihre *Unschuld* zu finden, kannst du sie auch in dir selbst nicht entdecken. Andere Menschen darin zu unterstützen, ihre *Unschuld* wiederzufinden, ist der lohnendste Zeitvertreib, den es gibt, denn er hilft dir dabei, über die Zeit, die ein Abwehrmechanismus des Egos ist, hinaus hin zu dem zu gelangen, was zeitlos ist.

38
Vortreten

Vortreten bedeutet, in höherem Maße wir selbst zu werden. Es bedeutet, unser Potenzial und unsere Größe in höherem Maße zu verwirklichen. Dazu ist es erforderlich, dass wir uns verändern und weit werden. Dies geschieht häufig, wenn wir uns in einer Situation befinden, in der es an etwas mangelt. Es gibt ein Bedürfnis oder ein anderer Mensch braucht unsere Hilfe, und wir bringen uns so vollkommen ein, dass wir *vortreten*. Das hat zur Folge, dass dem betreffenden Menschen geholfen oder er sogar gerettet wird. Wir erkennen, wenn vielleicht auch nur für den kurzen Bruchteil einer Sekunde, dass wir derjenige sind, der eine Veränderung bewirken kann. Wir warten nicht darauf, dass andere es tun. Wir *treten vor*. Häufig geschieht dies infolge einer sekundenschnellen Entscheidung, und wir tun sofort das, was notwendig ist, um eine Verbesserung zu erreichen. Dies ist die richtige Richtung. Wir erkennen, dass es nichts gibt, was wir mit Hilfe des HIMMELS nicht tun können. Wir tragen viele tausend Gaben als Potenziale in uns, und wir werden niemals mit einer Situation konfrontiert, in der wir nicht die Gabe besitzen, die eine positive Veränderung bewirken kann. Die Antworten des HIMMELS auf Probleme sind Wunder, und wir alle tragen dieses Potenzial in uns. Wunder sind unser Erbe, und irgendwann werden wir alle wieder Anspruch auf dieses Erbe erheben. Die Partnerschaft zwischen uns und dem HIMMEL ist eine gewinnbringende Verbindung für jede Situation, die uns vermeintliche Grenzen auferlegt.

Wir sind aufgefordert, uns zu ändern und unser Potenzial zu verwirklichen, das im Endeffekt grenzenloses EINSSEIN ist. Manchmal sind Menschen in unserer Umgebung in Schwierigkeiten oder wir stehen vor einer Situation, die uns dazu veranlasst, uns selbst uneingeschränkt hinzugeben, um die Rettung zu bringen. Ein Hilferuf erreicht uns, und wir *treten* ein ums andere Mal *vor*, um darauf zu antworten.

Was diese Karte bedeutet

Diese Karte fordert dich auf, *vorzutreten*. Jemand braucht dich. Du bist derjenige, der eine Veränderung bewirken soll, sei es durch Fähigkeiten, die du bereits besitzt, durch Gaben, die du als Potenziale in dir trägst, oder durch ein Wunder, das du in Form der Liebe und der Freigiebigkeit des HIMMELS beiträgst. Lasse dich von deiner Liebe leiten. Folge dem Ruf. Wenn du dich bedingungslos einbringst, wird dir der Weg gezeigt. Bitte um die Hilfe des HIMMELS, wenn du dich in den Kampf stürzt. Sei der Held des Tages. Vergiss alles andere. Jemand braucht deine Hilfe. Richte die gesamte Kraft deines Geistes darauf aus, in der Situation erfolgreich zu sein. Lasse zu, dass die Gnade dich durchströmt und den Sieg davonträgt. Wenn du dich uneingeschränkt hingibst, kann das Tao durch dich wirken und eine neue, höhere Möglichkeit eröffnen.

Vortreten erfordert, dass du dich aus tiefstem Herzen einbringst. Das führt dazu, dass dein Herz weit wird und du dich in deinem Geben erkennst. So bist du in deinem Alltag in viel höherem Maße präsent.

Es ist notwendig, dass du *vortrittst*, bis du schließlich *vortreten* kannst, um das Licht in dir zu finden. Dann rettest du nicht nur dich selbst, sondern die Welt. Dies ist der Schritt, der den größten Mut erfordert: zu dem SELBST zu werden, das du wirklich bist. Dich als Licht zu erkennen heißt, dich als grenzenlose Liebe zu erkennen, glücklich und geheilt, im Wissen um dein EINSSEIN und eins mit deinem SCHÖPFER.

39
Wahrheit

Die *Wahrheit* hebt alle Illusionen in unserem Geist auf, die zu Irrtümern führen. Unsere Irrtümer haben Schmerz erzeugt. Wir müssen fest entschlossen nach der *Wahrheit* streben, denn niemand, der nach der *Wahrheit* strebt, kann scheitern. In *Ein Kurs in Wundern* heißt es dazu:

„Es ist unmöglich, dass irgendjemand sie wahrhaft suchte und es ihm nicht gelänge, sie zu finden."
Ein Kurs in Wundern, Ü-I.107.6:4

„Gib ihr, was ihr gebührt, und sie wird dir das Deine geben. Es war dir nicht bestimmt, zu leiden und zu sterben. Dein VATER will, dass diese Träume vergangen sind. Lass sie alle von der Wahrheit berichtigt werden."
Ein Kurs in Wundern, Ü-I.107.6:6-9

„Jedes Mal, wenn du zuversichtlich sagst: „Die Wahrheit wird alle Irrtümer in meinem Geist berichtigen", sprichst du für alle Welt und IHN, DER ... dich befreien möchte."
Ein Kurs in Wundern, Ü-I:107.11:2

Die letzte und wichtigste Zeile lautet:

„Die Wahrheit wird alle Irrtümer in deinem Geist berichtigen, die dir sagen, dass du von ihm getrennt sein könntest."
Ein Kurs in Wundern, Ü-I.107.9:1

Wenn wir die *Wahrheit* anrufen, befreien wir unseren Geist von Illusionen, sind frei und in Frieden. Dies beseitigt die Mauern, die zu unserer Verteidigung gedient haben, was wiederum den Angriff enden lässt. Die größte Illusion ist der Glaube, wir könnten von GOTT getrennt sein. Wenn wir diese *Wahrheit* begreifen, dann öffnet sie uns für alle Gaben und alle Hilfe, die wir brauchen, während sie der Welt gleichzeitig Freude und Freiheit bringt.

Die höchste *Wahrheit* ist die Erfahrung unserer selbst als Liebe und Licht im EINSSEIN. Wir erfahren den Urzustand des HIMMELS im GEIST GOTTES. Wir sind dabei, uns wieder auf diesen Urzustand hin zu entwickeln. Er kann rasch erreicht werden, wenn wir uns von Geist zu Geist mit einem anderen Menschen verbinden und einen heiligen Augenblick erfahren, in dem die Zeit und die Welt fortfallen in der vollkommenen, verzückten Erfahrung ekstatischen Lichts. Außerdem gibt es eine Möglichkeit, alle Gedanken und Illusionen des Egos zu umgehen, um das Licht in uns von neuem zu entdecken. Uns auf die *Wahrheit* zu berufen heißt, Illusionen zu durchschneiden. Dies befreit uns von den Ketten unserer Unwissenheit, und dort, wo wir leiden, sind wir in Unwissenheit gefangen. Die *Wahrheit* schenkt uns unsere Freiheit. Sie bahnt einen Weg durch alle Fallstricke des Egos, das nicht um unser, sondern allein um sein Wohl besorgt ist. Die *Wahrheit* durchschneidet eine Schicht unserer Illusionen nach der anderen, während wir den Weg zurück zum EINSSEIN gehen. In *Ein Kurs in Wundern* heißt es, dass GOTT die *Wahrheit* ist, und dies ist der Urzustand, zu dem wir uns zurückentwickeln.

Wenn wir ein Problem haben oder in Schmerz gefangen sind, können wir die *Wahrheit* darum bitten, die Illusionen zu beseitigen, die wir in unserem Geist aufgebaut haben und die dafür sorgen, dass wir fehlwahrnehmen und fehltreten. Schmerz ist ein sicheres Zeichen dafür, dass wir in Irrtümern gefangen sind, die uns in die Falle gelockt haben. Die *Wahrheit* ist eine Gabe an uns, die uns hilft, unsere Lektionen zu lernen, den nächsten Schritt zu gehen und einen besseren Weg zu finden.

Was diese Karte bedeutet

Wenn du diese Karte erhältst, bist du aufgefordert, dich auf die *Wahrheit* zu berufen, indem du mit aller Willenskraft, die du aufbringen kannst, folgende Worte sprichst: „Die *Wahrheit* wird alle Irrtümer in meinem Geist berichtigen." Dies befreit dich von den Illusionen, die dein Geist erschaffen hat. Wenn du die Worte sprichst, nimm dir ein wenig Zeit, um dich zu entspannen und ihre Wirkung nicht nur in deinem Geist, sondern auch in deiner Wahrnehmung zu erleben. Du kannst sie mit großer Entschlossenheit wiederholen, wann immer sie dir in den Sinn kommen. Der Weg der *Wahrheit* kann dich zu GOTT und zum EINSSEIN führen, das die HÖCHSTE WAHRHEIT ist. Die *Wahrheit* kann dich Schritt für Schritt aus der Welt der Träume und all der Fehler, die du begangen hast, hinaus- und zu einer Welt hinführen, die zunehmend weniger bedrohlich ist, je mehr du von Frieden erfüllt bist. Die *Wahrheit* ist dein Freund, der Schmerz und alle Emotionen heilt. Sie bringt Freiheit, Mühelosigkeit, Verbundenheit und ein immer höheres Maß an Effektivität. Die *Wahrheit* macht andere Menschen zu deinen Freunden, weil sie über Angriff und Selbstangriff hinausgeht. Dabei führt sie dich stetig aufwärts. Die *Wahrheit* bringt dir selbst und durch dich anderen Menschen in der Welt, die der *Wahrheit* bedürfen, großen Segen, um sie aus unerträglichen Situationen zu befreien.

Diese Karte zeigt, was dich befreit und dir Segen bringt. Wenn du in einer Situation unaufhörlich um die *Wahrheit* bittest, klärt sie zuerst die Irrtümer in deinem Geist, dann die Irrtümer im Geist der anderen an der Situation beteiligten Menschen und schließlich die Situation selbst. Dann kannst du gemeinsam mit der *Wahrheit* alles und jeden retten. Die *Wahrheit* befreit dich von Anhaftung und von dem Bedürfnis, das sie nährt. Die *Wahrheit* erinnert dich an deine Ganzheit und schließlich an dein EINSSEIN. Die *Wahrheit* liegt in dir, wenn du auf sie hörst oder sie bittest, die Irrtümer in deinem Geist zu berichtigen. Wenn die Spaltungen in deinem Bewusstsein integriert werden, kann ein höheres Maß an Ganzheit und *Wahrheit* entstehen. Je mehr Betrachtungsweisen einbezogen werden, umso umfassender wird die *Wahrheit*, bis es im EINSSEIN schließlich nur die *Wahrheit* gibt. Es ist an der Zeit, dich auf die *Wahrheit* zu berufen und zu erkennen, dass sie dich aus der sklavischen Abhängigkeit von deinen Götzen befreit. Sie weist dir den Weg und erinnert dich an das, was wichtig ist. Die *Wahrheit* führt dich heim nach deiner langen Zeit der Verbannung fern von deinem SELBST, in der alles, was du außerhalb von dir gesucht hast, bereits die ganze Zeit in dir war und auf dich gewartet hat.

40
Wiedergeburt

„Wiedergeburt [ist] des Menschen Erbe."
Ein Kurs in Wundern, H-11.1:5

Eine *Wiedergeburt* ist unsere Chance, uns zu ändern und neu zu beginnen. Eine *Wiedergeburt* ist ein Sprung voran, ein neues Kapitel, das du aufschlägst. Der amerikanische Philosoph Henry David Thoreau hat einmal geschrieben, dass nur der Tag anbricht, für den wir wach sind. Eine *Wiedergeburt* zu erfahren heißt also, sie willkommen zu heißen und wach für sie zu sein. Uns wird jederzeit die Möglichkeit angeboten, eine *Wiedergeburt* zu erfahren, aber wir müssen sie zu uns einladen, damit sie ihren Weg in unser Herz finden kann. Eine *Wiedergeburt* beginnt, wenn die

Funktion unseres Herzens und die Funktion unseres Geistes sich miteinander verbinden. Eine *Wiedergeburt* ist eine Kurskorrektur, die uns auf den richtigen Weg zurückbringt und einen neuen Aspekt unserer Lebensaufgabe in Erscheinung treten lässt. Eine *Wiedergeburt* ist wie ein Frühlingstag, der uns erfrischt und erneuert und uns einmal mehr Mut macht, mit neuer Lebensfreude auf unserem Weg weiterzugehen. Eine *Wiedergeburt* segnet uns und weckt uns auf. Sie bringt uns an jeder Angst vor Veränderung vorbei, die uns im Stillstand verharren lässt und uns das Gefühl vermittelt, mehr tot als lebendig zu sein. Eine *Wiedergeburt* gibt uns eine neue Schau, und sie entschleunigt uns, damit wir die Dinge auf eine wahrhaftigere Weise sehen. Ohne sie würde unsere persönliche Entwicklung nur stockend voranschreiten, und Angst würde uns einschränken und einengen. Eine *Wiedergeburt* ist das Versprechen des HIMMELS, dass wir nicht uns selbst überlassen sind, denn dies würde uns unnötig aufhalten und verhindern, dass wir unser wahres SELBST erkennen. Bei einer *Wiedergeburt* lassen wir eine Raketenstufe zurück, die uns aufhalten würde, wenn wir an ihr festhielten. Eine *Wiedergeburt* bricht unser Herz und unseren Geist auf, und eine weitere Schicht unserer Schale fällt ab und erlaubt uns, mehr zu fühlen, mehr zu empfangen und infolgedessen auch mehr zu geben. Eine *Wiedergeburt* lässt uns von Berggipfel zu Berggipfel schreiten, während wir einen völlig neuen Blickwinkel einnehmen und in unserer Seele tiefe Integration geschieht.

Was diese Karte bedeutet

Wenn du diese Karte erhältst, steht die Erneuerung, nach der du verlangt hast, unmittelbar bevor. Du musst ihr lediglich die Tür öffnen. Die Veränderung, die du so dringend brauchst, ist da. Sie ist alles, was du dir gewünscht hast. Diese Veränderung hilft dir, in höherem Maße der zu werden, der du wirklich bist. Eine *Wiedergeburt* erfordert kaum mehr als die Bereitschaft, sie geschehen zu lassen. Das Licht ist gekommen, und du bist frei. Das Tao hilft dir, den Sprung voran zu tun. Eine *Wiedergeburt* erhebt dich, und du kannst einmal mehr vorangehen. Wie du erhoben wirst, so erhebst du die Menschen in deiner Umgebung. Eine *Wiedergeburt* birgt stets ein Element der Gnade in sich. Sie hilft dir, dich daran zu erinnern, dass der HIMMEL dich nicht vergessen hat.

Eine *Wiedergeburt* steht vor deiner Tür. Folge dem Fluss und lasse zu, dass sie geschieht. Eine *Wiedergeburt* richtet deine Schau wieder neu aus, sodass sie ein höheres Maß an Wahrhaftigkeit erlangt. Du hast einige deiner einengenden Glaubenssätze losgelassen, sodass dir mehr Raum zum Atmen bleibt und du dem Gefängnis entkommen kannst, das du selbst erschaffen hast. Eine *Wiedergeburt* gibt dir die Möglichkeit, dich zu befreien, im Fluss zu sein und dich in höherem Maße lebendig zu fühlen.

Die Zeit ist gekommen, um zu frohlocken und dein Herz singen zu lassen. Du hast einen Meilenstein erreicht, und auf deinem Weg voran wird es weitere *Wiedergeburten* geben. Nimm dir dennoch Zeit, um das neue Stadium in vollen Zügen zu genießen und dich erneuern zu lassen. Jeder schöpferische Akt ist eine *Wiedergeburt*. Wenn du die schöpferische Kraft bejahst, durchströmt sie dich und verwandelt dich in höherem Maße in dich selbst. Du gehst über deine Grenzen hinaus, um einen neuen Maßstab in deinem Leben zu setzen, der zugleich auch die Menschen in deiner Umgebung segnet.

Die Götzenkarten

41
Der Götze der Aufopferung

Wir glauben, dass Aufopferung uns vor Schuld rettet. Wir glauben, dass Aufopferung uns davor bewahrt, Verantwortung zu übernehmen. Aufopferung ist der Grund dafür, dass Dinge nicht funktionieren. Sie ist eine Rolle, die nicht empfangen kann, ganz gleich, wie hart wir dafür arbeiten. Aufopferung bringt gerade eben genug ein, um den Stress auszugleichen, und manchmal gelingt ihr nicht einmal das. Aufopferung ist die Ausrede, die wir benutzen, um uns nicht verbinden zu müssen. Sie sieht wie Liebe aus, ist in Wirklichkeit aber ein Angriff. Sie beschuldigt andere Menschen sowohl in der Vergangenheit als auch in der Gegenwart dafür, dass sie uns in eine Position der Aufopferung gebracht haben. Aufopferung schaut auf andere Menschen herab oder zu ihnen auf, birgt aber immer Konkurrenz und eine Position moralischer oder spiritueller Überlegenheit in sich. Aufopferung ist mit einem Maß an Verschmelzung und Co-Abhängigkeit verbunden, das ein großes Hindernis für unsere Entwicklung ist und das sowohl Ebenbürtigkeit als auch Kommunikation verhindert. Aufopferung wird benutzt, um unsere Angst vor Verbundenheit, Nähe und Erfolg zu schützen. Aufopferung ist an die Rollen des Opfers und der Unabhängigkeit geknüpft und schlüpft häufig in eine dieser beiden Rollen hinein. Aufopferung hat in unseren Familien nicht funktioniert und wird weder in unseren Beziehungen noch in unserer beruflichen Laufbahn funktionieren. Sie ist die Hauptursache von Burnout und Leblosigkeit und die zweitwichtigste Ursache von Stress. Aufopferung ist eine vorgetäuschte Form von Liebe, bei der es in Wirklichkeit jedoch um Besonderheit geht und die anderen Menschen verkündet: „Schau nur, wie sehr ich mich aufopfere." Dieses egoistische Element übt Verrat an jeder positiven Absicht, die wir mit unserem Handeln möglicherweise verbinden.

Alles, was durch Aufopferung erreicht wurde, hätte auch ohne sie erreicht werden können. Aufopferung beginnt mit einem Urteil, das wir über unsere Eltern fällen, wird dann jedoch zu einer Strategie, die uns vor der Liebe schützen soll, weil wir glauben, nicht mit ihr umgehen zu können. Aufopferung ist in Wahrheit eine Waffe, die wir benutzen, um andere Menschen und GOTT anzugreifen, weil wir glauben, dass sie etwas falsch gemacht haben, und weil wir unsere Angst vor einem Zusammenbruch verbergen wollen. Die Verherrlichung der Aufopferung und ihre Erhebung zu einem Götzen waren genau die Dinge, die Jesus durch seine „letzte nutzlose Reise" zum Kreuz, wie *Ein Kurs in Wundern* es nennt, verhindern wollte. Sie sollte alle Aufopferung beenden. Aufopferung ist ein psychologischer Fehler, der Partnerschaft verhindert und uns dazu bringt, unter dem Deckmantel harter Arbeit und guter Taten unsere Zeit zu vergeuden.

Was diese Karte bedeutet

Diese Karte zeigt dir, dass du alle Menschen betrogen hast, angefangen bei dir selbst. Du hast dich aufgeopfert, um keine Partnerschaft eingehen zu müssen und um dich vor deiner Lebensaufgabe zu verstecken. Du hast deine Integrität aufgegeben und deine heimlichen Gefühle der Unwürdigkeit, der Schuld und des Versagens durch Aufrichtigkeit, Hilfsbereitschaft und harte Arbeit kompensiert. Aufopferung kann niemals funktionieren. Dieser Götze führt dich rasch in einen Burnout, in Leblosigkeit oder Erfolglosigkeit hinein. Aufopferung ist die häufigste Ursache von Selbstsabotage im Leben, weil ein höheres Maß an Erfolg mit einem höheren Maß an Aufopferung gleichgesetzt wird. Aufopferung ist die Möglichkeit, andere Menschen zu beschuldigen, ohne den Anschein zu erwecken, dass wir es tun. Sie führt in eine Sackgasse, und das freut das Ego, denn es weiß, dass Liebe und Transformation seine Macht über uns verringern.

Nun ist es an der Zeit, dass du dein Leben zurückgewinnst und aus deinem Versteck hervorkommst. Alle Menschen, denen du vorgeworfen hast, dich in die Aufopferung zu zwingen, hast in Wirklichkeit du im Stich gelassen, weil du nicht vorgetreten bist und ihnen geholfen hast, wie du es ihnen versprochen hattest. Es hätte dich weit weniger Energie gekostet als die Ausrede, die deine Aufopferung für dich war, und dir außerdem Erfrischung und eine Belohnung eingebracht. Nun ist es an der Zeit, in deinem Entwicklungsprozess auf eine neue Ebene der Reife zu gelangen. Du trägst ein Kind in dir, das immer noch über die Vergangenheit jammert. Es wollte umsorgt werden, aber das ist nicht geschehen. Die Gaben, die du in dir trägst, wären jedoch die Rettung für genau die Menschen gewesen, über die du dich beklagst. Heute ist ein wichtiger Tag für dich. Du kannst dich weiterhin verstecken und innere Schuld dafür anhäufen, dass du dein heiliges Versprechen nicht eingehalten hast, oder die Menschen heilen, denen du Hilfe versprochen hattest, indem du dein Licht leuchten lässt und deinen Platz im Leben einnimmst. Dies ist ein wichtiger Schritt hin zu deiner Bestimmung und zur Erinnerung an deine Wesensnatur als reiner Geist. Der HIMMEL bietet dir so viel mehr an, als du dir selbst zugestehst. Öffne die Tür zu dem, was das Leben und der HIMMEL dir anbieten. Werde zu dem leuchtenden Stern, der zu sein dir bestimmt war. Verpflichte dich der Ebenbürtigkeit als einer Lebensart. Du kannst ein ausgeglichenes, glückliches Leben führen, wenn du dich von deinen *Götzen der Aufopferung* befreist.

42
Der Götze der Angst

Der *Götze der Angst* rührt von dem Glauben her, dass Angst uns schützen und unsere Sicherheit gewährleisten kann. Es ist der Glaube, dass wir die Angst benutzen können, um dem zu entkommen, was sie mit sich bringt. Wir benutzen den *Götzen der Angst*, um wachsam zu bleiben, auf der Hut vor allen Problemen, die auf uns zukommen könnten. Das Werkzeug, dessen wir uns dazu bedienen, ist in Wahrheit aber genau das, was unsere Probleme erzeugt.

Angst lähmt uns und macht uns schwach. Sie schaltet unser Denken aus und löst einen Kampf- oder Fluchtreflex aus. Der damit einhergehende Adrenalinstoß hat seinen Preis. Er erschöpft uns und lässt uns altern. Angst erzeugt Angst. Angst bildet einen eigenen Teufelskreis. Die aus unserer Angst resultierende Schwäche bringt uns dazu, andere Menschen anzugreifen. Sie fordert uns zur Verteidigung auf, obwohl es nichts gibt, wogegen wir uns verteidigen müssten. Frei von Angst zu sein bedeutet, zu lieben und zu vertrauen. Unsere Entscheidung für die Angst setzt dagegen einen Teufelskreis in Gang, der uns spiralförmig abwärts führt und in immer höherem Maße zum Verlust unserer Verbundenheit und zu genau der Trennung beiträgt, aus der heraus die Angst ursprünglich entstanden ist. Unsere Angst vermittelt uns ein Gefühl der Unzulänglichkeit für alle Aufgaben, die wir zu erfüllen haben. Wir sind erstarrt, wo wir zum Handeln aufgefordert sind. Angst bewirkt zudem, dass wir reaktiv statt einfühlsam sind.

Wir erkennen nicht, dass die Angst bei uns beginnt und nicht von äußeren Dingen herrührt. Je mehr wir urteilen und Angriffsgedanken aussenden, umso mehr werden wir in unserer Wahrnehmung angegriffen. Dies ängstigt uns und ist die Rechtfertigung dafür, dass wir unseren Angriff verstärken. Das Ego benutzt diese Situation, um seine Macht zu festigen und unsere Loyalität einzufordern. Wenn wir andere Menschen angreifen, greifen wir in Wirklichkeit jedoch uns selbst an und setzen uns herab. Angst lässt uns schrumpfen und führt uns in die Dunkelheit hinein, und in dieser Dunkelheit projizieren wir unsere angsterfüllten Selbstkonzepte und erschaffen eine angsterfüllte Welt. Die Wertschätzung von Angst hat eine Welt des Unfriedens zur Folge, die das Bedürfnis nach Angriff und Verteidigung weiter verstärkt. Das stärkt wiederum unser Ego und macht es zu einem Helden, weil es uns beschützt. Wir sind blind für den Preis, den wir für unsere Loyalität gegenüber dem Ego bezahlen. Das Ego besteht aus Angst, und obwohl es uns verspricht, uns von unserer Angst zu befreien, tut es dies nur in sehr geringem Umfang, um den Anschein zu erwecken, dass es uns helfen will. Es spielt ein falsches Spiel, um sich einzuschmeicheln und seinen Fortbestand zu sichern.

Angst ist eine Kerndynamik, die allen Problemen zugrunde liegt. Wenn wir die Angst beseitigen, beseitigen wir das Problem, weil Angst die Grundursache all unserer Probleme ist. Es ist an der Zeit, unsere Angst zu überschreiten und ein von Liebe und Vertrauen erfülltes Leben zu leben. Dies würde alles verändern, und statt uns von unserer Angst emotional lähmen zu lassen, würden wir zum nächsten Schritt voranpreschen.

Was diese Karte bedeutet

Wenn du diese Karte erhältst, hast du die Wurzel deines Problems entdeckt. Du stehst nun an einem Scheideweg, und es ist an der Zeit, eine Entscheidung zu treffen. Willst du in einer Welt der Liebe oder in einer Welt der Angst leben? Die Welt, die Angst erschafft, ist gleichbedeutend mit der Überzeugung, dass Liebe unmöglich ist, und genau das will das Ego dich gerne glauben machen. Vergebung verwandelt die Angst in Frieden, und Frieden bringt alle guten Dinge hervor. Eine Lektion in *Ein Kurs in Wundern* (Ü-I.107) trägt die Überschrift: „Die Wahrheit wird alle Irrtümer in meinem Geist berichtigen." Dieser Satz ist ein wunderbares Mantra und eine wunderbare Meditation, um die – ausnahmslos in Angst wurzelnden – Emotionen zu beseitigen, von denen wir geglaubt haben, sie könnten uns retten und uns glücklich machen. Angst und Glück sind jedoch unvereinbare Gegensätze. In *Ein Kurs in Wundern* (Ü-I.34) heißt es dazu: „Ich könnte stattdessen Frieden sehen."

Angst veranlasst dich dazu, anzugreifen oder dich zurückzuziehen, während Geben und Miteinanderteilen der Liebe die Tür öffnen und dir die Möglichkeit geben, vorzutreten und dich wieder mit dem Leben zu verbinden. Dann kannst du alle Anteile deiner selbst zurückgewinnen und wieder willkommen heißen, die du preisgegeben hattest. Es gibt zahllose Möglichkeiten, deine Wahrnehmung zu transformieren. Eine Übung aus *Ein Kurs in Wundern* (Ü-I.129) lautet: „Jenseits dieser Welt ist eine Welt, die ich will." Diesen Satz sowohl als Entscheidung wie auch als Absicht zu wiederholen heißt, durch die Zwiebelhaut der Wahrnehmung hindurch zu einem glücklichen Ort zu gelangen. Wenn du den Prozess fortführst, kannst du deine Wahrnehmung überschreiten, bis du einmal mehr das PARADIES erreichst. Du kannst sogar noch weitergehen und völlig über die Wahrnehmung hinaus zur Erfahrung des HIMMELS SELBST gelangen. Angst ist eine Entscheidung, und du kannst dich stattdessen für die Liebe entscheiden.

43
Der Götze der Beherrschung

Der *Götze der Beherrschung* rührt von der Überzeugung des Egos her, dass obenauf zu sein uns das höchste Maß an Besonderheit verleiht. Das Ego tut alles, was in seiner Macht steht, um zu gewinnen und die Oberhand zu erlangen. Wir wollen die Kontrolle ausüben und Recht haben. Wir tun alles, was wir können, um der zu sein, der das Sagen hat. Wir sind von einer falschen Macht abhängig, die bestimmen will, was geschieht, und die andere Menschen dazu bringen will, uns Anerkennung zu zollen. Wir versuchen, die höchste Position einzunehmen, sind jedoch blind für die Tatsache, dass Überlegenheit und Unterlegenheit einen Teufelskreis bilden und wir zwischen diesen beiden Polen hin und her schwingen. Überlegene Menschen fühlen sich insgeheim unterlegen und fürchten sich davor, während Menschen, die unterlegen handeln, insgeheim das Gefühl haben, allen anderen überlegen zu sein. Wir wollen eine Position, die uns Stärke verleiht, weil wir uns schwach fühlen.

Je mehr wir beherrschen wollen, umso mehr wollen andere Menschen uns herunterziehen, und wir geben ihnen die Möglichkeit dazu, indem wir ihnen eine Hintertür offenlassen, denn Angst strebt nach dem, was sie fürchtet, während sie sich gleichzeitig davor verbirgt. Andere Menschen zu beherrschen und in eine Position der Unterwerfung zu zwingen bedeutet, dass wir der Möglichkeit, selbst unterworfen zu werden, Tür und Tor öffnen. Der *Götze der Beherrschung* führt zu Auseinandersetzungen, weil andere Menschen nicht beherrscht werden wollen. Wenn wir *Götzen der Beherrschung* in uns tragen, kämpfen wir mit den Menschen in unserer Umgebung um eine Hackordnung und erheben die gesellschaftliche Stellung zu einem Gott. Dies schafft eine bedeutungslose Ordnung und lenkt uns von den Dingen ab, die wirkliche Bedeutung und Substanz besitzen. Es hält uns in einer illusionären Welt fest, die auf törichten Belanglosigkeiten beruht. Es ist eine Welt, in der wir Beherrschung mit Macht verwechselt haben. Beherrschung rührt von Angst her und erzeugt Angst. Echte Macht rührt von Selbstvertrauen her, und alle Macht kommt von GOTT. Beherrscher bringen andere Menschen ins Gefängnis, aber als Gefängniswärter bringen auch wir einen großen Teil unserer Zeit im Gefängnis zu. Der *Götze der Beherrschung* soll unsere Unzulänglichkeit kompensieren, führt uns früher oder später aber zu der Erfahrung, schwach zu sein, beherrscht zu werden und nicht gut genug zu sein.

Was diese Karte bedeutet

Diese Karte zeigt, dass du in Machtkämpfen und Machenschaften des Egos gefangen bist, die mehr oder weniger heimlich danach trachten, die Menschen in deiner Umgebung zu Sklaven zu machen. Der *Götze der Beherrschung* beruht auf einem Konkurrenz- und Vergleichsdenken, das sich manchmal gut, manchmal aber auch entsetzlich anfühlt. Er sorgt todsicher dafür, dass du leidest. Zuzeiten fühlst du dich überschwänglich, zu anderen Zeiten herabgesetzt. Du durchläufst ein ständiges Ritual aus Selbstüberhöhung und Selbstentwertung, verlierst aber dein wahres Selbst und dein SELBST in Belanglosigkeiten. Wenn du einen *Götzen der Beherrschung* in dir trägst, versuchst du ständig, dich in den Vordergrund zu spielen, ganz gleich, ob du aufgefordert bist, eine Führungsrolle zu übernehmen, oder nicht. Beherrschung legt die Bürde und die Verantwortung voll auf deine Schultern. Du kennst weder die Freuden der Partnerschaft noch die Erfahrung der Unbeschwertheit, die der Erkenntnis deiner selbst als KIND GOTTES innewohnt. Alles wird zum Zeugnis für das Ansehen deines Egos und seine Herrschaft über andere Menschen. Der *Götze der Beherrschung* überhöht dein Ego nicht nur, sondern setzt dich auch immer wieder herab, und das ständige Auf und Ab gibt dir einen knechtischen Blick auf das Leben und seine Bedeutung.

Aus Scham darüber, dass du einen *Götzen der Beherrschung* in dir trägst, und um dein Bedürfnis nach der Beherrschung anderer Menschen zu verbergen, lässt du manchmal zu, dass du zum Sklaven gemacht wirst. Der mit *Götzen der Beherrschung* verbundene Autoritätskonflikt rührt von deinem uranfänglichsten Autoritätskonflikt her. Es ist der Autoritätskonflikt mit GOTT, bei dem du versuchst, GOTTES SCHÖPFUNG durch deine eigene Welt zu ersetzen und diese Welt mithilfe der Einflüsterungen von Götzen aufrechtzuerhalten.

Im Stadium der tiefsten Rebellion willst du zeigen, dass GOTT ein schlechter GOTT ist. Der Schmerz der Welt und das Trauma in deinem eigenen Leben sind der Beweis. Die Ungerechtigkeit soll GOTTES mangelnde Kompetenz beweisen, und der Schmerz in deinem Leben verbirgt den Wunsch, GOTTES Aufgabe zu übernehmen. Beherrschung hat schließlich deine eigene Unterwerfung zur Folge, denn deine Glaubenssätze darüber, dass andere Menschen unterworfen werden können, führen dazu, dass du selbst unterworfen wirst. Alle Götzen nehmen ein böses Ende. Dieser Götze und die mit ihm einhergehenden Machtkämpfe sorgen dafür, dass du schneller dort ankommst.

44
Der Götze der Besonderheit

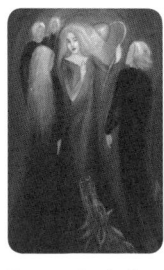

Der *Götze der Besonderheit* steht sowohl für das Bedürfnis als auch für die Forderung, besonders behandelt zu werden. Dieser Götze führt dazu, dass wir es als Angriff auffassen und uns gekränkt fühlen, sobald man uns keine besondere Ehrerbietung entgegenbringt. Besonderheit ist ein Ziel des Egos. Das Ego ersetzt Liebe durch Besonderheit. Weil wir an den Plan des Egos glauben, erkennen wir nicht, wie groß die zerstörerische Wirkung ist, die Besonderheit auf die Liebe und auf Beziehungen hat. Wir verlieben uns in unser Ego und suchen nach Menschen, bei denen uns Anerkennung und eine Sonderbehandlung gewiss sind. Wenn wir einen aufrichtigen Blick auf uns selbst werfen würden, könnten wir sehen, wie sehr unser Handeln von Selbstgefälligkeit und dem Wunsch nach Anerkennung geprägt ist. Dies färbt auf nahezu alles ab, was wir tun, und raubt uns ein hohes Maß an Zeit und Energie. Wir wollen uns nicht nur selbst einen Wert geben, um die Wertlosigkeit zu kompensieren, die das Ego fühlt, sondern als Folge davon auch ein besonderes Übereinkommen erreichen. Deshalb füttern wir unser Ego wie einen Drachen, den wir an uns gekettet haben, hoffend, dass es uns gelingt, es satt zu bekommen und ruhig zu halten, damit es nicht versucht, uns zu fressen. Das Ego ist unersättlich, wenn es darum geht, seine Bedürfnisse zu erfüllen. Es bekommt niemals genug, um sich seiner selbst sicher zu fühlen. Es fordert immer mehr und hat keine Bedenken, dunkle und negative Ereignisse herbeizuführen, um uns den Wert und die Bedeutung zu geben, die wir seiner Auffassung nach brauchen.

Der *Götze der Besonderheit* ist in sehr hohem Maße von Konkurrenzdenken geprägt. Wir wollen, dass unser Partner wichtig ist, aber nicht so wichtig wie wir selbst, weil seine Wichtigkeit ein Spiegel unserer Wichtigkeit ist. Wir verlangen ständig nach der Beachtung, die daher rührt, dass wir der wichtigste Mensch weit und breit sind. Der *Götze der Besonderheit* macht unser Ego und nicht unsere Beziehungen zur wichtigsten Sache der Welt. Das führt dazu, dass wir ständig auf der Suche nach scheinbaren Bedrohungen für unsere Stellung und unser Ansehen sind. Dies hat wiederum zur Folge, dass wir gehemmt und von Groll erfüllt sind, statt aufgeschlossen und großzügig zu sein. Wenn das Ego sich angegriffen fühlt, versäumen wir Gelegenheiten zur Güte, Vergebung und Liebe. Glück kommt von Kreativität her. Es kommt daher, dass wir unser Herz öffnen. Es kommt nicht von der Aufmerksamkeit her, die uns zuteilwird. Ohne wechselseitiges Geben gibt es kein Empfangen, sondern nur den Versuch, auf eine Weise zu bekommen, die das Ego und seine Gier nährt. Unser Ego ist unersättlich. Je mehr es bekommt, umso mehr will es haben. Das Ego will, dass alle Menschen ständig seine Besonderheit anerkennen. Stattdessen könnten wir Liebe haben. Der *Götze der Besonderheit* macht andere Menschen zu Geiseln. Wir verstricken uns so sehr in Kränkungen und Groll, dass wir vergessen, was im Leben wirklich wichtig ist. Nun ist die Zeit gekommen, uns dieses Götzen zu entledigen, der erreichen will, dass das Leben sich nur um uns dreht.

Der *Götze der Besonderheit* ist eines der Fundamente, auf denen das Ego seine Macht aufbaut. Das Ego ist das Bedürfnis nach Besonderheit. Dafür haben wir das EINSSEIN aufgegeben. Wir wollten mehr als andere. Wir baten GOTT darum, uns besonders zu machen, uns besser zu machen als alle anderen und uns vor allen anderen zu bevorzugen, indem ER uns mehr gab als ihnen. Dieses Bedürfnis nach Besonderheit hat dazu geführt, dass wir das Bewusstsein für das verloren haben, was EINS ist, und in den Traum der Trennung hineingefallen sind. Das eine KIND GOTTES schien sich an diesem Punkt in die vielen Kinder GOTTES zu trennen. Wir haben das EINSSEIN verlassen, in dem uns alles in der FÜLLE GOTTES geschenkt wurde, um einen Ort abseits des HIMMELS haben zu können, einen Ort, an den GOTT nicht kommen konnte und an dem uns das höchste Maß an Besonderheit zuteilwurde. Wir haben den Ort verlassen, an dem uns alles außer Besonderheit gegeben wurde. GOTT hätte im HIMMEL weder Illusionen erzeugen noch Trennung und Konkurrenz herbeiführen können. ER hätte nichts außer dem EINSSEIN, nichts außer SICH SELBST erschaffen, und ER hätte nichts außer dem HIMMEL zugelassen. GOTT, DER die WAHRHEIT und das EINSSEIN ist, hätte weder die Illusion der Trennung erzeugen noch das, was bewusst war, in Schlaf versetzen können. Unser Fall aus dem Zustand des EINSSEINS kann nicht geschehen sein. Wir konnten nur träumen, dass er geschehen ist. Und so haben wir eine Welt erträumt, in der wir alle um Besonderheit wetteifern können. Das Mittel, mit dessen Hilfe wir um Besonderheit konkurrieren, besteht darin, mehr zu haben als andere, selbst wenn es bedeutet, dass wir den Preis des Leidens dafür bezahlen müssen. Ohne Besonderheit kann es keine Götzen, keine Welt der Illusionen und auch keinen Traum von Trennung geben.

Was diese Karte bedeutet

Diese Karte lässt dich wissen, dass du dich um deine Lebensfreude betrügst, weil du dafür lebst, dein Ego mit etwas zu füttern, an das es selbst nicht voll und ganz glaubt. Es kann rasch geschehen, dass du unbewusst wirst, steckenbleibst oder in einen Trott gerätst, während du hart dafür arbeitest, dieses Bedürfnis zu erfüllen, dich dabei aber nicht in dein Leben einbeziehst. Du betrügst nicht nur dich, sondern auch die Menschen in deiner Umgebung, denn du hast die Liebe und die Freude verloren, die mit echtem Kontakt und echtem Erfolg verbunden sind.

Dich von deinen *Götzen der Besonderheit* zu befreien hätte zur Folge, dass du sehr viel Zeit sparst. Du brauchst deinen Wert nicht unter Beweis zu stellen. Er wurde festgelegt, als du geschaffen wurdest. Du hättest genug Zeit für die Liebe. Die Arbeit, die du tust, würde sich direkt und positiv auf deinen Erfolg auswirken. Außerdem hättest du nicht das Gefühl, dass du in einem Trott gefangen bist und vorankommen willst, indem du die Geschwindigkeit im Tretrad erhöhst. Wenn du diesen Götzen loslässt, öffnet sich dir stattdessen das Leben. Diese Karte steht für die Wurzel deines Verlangens nach Trennung und Götzen. Sie steht für dein Verlangen danach, besser zu sein und mehr zu haben als andere Menschen. Diese Gier hat dich dazu gebracht, alles aufzugeben. Du hast dich selbst aus dem Blick verloren und eine Identität erfunden, die du insgeheim hasst. Je mehr du dich hasst, umso mehr brauchst du jedoch, um deinen Selbsthass zu verschleiern. Du bist einem der heimtückischsten Götzen erlegen, die es gibt. Er zeigt stets auf sich selbst, so als sei er der Mittelpunkt des Universums. Auf diese Weise wirst du die Liebe niemals finden, und deine Besonderheit sabotiert sowohl dein Leben als auch deine Beziehungen wegen eingebildeter Kränkungen.

Du bist aufgerufen, deine *Götzen der Besonderheit* zugunsten von etwas loszulassen, das einen wahren Wert besitzt – die Liebe. Die Liebe führt dich zu deinem SELBST zurück. Sie führt dich zum Licht zurück. Sie macht es möglich, dass diese Dinge geschehen, statt dafür zu sorgen, dass deine Beziehungen und dein Leben sich nur um dich drehen. Sie sorgt dafür, dass es in deinem Leben einmal mehr darum geht, glücklich zu sein, den HIMMEL auf die Erde zu holen und durch Erinnerung allen Menschen das Licht zu bringen. Du lebst für alle Menschen, nicht nur für dich selbst. Du lebst für die Liebe, und das Leben ist nicht länger nur ein Ort der Mühsal, an dem alles ein Ärgernis ist. Das Leben ist, was du daraus machst, aber der *Götze der Besonderheit* sabotiert dein Leben, sodass du in die falsche Richtung gehst. Es ist an der Zeit, dein Leben zurückzugewinnen, indem du das Ego von seinem Sockel stößt. Du machst ein gutes Geschäft, wenn du deine *Götzen der Besonderheit* zugunsten des Friedens loslässt, den du gemeinsam mit der Liebe, der Freude, der Gesundheit und der Fülle, die er hervorbringt, in dein Leben hineinbringen kannst.

Du hast den HIMMEL aufgegeben, um etwas zu bekommen, das nicht zu bekommen war, weil es nichts gibt außer allem in GOTT. Einzig und allein Träume, Phantasievorstellungen und Illusionen, aufrechterhalten durch Besonderheit und die Götzen, die sie erzeugen, scheinen etwas anderes zu sein. Es ist an der Zeit, dich aus dem Tretrad von Bedürfnissen, Gier und Selbstüberhöhung zu befreien. Deine Besonderheit aufgeben ist gleichbedeutend damit, die Erleuchtung zu erlangen und zu wissen, dass dein erfundenes Selbst dich daran gehindert hat, dich selbst zu erkennen. Deine Identität und ihre unzähligen Selbstkonzepte sind das, was dich daran hindert, im OZEAN DES LICHTS zu schwimmen. Kein Maß an Besonderheit wird dir jemals genug sein. Befriedigung kann dir nur die Rückkehr zu dem bringen, der du wirklich bist, und zu dem, was du niemals verlassen hast.

45
Der Götze der Beziehungen

Wir benutzen den *Götzen der Beziehungen*, um die Leere auszufüllen, die Trennung und der Verlust unserer Verbundenheit in uns hinterlassen haben. Es ist ein seltsamer Widerspruch, dass wir ein Ereignis benutzen, um einen Menschen in die Rolle des Bösewichts zu drängen, und später versuchen, diese Leere durch einen *Götzen der Beziehungen* zu füllen, der Verbundenheit niemals zu ersetzen vermag. Wir geben unsere Verbundenheit auf und haben Angst davor, uns wieder neu zu verbinden, obwohl es vordergründig das ist, was wir wollen. Wir haben Angst, unsere Unabhängigkeit zu verlieren, und versuchen deshalb, von anderen Menschen zu nehmen und sie zu benutzen, um unsere Bedürfnisse zu erfüllen. Das Maß, in dem wir unsere Beziehung oder unseren Partner zu einem Götzen gemacht haben, entspricht dem Maß, in dem wir nicht loslassen können, wenn die Beziehung endet. Wir vergehen vor Kummer, aber nicht aus Liebe, sondern wegen unserer Bedürfnisse. Götzen sind der Versuch, die Bedürfnisse zu stillen, die entstanden sind, als wir unsere Verbundenheit unter dem Vorwand zerstört haben, Opfer zu sein und deshalb keine Verantwortung für das zu tragen, was uns widerfahren ist. Der *Götze der Beziehungen* gibt uns das Gefühl, dass wir einen anderen Menschen brauchen, um das Loch in unserem Herzen und in unserem Leben auszufüllen. Wir glauben, dass wir ohne einen Menschen, der uns das Bett wärmt, nicht zurechtkommen. Das Ego befasst sich nur mit dem, was der Körper tut. Nähe rührt jedoch daher, dass wir uns von Geist zu Geist mit einem anderen Menschen verbinden. Der *Götze der Beziehungen* sorgt dafür, dass wir unseren Partner mithilfe von Schuld und anderen Emotionen bei der Stange halten, um den Versorgungswagen nicht zu gefährden, der uns am Leben erhält. Wenn unser Versorgungswagen von uns abrückt, um zu verhindern, dass wir ihn auf eine mehr oder weniger subtile Weise aussaugen, erleiden wir einen Herzensbruch. Je größer der damit verbundene Schmerz ist, umso größer sind auch die *Götzen der Beziehungen*, die wir in uns tragen.

Was diese Karte bedeutet

Diese Karte fordert dich auf, dir bewusstzumachen, wo in deiner Beziehung oder in deinem Wunsch nach einer Beziehung du in böswilliger Absicht handelst. Du bist aufgefordert, deine *Götzen der Beziehungen* loszulassen, damit du eine richtige Beziehung zu anderen Menschen eingehen kannst, ohne sie benutzen zu müssen. Vergib dir selbst. Rufe dir alle Beziehungen ins Gedächtnis, in denen du gelitten hast. Durchforsche sie nach Götzen des Herzensbruchs und *Götzen der Beziehungen*. Lasse alle diese Götzen los, denn nun ist es an der Zeit, erfolgreiche Beziehungen zu führen, anstatt ein Leben zu leben, das von Rache geprägt ist für eine Vergangenheit, die es niemals gegeben hat. Richtig gelebte Beziehungen sind einer der schnellsten Wege zum Glück. Sie geben dir den Mut und die Macht, die du brauchst, um deine Lebensaufgabe zu erfüllen. Wenn du eine Beziehung als Götzen benutzt, wird sie zur perfekten Ablenkung von deiner Führungsstärke, deiner Schau und deiner Lebensaufgabe. Beziehungen können eine Himmelsleiter sein. Wenn du sie zu einem Götzen machst, verwandeln sie sich jedoch in einen schlüpfrigen Abhang, der direkt in die Hölle führt. Es ist an der Zeit, die dunklen Schatten zu beseitigen, die über deinen Beziehungen liegen, damit die Liebe und die Verbindung von Geist zu Geist sie zu der Pforte machen können, die dich nach Hause bringt. Dies geschieht, wenn du deine Götzen loslässt und entschlossen bist, richtige Beziehungen zu führen. Übergib deine Beziehungen dem HIMMEL und erlaube deiner Bereitschaft, alle Mauern des Egos aufzulösen. Du kannst zur Liebe gelangen, indem du die Verbundenheit als Schlüssel benutzt. Sorge dafür, dass dein Partner dir wichtiger ist als dein Wunsch, Recht zu haben, und als jede andere Form der Trennung, die das Ego annimmt.

46
Der Götze der Depression

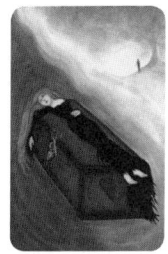

Der *Götze der Depression* bringt uns dazu, uns vom Leben zurückzuziehen. Eine Depression rührt von einem Verlust her, den wir nicht überwunden haben. Dabei verdrängen wir, dass wir selbst uns dafür entschieden haben, genau das zu verlieren, um dessentwillen wir nun depressiv sind. Ein Verlust ist der Beweis für unser gespaltenes Bewusstsein. Wir wollen nicht verlieren, sind gleichzeitig aber bereit, uns anderen Dingen zuzuwenden. Diese Form von Unabhängigkeit ist jedoch eine Rolle, die Unwürdigkeit und einen Mangel an Selbstwert verbirgt, und ohne Selbstwertschätzung können wir weder den Dingen, die uns umgeben, noch den Menschen, zu denen wir eine Beziehung haben, einen Wert beimessen. Wir können nur verlieren, was wir nicht voll und ganz wertschätzen, aber diese Tatsache verbergen wir natürlich vor uns selbst. Das heimliche Verlangen nach Unabhängigkeit liegt an der Wurzel allen Verlustes, gemeinsam mit Schuld und der mit ihr einhergehenden obligatorischen Selbstbestrafung, Aufopferung und den Urteilen, die wir über andere Menschen und uns selbst fällen. Auf der tiefsten Ebene ist unsere Depression ein Angriff auf GOTT, weil sie ein Denkmal ist, das wir dem Verlust und nicht dem Leben gesetzt haben. Unsere Depression ist ein Tempel, der dem Angriff auf GOTT geweiht ist, als ob es der WILLE des HÖCHSTEN SEINS, der LIEBE SELBST sein könnte, dass wir etwas verlieren. Wir benutzen unsere Depression, um zu beweisen, dass GOTT uns im Stich gelassen hat. ER sollte zur Seite treten und uns GOTT sein lassen. Wir wollen beweisen, wie sehr wir etwas oder jemanden geliebt haben, und kommen deswegen nicht über seinen Verlust hinweg. Andererseits liefert unsere Depression uns eine Ausrede dafür, unserer Lebensaufgabe und unserer Bestimmung aus dem Weg zu gehen, und sie ist eine Möglichkeit, an unseren Götzen festzuhalten. Der *Götze der Depression* betet die Melancholie und ihren dunklen Glanz an. Der *Götze der Depression* verhindert, dass wir offen für das sind, was möglich ist.

Was diese Karte bedeutet

Diese Karte weist dich darauf hin, dass du an einer Vergangenheit festhältst, die nicht mehr existiert, und sie in der Gegenwart benutzt, um etwas zu gewinnen. Unabhängig davon, ob es sich um Mitleid, Aufmerksamkeit oder das Verlangen danach handelt, das Drehbuch einer tragischen Lebensgeschichte zu schreiben, hindert es dich daran, Erfüllung zu finden. Es ist nicht GOTTES WILLE, dass du in irgendeiner Form leidest, und ebenso wenig ist es das, was du wirklich willst. Du hast auf dein Ego gehört und dich auf seine Seite gestellt, aber nun ist es an der Zeit, dass du die Wahrheit anrufst und sie darum bittest, eine Vergangenheit zu befreien, die nicht mehr existiert, sondern nur noch am Leben erhalten wird, weil du an ihr festhältst. Die Vergangenheit und deine jetzige Depression sind nicht die Wahrheit. Du benutzt die Vergangenheit, weil du in der Gegenwart eine ganz bestimmte Absicht damit verfolgst. Je eher du erkennst, worin sie besteht, und dich ihrer entledigst, umso rascher gelangt dein Leben wieder in einen Fluss, der dich vorwärts trägt. Wenn du loslässt, kommt immer etwas Besseres, um an die Stelle dessen zu treten, was du losgelassen hast. Die Wahrheit wird alle Irrtümer in deinem Geist berichtigen. Wenn du es wirklich willst, kannst du nicht scheitern, und eine Wiedergeburt wartet auf dich, wenn du deine *Götzen der Depression* loslässt.

47
Der Götze der Drogen

Der *Götze der Drogen* ist wie alle anderen Götzen auch der Versuch, einen Verlust wettzumachen und Liebe und Verbundenheit durch etwas zu ersetzen, das wenig oder gar keinen Wert besitzt. Der *Götze der Drogen* will Drogen an die Stelle der Gefühle von Liebe, Freude und Glück setzen, um das Unglücklichsein und die Einsamkeit wettzumachen, die wir fühlen. Der *Götze der Drogen* besteht in der Überzeugung, dass Drogen uns retten können, ganz gleich, ob es sich dabei um Medikamente, Vitamine oder Rauschgift handelt. Drogen sind der Versuch, uns vor etwas zu retten, vor dem aber nur wir selbst oder der HIMMEL uns retten können. Drogen sind eine Kompensation für das, was in unserem Leben fehlt, und wie alle Götzen verstärken sie die

Vorstellung von Schwäche, die ein Merkmal des Egos ist. Das Selbstkonzept der Schwäche und der *Götze der Drogen* verstärken den Gedanken, dass wir ein Körper sind. Dies verstärkt den Teufelskreis zwischen der Identifikation mit dem Körper und der Abhängigkeit von Götzen. Diese Dinge bekämpfen unsere uranfängliche und einzig wirkliche Identität als reiner Geist. Sie sind ein Versuch, GOTT mit Hilfe unserer Götzen überflüssig zu machen und IHN aus der Welt und aus dem Leben auszusperren, das wir unserer Überzeugung nach leben wollen. Wir können jedoch nur dann leiden, wenn wir einen Götzen in uns tragen, und so lässt der *Götze der Drogen* einen Teufelskreis fortbestehen, der uns gefangen hält.

Was diese Karte bedeutet

Diese Karte bringt zum Ausdruck, dass du Drogen auf eine unwahre Weise benutzt, um Verlust und die Trennung von GOTT wettzumachen. Es ist an der Zeit, die Leere und die alten Brüche zu heilen, die dich dazu verleiten, Schmerz und Erfolglosigkeit durch Drogen wettmachen zu wollen. Die innere Leere und die selbstzerstörerischen Verhaltensmuster fordern dich dazu auf, die Verbundenheit wiederherzustellen, deine Gaben anzunehmen und dich zu deiner Bestimmung zu bekennen. Wenn Heilung geschieht, stellt Glück sich auf natürliche Weise ein, und es besteht keine Notwendigkeit für Drogen irgendwelcher Art. Wenn du diese Karte erhältst, bist du aufgefordert, deine *Götzen der Drogen* mit dem Schmerz, der Angst, der Trennung und der Schuld zu integrieren, die du in dir trägst. Du kannst auch zur Wurzel zurückkehren und die innere Trennung zwischen dir und dir selbst, dir und wichtigen Menschen in deinem Leben und dir und dem HIMMEL heilen. Drogen machen dich nicht glücklich. Deine Liebe und deine Kreativität machen dich glücklich. Drogen retten dein Leben nicht. Deine Entscheidung für das Leben rettet dein Leben. Drogen machen dich nicht erfolgreich. Alle äußeren Dinge, von denen du abhängig bist, schwächen dich. Du bist derjenige, der dich rettet und dich glücklich macht. Ebenso bist du derjenige, der dafür sorgt, dass du leidest, und der dir Dinge vorenthält. Du kannst dich für die Freude und für das Leben entscheiden anstelle des Leidens und des falschen Gottes der Drogen, der dich niemals glücklich machen kann.

48
Der Götze der Gier

Der *Götze der Gier* birgt starke Elemente des Konsums und der Selbstsucht in sich. Unsere Dissoziation sorgt dafür, dass wir so viel anhäufen können, wie wir wollen, aber trotzdem nie genug haben. Wir wollen das Meiste, das Beste und so viel wie nur möglich von allem. Wir glauben, dass es uns glücklich macht, aber je mehr wir besitzen, umso mehr besitzt unser Besitz uns. Dies ist das Wesen des *Götzen der Gier*. Gier bringt uns dazu, dass wir konsumieren, sammeln, benutzen, verschlingen und aufbewahren. Wir sind in Konkurrenz gefangen und versuchen, andere Menschen zu übertrumpfen mit dem Geld, das wir verdienen, und mit der Kleidung und dem Schmuck, den wir anhäufen. Unser Verlangen danach, Dinge anzuhäufen, beschäftigt uns viel zu sehr, als dass wir echten Kontakt zu anderen Menschen aufbauen könnten. Der Glaube, am meisten zu haben sei am besten, führt dazu, dass uns die Verbundenheit mit anderen Menschen, der Natur und dem Göttlichen entgeht. Das Bedürfnis, das Gier erzeugt, rührt vom Verlust der Verbundenheit her, und für unsere Verbundenheit sind wir selbst verantwortlich. Auch wenn wir sie in der Vergangenheit verloren haben, können wir sie in der Gegenwart wiederherstellen. Das Ego versucht, Einsamkeit, Trennung, Schmerz und Schuld zu verringern, indem es die Leere mit Götzen und insbesondere mit *Götzen der Gier* ausfüllt. Der *Götze der Gier* sorgt dafür, dass wir uns von unserer geistigen Wesensnatur abwenden. Er macht alle Menschen zu einem Objekt, uns selbst eingeschlossen. Unser Ego benutzt diese Tatsache, um uns zu degradieren und darauf zu reduzieren, dass wir ein Körper sind, und es sorgt dafür, dass wir uns dem Tod zuwenden.

Was diese Karte bedeutet

Diese Karte ruft dich dazu auf, alles unter die Lupe zu nehmen, was du zu sammeln oder zu konsumieren versuchst. In welchem Bereich hast du das Gefühl, nie genug zu bekommen? Deine innere Gier verzehrt dich und verwandelt dich in ein Objekt, das weder Liebe noch Freude erfahren kann, weil deine *Götzen der Gier* dieser Erfahrung im Weg stehen. Du kannst die große Leere in dir unmöglich füllen. Dies kann nur durch den Frieden kommen, der Liebe und Verbundenheit mit sich bringt. Deine Gier kann unmöglich die unzähligen Spaltungen in deinem Bewusstsein wieder zusammenfügen oder die Leere dazwischen ausfüllen. Du bist ein Beispiel für das Sprichwort: „Wenn ein Taschendieb einen Heiligen sieht, sieht er nur seine Taschen." Deine Vollständigkeit wird jedes Mal größer, wenn du einen Götzen loslässt, aber dies geschieht nur dann, wenn du erkennst, wie hoch der Preis des Glücks ist, den der Götze dich kostet. Dein *Götze der Gier* lenkt dich von der Freude fort, die möglich ist. Du bekommst immer mehr, kannst es aber immer weniger genießen. Der Sinn des Lebens besteht darin, glücklich zu sein und dort an unserer Heilung zu arbeiten, wo wir nicht glücklich sind. *Götzen der Gier* sorgen dafür, dass wir stets nach den falschen Dingen suchen. Liebe macht uns glücklich. Geben, Empfangen und Miteinanderteilen machen uns glücklich. Je mehr wir unser Herz öffnen, umso glücklicher sind wir. Bekommen und Nehmen machen uns nicht glücklich, wie das Ego uns weismachen will. Sie verstärken den Leitsatz aller Götzen, dass äußere Dinge uns glücklich machen und wir das Recht haben, so viel anzuhäufen, wie wir können. Heilung, die Überschreitung unserer Grenzen und eine kreative Lebensweise sind die Dinge, die uns Freude bringen. Deine Lebensaufgabe zu leben und dich zu deiner Bestimmung zu bekennen sind die Dinge, die dir Erfüllung bringen und deinem Leben seine wahre Bedeutung geben. Es ist an der Zeit, deine Habgier und deinen Konsum zugunsten von dem aufzugeben, was dich über das Bekommenwollen und über die Frustration des Nichtbekommens hinaus zu den Gefilden der Liebe und des Lichts führt. Erkenne außerdem, dass die Schuld und die Scham, die du wegen deiner *Götzen der Gier* empfindest, womöglich dafür sorgen, dass du kompensierst und ein asketisches Leben führst oder dass dein Leben von Mangel geprägt ist, um deine *Götzen der Gier* zu verbergen.

49
Der Götze der Grausamkeit

Der *Götze der Grausamkeit* ist ein strenger Gott. Er foltert seine Anhänger, und er fordert Grausamkeit von seinen Jüngern, wenn er es für angebracht hält. Der *Götze der Grausamkeit* bringt jeden Fluss zum Stillstand und zerstört jeden Respekt. Er ist der Erzfeind des Gleichgewichts. Der *Götze der Grausamkeit* rührt von Konkurrenz, Angriff und Selbstangriff her. Sein Fundament ist Besonderheit, die immer Vergleichsdenken und deshalb immer Schmerz in sich birgt. Der *Götze der Grausamkeit* greift die Menschen an, die nicht bereit sind, seinen Weg zu gehen. Er hält andere Menschen für unterlegen und glaubt, dass sie dem zu folgen haben, was er erwartet und bestimmt. Der *Götze der Grausamkeit* kennt keine Gnade.

Wir demütigen und erniedrigen uns und andere Menschen, indem wir sie und uns grausam behandeln. Das Ego hat eine natürliche Affinität zum *Götzen der Grausamkeit*. Er entsteht durch Trennung dort, wo wir die Rettung hätten bringen können, wenn wir unsere Lebensaufgabe und unsere Bestimmung angenommen hätten. Stattdessen haben wir andere Menschen benutzt, um eine Opferhaltung einnehmen zu können, obwohl es unser Auftrag war, genau diesen Menschen zu helfen und Heilung zu bringen. Der Angriff auf uns, den wir selbst herbeigeführt haben, hat uns die Ausrede geliefert, die wir brauchten, um unsere Lebensaufgabe und unsere Bestimmung aufzugeben. Wir haben Opfergeschichten erzählt, die von heimlichem Angriff auf andere Menschen, uns selbst und GOTT geprägt sind. Wir sind vor der Liebe und vor uns selbst davongelaufen. Alle diese Dinge haben uns hartherzig und empfänglich für den *Götzen der Grausamkeit* gemacht, weil wir glaubten, er sei alles, was wir verdient haben. Der Mangel und der Schmerz in unserem Leben sind sichere Zeichen dafür, dass wir in die Kirche des *Gottes der Grausamkeit* eingetreten sind. Wir benutzen das Unrecht der Grausamkeit, um gegen GOTT zu kämpfen, und wir legen dieses Unrecht IHM und nicht unseren *Götzen der Grausamkeit* zur Last.

Was diese Karte bedeutet

Diese Karte fordert dich dazu auf, deine Entscheidungen zu überdenken, vor allem deine unbewussten Entscheidungen, die dich dazu bringen, den *Götzen der Grausamkeit* anzubeten. Was bringt dich auf den Gedanken, dass du Grausamkeit verdienst? Meinst du nicht, es sei ein wenig arrogant, dich für schuldig zu halten und zu glauben, du habest Bestrafung verdient, wenn GOTT dich als unschuldig sieht? Dem GOTT DER LIEBE zufolge ist Barmherzigkeit die einzige Gerechtigkeit, die es gibt. In welcher Weise hat der *Götze der Grausamkeit* sich in deinem Leben gezeigt? Inwiefern bist du anderen Menschen gegenüber deshalb grausam und hartherzig gewesen? Wie wäre dein Leben ohne diesen Götzen verlaufen? Was willst du wirklich? Hast du nicht den Wunsch, dich dieser Götzen zu entledigen? Es ist ganz leicht, sie loszulassen. Bitte einfach darum, dass sie in die HÄNDE GOTTES gelegt werden mögen. Lasse zu, dass sie als die Illusionen aufgelöst werden, die sie sind. Einzig dein Glaube hat ihnen Wirklichkeit verliehen. Nun ist es an der Zeit, sie hinter dir zu lassen und frei zu sein. Du hast so viel mehr verdient, als du dir selbst zugestehst. Bitte darum, dass deine Götzen durch die Freude und die Liebe ersetzt werden, die du verdient hast. Du bist hier, um glücklich zu sein, ein lebendiges Beispiel für die LIEBE GOTTES und SEINE Wohltaten. Erlaube dir, frei zu sein, und wirf deine hausgemachten Folterinstrumente fort. Dein Ego frohlockt angesichts deiner Selbstfolter, weil es weiß, dass du damit auch die Menschen in deiner Umgebung angreifst. Damit verstärkst du die Trennung und vergrößerst die Macht des Egos. Dieser Preis ist einfach zu hoch. Der *Götze der Grausamkeit* ist eine Illusion, die verblassen kann, so wie die Dämmerung die Dunkelheit vertreibt. Diene heute der Wahrheit. Sie befreit dich und die Menschen, die du liebst. Sobald du weißt, dass du den *Götzen der Grausamkeit* in dir trägst, bist du nicht länger bereit, ihm willig zu dienen. Du kannst dich glücklich schätzen, dass du diese Falle entdeckt hast, denn nun kannst du eine Entscheidung treffen, die dein Leben voranbringt.

50
Der Götze der Kontrolle

Der *Götze der Kontrolle* ist an den Götzen des Herzensbruchs und an den Götzen der Unabhängigkeit gebunden. Je größer der Herzensbruch ist, den wir erlitten haben, umso größer ist der Wunsch nach Kontrolle und Unabhängigkeit. Unser Wunsch nach Kontrolle rührt von Angst her. Wir wollen verhindern, dass wir verletzt werden, und normalerweise versuchen wir auch zu verhindern, dass andere Menschen zu Schaden kommen. Ungeachtet unserer guten Absichten hat das Bedürfnis, unseren Willen durchzusetzen, jedoch Machtkämpfe mit anderen Menschen zur Folge, die ihren Willen durchsetzen wollen. Diese Machtkämpfe rufen häufig alte Herzensbrüche wach und führen neue Herzensbrüche herbei. Unser Bedürfnis nach Kontrolle ist der Beweis für unser gespaltenes Bewusstsein und für unseren Mangel an Vertrauen. Wir tragen Abhängigkeit, Bedürfnisse und Schmerz in uns, während wir nach außen Überlegenheit, den Wunsch, unseren Willen durchzusetzen, sowie eine Unabhängigkeit an den Tag legen, die andere Menschen beherrscht. Kontrolle bringt jedoch kein Glück, sondern Langeweile. Sie hält uns in einem Mangel an Ebenbürtigkeit gefangen, der Partnerschaft und Fluss verhindert. Der *Götze der Kontrolle* rettet uns nicht vor Schmerz, sondern führt ihn herbei. Er befördert uns in eine Wüste, in der es nur ganz vereinzelt einmal eine Oase gibt. Die Kontrolle zu haben ist besser, als außer Kontrolle zu sein, denn das macht uns zu einem vermeintlichen Opfer. Dennoch gibt es uns so viel weniger als Partnerschaft oder die Fähigkeit, dem HIMMEL die Kontrolle zu überlassen. Kontrolle ist der Plan des Egos. Der HIMMEL hat einen viel besseren Plan für uns, der nicht auf das Ego beschränkt ist.

Was diese Karte bedeutet

Wenn du diese Karte erhältst, bist du aufgerufen, deine *Götzen der Kontrolle* loszulassen zugunsten eines besseren Weges, der dir Frieden und Selbstvertrauen anstelle von Kontrolle und Machtkampf bringt. Es ist der Weg des HIMMELS und nicht der Weg deines Egos. Wenn du deine *Götzen der Kontrolle* loslässt, hast du die Möglichkeit, auch deine Götzen des Herzensbruchs aufzugeben und von der Unabhängigkeit zu Ebenbürtigkeit und

Was diese Karte bedeutet

Diese Karte fordert dich dazu auf, deine Entscheidungen zu überdenken, vor allem deine unbewussten Entscheidungen, die dich dazu bringen, den *Götzen der Grausamkeit* anzubeten. Was bringt dich auf den Gedanken, dass du Grausamkeit verdienst? Meinst du nicht, es sei ein wenig arrogant, dich für schuldig zu halten und zu glauben, du habest Bestrafung verdient, wenn GOTT dich als unschuldig sieht? Dem GOTT DER LIEBE zufolge ist Barmherzigkeit die einzige Gerechtigkeit, die es gibt. In welcher Weise hat der *Götze der Grausamkeit* sich in deinem Leben gezeigt? Inwiefern bist du anderen Menschen gegenüber deshalb grausam und hartherzig gewesen? Wie wäre dein Leben ohne diesen Götzen verlaufen? Was willst du wirklich? Hast du nicht den Wunsch, dich dieser Götzen zu entledigen? Es ist ganz leicht, sie loszulassen. Bitte einfach darum, dass sie in die HÄNDE GOTTES gelegt werden mögen. Lasse zu, dass sie als die Illusionen aufgelöst werden, die sie sind. Einzig dein Glaube hat ihnen Wirklichkeit verliehen. Nun ist es an der Zeit, sie hinter dir zu lassen und frei zu sein. Du hast so viel mehr verdient, als du dir selbst zugestehst. Bitte darum, dass deine Götzen durch die Freude und die Liebe ersetzt werden, die du verdient hast. Du bist hier, um glücklich zu sein, ein lebendiges Beispiel für die LIEBE GOTTES und SEINE Wohltaten. Erlaube dir, frei zu sein, und wirf deine hausgemachten Folterinstrumente fort. Dein Ego frohlockt angesichts deiner Selbstfolter, weil es weiß, dass du damit auch die Menschen in deiner Umgebung angreifst. Damit verstärkst du die Trennung und vergrößerst die Macht des Egos. Dieser Preis ist einfach zu hoch. Der *Götze der Grausamkeit* ist eine Illusion, die verblassen kann, so wie die Dämmerung die Dunkelheit vertreibt. Diene heute der Wahrheit. Sie befreit dich und die Menschen, die du liebst. Sobald du weißt, dass du den *Götzen der Grausamkeit* in dir trägst, bist du nicht länger bereit, ihm willig zu dienen. Du kannst dich glücklich schätzen, dass du diese Falle entdeckt hast, denn nun kannst du eine Entscheidung treffen, die dein Leben voranbringt.

50
Der Götze der Kontrolle

Der *Götze der Kontrolle* ist an den Götzen des Herzensbruchs und an den Götzen der Unabhängigkeit gebunden. Je größer der Herzensbruch ist, den wir erlitten haben, umso größer ist der Wunsch nach Kontrolle und Unabhängigkeit. Unser Wunsch nach Kontrolle rührt von Angst her. Wir wollen verhindern, dass wir verletzt werden, und normalerweise versuchen wir auch zu verhindern, dass andere Menschen zu Schaden kommen. Ungeachtet unserer guten Absichten hat das Bedürfnis, unseren Willen durchzusetzen, jedoch Machtkämpfe mit anderen Menschen zur Folge, die ihren Willen durchsetzen wollen. Diese Machtkämpfe rufen häufig alte Herzensbrüche wach und führen neue Herzensbrüche herbei. Unser Bedürfnis nach Kontrolle ist der Beweis für unser gespaltenes Bewusstsein und für unseren Mangel an Vertrauen. Wir tragen Abhängigkeit, Bedürfnisse und Schmerz in uns, während wir nach außen Überlegenheit, den Wunsch, unseren Willen durchzusetzen, sowie eine Unabhängigkeit an den Tag legen, die andere Menschen beherrscht. Kontrolle bringt jedoch kein Glück, sondern Langeweile. Sie hält uns in einem Mangel an Ebenbürtigkeit gefangen, der Partnerschaft und Fluss verhindert. Der *Götze der Kontrolle* rettet uns nicht vor Schmerz, sondern führt ihn herbei. Er befördert uns in eine Wüste, in der es nur ganz vereinzelt einmal eine Oase gibt. Die Kontrolle zu haben ist besser, als außer Kontrolle zu sein, denn das macht uns zu einem vermeintlichen Opfer. Dennoch gibt es uns so viel weniger als Partnerschaft oder die Fähigkeit, dem Himmel die Kontrolle zu überlassen. Kontrolle ist der Plan des Egos. Der Himmel hat einen viel besseren Plan für uns, der nicht auf das Ego beschränkt ist.

Was diese Karte bedeutet

Wenn du diese Karte erhältst, bist du aufgerufen, deine *Götzen der Kontrolle* loszulassen zugunsten eines besseren Weges, der dir Frieden und Selbstvertrauen anstelle von Kontrolle und Machtkampf bringt. Es ist der Weg des Himmels und nicht der Weg deines Egos. Wenn du deine *Götzen der Kontrolle* loslässt, hast du die Möglichkeit, auch deine Götzen des Herzensbruchs aufzugeben und von der Unabhängigkeit zu Ebenbürtigkeit und

Partnerschaft zu gelangen. Wechselseitige Abhängigkeit bringt Fluss, ein höheres Maß an Verbundenheit und die Fähigkeit zu empfangen. Sie gibt dir sowohl das Fundament, auf dem du aufbauen kannst, als auch die Freiheit, dich emporzuschwingen. Warum solltest du wollen, dass alles nach deinem Willen läuft, wenn alles nach dem WILLEN des HIMMELS laufen könnte? Ein wahrhaftiger Weg erfordert nichts anderes als Ebenbürtigkeit, denn sie lässt Verbundenheit entstehen, die das Fundament des EINSSEINS ist. Kontrolle wird durch Selbstvertrauen ersetzt, und Selbstvertrauen bringt Erfolg. Der Schritt in die wechselseitige Abhängigkeit hat zur Folge, dass dein Leben mit einem weit höheren Maß an Gnade beschenkt wird. Wenn du die Kontrolle aufgibst, brauchst du nicht mehr so hart zu arbeiten, sondern kannst zulassen, dass die Dinge sich mühelos auf eine weit natürlichere Weise entfalten. Dies bringt dich in den Fluss zurück.

51
Der Götze der Krankheit

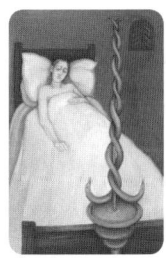

Der Glaube an Krankheit macht uns anfällig dafür, krank zu werden. Unsere Glaubenssätze über Krankheit machen sie zu einem Teil unserer Welt. Der *Götze der Krankheit* reicht jedoch viel tiefer, weil wir nicht nur an Krankheit glauben, sondern ihr auch einen Wert beimessen. Die Vorstellung, dass wir Krankheit einen Wert beimessen, klingt völlig verrückt, aber der *Götze der Krankheit* birgt viele vermeintliche Belohnungen. So liefert er uns beispielsweise eine Ausrede dafür, das zu tun, was wir wollen, oder – was in diesem Fall wahrscheinlicher ist – etwas nicht tun zu müssen, was wir nicht tun wollen. Er liefert uns eine Ausrede dafür, uns bestimmten Ängsten nicht stellen zu müssen, wie etwa der Angst vor Nähe oder der Angst vor unserer Lebensaufgabe. Wir wollen die Besonderheit und die Beachtung, die Krankheit uns bringt. Wir glauben, eine Schuld tilgen oder einen anderen Menschen als Sünder hinstellen zu können. Wir können beweisen, dass wir Recht haben, und wir bekommen die Gelegenheit, einen anderen Menschen zu besiegen. Wir üben Rache, und gleichzeitig greifen wir auch uns selbst an. Wir benutzen unsere Krankheit als eine Form von Märtyrertum in dem Versuch, einen anderen Menschen zu retten. Wir benutzen unsere Krankheit auch, um uns selbst oder andere Menschen zu kontrollieren. Allein die Drohung, krank zu werden, gibt uns ein gewisses Maß an Sicherheit in Bezug auf das, was wir für wertvoller hielten als unsere Gesundheit. Wir setzen unseren Körper als taktisches Mittel ein, und im Zuge dieses Kampfes bringen wir ihn in Gefahr. Unseren Körper auf diese Weise zu benutzen ist so, als würden wir ein geliebtes Haustier in einem Kampf einsetzen, und weil dieser Kampf uns so wichtig ist, sind wir sogar bereit, unser Haustier zu verletzen, um unser Ziel zu erreichen. Unser Gegner in diesem Kampf steht für einen Kampf mit uns selbst, mit unserer geistigen Wesensnatur und mit GOTT. Der *Götze der Krankheit* ist eng mit der Opferrolle verknüpft, weil wir das eine nicht ohne das andere haben können. Beide sind sehr stark an den Götzen der Rache und den Götzen der Schwäche gebunden. Wenn wir krank sind, schneiden wir uns von uns selbst, von unserer geistigen Wesensnatur und vom Leben ab, weil wir versuchen, alte und uralte Bedürfnisse erfüllt zu bekommen. Damit dies geschieht, sind wir bereit, ein Spiel zu spielen, bei dem alle verlieren. Die Triebkräfte, die allen Krankheiten zugrunde liegen, zeigen deutlich, dass das Ego nicht unser Freund ist. Um seine Ziele zu erreichen, ist es bereit, unser Glück zu opfern und uns von unserem Lebensweg abzubringen. Es ist an der Zeit, uns selbst ein Freund zu sein und das Ego und seine Götzen zu verleugnen, denen es nie gelingen kann, uns glücklich zu machen. Der *Götze der Krankheit* verkündet, dass das Leben uns im Stich gelassen hat. Mit einem einzigen psychologischen Streich, den wir auf die körperliche Ebene verlagern, greifen wir unsere Eltern, unseren Partner, unsere Kinder und GOTT an. Eine schwere Krankheit ist Ausdruck einer unbewussten falschen Geisteshaltung, die eine „Masche" ist, mit der wir andere Menschen und uns selbst besiegen.

Was diese Karte bedeutet

Diese Karte weist dich auf eine Schlange im Gras hin, deren Beseitigung für dein Wohlergehen unerlässlich ist. Auf den tieferen Ebenen des Bewusstseins ist eine Krankheit nicht nur etwas, das dir einfach widerfährt, sondern etwas, für das du selbst das Drehbuch schreibst. Wenn du einen *Götzen der Krankheit* in dir trägst, ist sie etwas, dem du einen Wert beimisst. Diese Karte zeigt, dass du selbst die Wurzel deiner Probleme bist und dass es wichtig ist, nicht nur deine *Götzen der Krankheit* loszulassen, sondern auch deine Motivation, die dich an die Ziele des Egos bindet. Krankheit macht dich zu einem Schatten deines früheren Selbst. Deine Symptome lenken dich in so hohem Maße ab, dass du dir deines wahren inneren Konflikts genauso wenig bewusst bist wie der Tatsache, dass das, was geschieht, mit deinem geheimen Einverständnis geschieht. Verpflichte dich nun, alle diese

Götzen ebenso loszulassen wie die unwahre Loyalität, die du deinem falschen Freund, dem Ego, entgegenbringst.

52
Der Götze der Kreuzigung

Der *Götze der Kreuzigung*, aus Illusionen der Schuld heraus geboren, ist der qualvollste Götze, den es gibt. Er kann Bestandteil einer Götzenkonstellation sein, die entsetzlichen Schmerz in unser Leben hineinbringt. Er kann mit Götzen des Leidens, der Grausamkeit, der Krankheit, der Sabotage, des Herzensbruchs, der Beherrschung und der Aufopferung eine Konstellation bilden, die rasch zu tiefer Verzweiflung und zum Zusammenbruch führt. Der *Götze der Kreuzigung* ist der dunkelste Götze von allen. Obwohl alle Götzen letztlich zum Tod führen, stellt der *Götze der Kreuzigung* die Überholspur zu unserem Niedergang dar. Dieser Götze hält die Welt in Unfreiheit gefangen, schreibt den Fehler der Aufopferung und des mit ihr verbundenen Rückzugs fest und erfüllt die Welt mit Angriff und Selbstangriff. Was wir uns selbst antun, tun wir anderen Menschen an, und was wir anderen Menschen antun, tun wir uns selbst an. Die Welt wird nicht durch die Kreuzigung, sondern durch die Auferstehung erlöst. Unsere Heilung rettet die Welt, nicht unser Leiden. Wenn wir der Welt unsere Vergebung anbieten, wird sie erlöst, und zusammen mit ihr werden auch wir erlöst. Dazu sind wir hier. Das Kreuz ist ein uraltes Sinnbild dafür, dass der GEIST (senkrechter Balken) in die Menschheit (waagerechter Balken) hineinkommt. Dies war nicht als Kreuzigung gedacht, sondern als die Durchbohrung der Dunkelheit durch das Licht, der Angst durch die Liebe und der Schuld durch die Unschuld.

Der *Götze der Kreuzigung* ruft nach dem schlimmsten Leiden, das es gibt, aber er ist nicht die Wahrheit. CHRISTUS hat uns von dem verfehlten Glauben an die Notwendigkeit der Kreuzigung befreit, aber unerleuchtete Anhänger haben anstelle des Auferstehungsgedankens und des Glaubens an den ewigen Geist den Kreuzigungsgedanken und den Glauben an den sterblichen Körper verstärkt. Die Kreuzigung war ein extremes Beispiel, und ihre Lehre bestand darin, dass Jesus selbst bei seiner Kreuzigung keine Feinde hatte. Wir waren aufgerufen, es diesem Extrem nicht in der Aufopferung, sondern nur in der Liebe gleichzutun. Das Opfer Jesu war dazu gedacht, alle Aufopferung zu beenden. Aufopferung ist ein Fehler, der in Konkurrenz zu anderen Menschen tritt, sich zurückzieht, angreift und nur eine Nachahmung echter Selbsthingabe ist. Trotzdem gehen sehr viele religiöse Menschen den Weg der Kreuzigung und begreifen nicht, dass es bei der Botschaft CHRISTI nicht um Kreuzigung, sondern um Auferstehung geht. Manchmal erliegen wir der irrigen Vorstellung, durch unsere Kreuzigung einen anderen Menschen retten zu können, aber eine Kreuzigung wird niemals gefordert. Sie schreibt den Glauben an den Körper und damit den Glauben an den Tod fest. An ihrer Stelle werden uns die Gnade und die Wunder angeboten, die das Gute vollbringen, ohne dass Leiden und Märtyrertum notwendig sind. Unsere Angriffsgedanken sollen andere Menschen kreuzigen, aber letztendlich kreuzigen wir nicht nur sie, sondern auch uns selbst. Dies ist nicht die Wahrheit!

Was diese Karte bedeutet

Wenn du diese Karte erhältst, dann bedeutet das, dass du dich selbst und andere Menschen kreuzigst. Diese todbringende Absicht ist das Fundament des Egos und der Trennung. Sie ist die Wurzel all dessen, was dich quält, und deshalb ist es ein Segen, dass du sie nun aufgedeckt hast. Du wurdest darauf aufmerksam gemacht, dass dein Bewusstsein ein Muster in sich birgt, das dir deinen größten Schmerz, deine tiefste Angst und deine unerträglichste Qual bringt. Frage dich: „Ist es das, was ich sehen möchte? Will ich das?" Dies sind Fragen aus *Ein Kurs in Wundern*, die wiederholt werden müssen, bis wir vollkommen von Licht erfüllt sind. In *Ein Kurs in Wundern* heißt es auch, dass wir uns mit jeder Entscheidung, die wir treffen, entweder für unseren Groll oder für ein Wunder entscheiden, und dass wir diese Entscheidungen in jedem Augenblick treffen. Nun ist es an der Zeit, dein Denken zu ändern und eine andere Entscheidung zu treffen, die dich zum Licht hinwendet. Die Entdeckung, dass du diese entsetzlichen Götzen in dir trägst, ist ein Segen. Mit diesem Wissen kannst du nun die Entscheidung treffen, nicht länger in diese Götzen zu investieren und sie loszulassen, weil sie ein Fehler sind. Götzen sind darauf angewiesen, dass sie verborgen bleiben und dass wir ständig in sie investieren, denn wenn wir sie ins Licht unseres bewussten Denkens holen, geben wir sie von selbst auf. Nur jemand, der wahnsinnig ist, würde sich bewusst dafür entscheiden, diesen entsetzlichen Schmerz zu erleiden.

Lasse alle Kompensationen los, die du benutzt hast, um deine *Götzen der Kreuzigung* zu verschleiern. Alle diese Dinge waren ein großer Fehler, und jetzt ist es an der Zeit, sowohl deine Götzen als auch die Kompensationen loszulassen, mit deren Hilfe du sie verborgen hast.

Stelle dir vor, dass du über ein Feld läufst und dich einem Hügel näherst, auf dem mehrere Kreuze zu sehen sind. Ein Gefühl der Dringlichkeit überkommt dich, und du beschleunigst deinen Schritt. Du steigst den Hügel hinauf, und als du auf der Spitze ankommst, entdeckst du eine Vielzahl an Kreuzen. Sie reichen von winzigen Kreuzen, an die du als Säugling gekreuzigt wurdest, bis hin zu großen Kreuzen, an denen du als erwachsener Mensch hängst. Als du dich auf dem Hügel umschaust, erkennst du, dass alle diese Kreuze dir Orte zeigen, an denen du dich selbst gekreuzigt hast. Sie reichen sogar bis in die Zeit vor deiner Geburt zurück. Einige dieser Selbste sind gestorben, während andere sich in unerträglicher Qual winden und ihre Pein zum HIMMEL hinaufschreien.

Rufe die Engel herbei. Bitte sie, dir zu helfen, während du dich selbst von diesen Kreuzen abnimmst. Hauche den Selbsten, die gestorben sind, den heiligen Atem des Lebens ein. Liebe sie, bis sie wieder zu neuem Leben erwachen und heranwachsen. Wenn sie dein jetziges Alter erreichen, verschmelzen sie wieder mit dir und sorgen so dafür, dass Drähte in deinem Herzen, deinem Geist und deinem Körper neu verbunden werden.

Während du diese lebenswichtige Aufgabe erledigst, überkommt dich ein Gefühl des Grauens, und du schaust zum nächsten Hügel hinüber. Du entdeckst, dass dort noch viele weitere Kreuze stehen, und beginnst zu laufen. Du rennst so schnell, wie du nur kannst, den ersten Hügel hinab und den zweiten Hügel hinauf. Als du oben angekommen bist, findest du deine Angst bestätigt. Du stehst vor den Kreuzen all der Menschen, die du geliebt und gekannt hast. Es sind die Orte in ihrem Leben, an denen sie sich selbst gekreuzigt haben. Manche ihrer Selbste sind gestorben, während andere sich in tiefer Qual winden. Dein Herz bricht auf für die Menschen, die du liebst. Du wusstest nicht, dass deine Kreuzigungen dies erlaubt und gutgeheißen haben. Rufe die Engel herbei. Rufe aus tiefstem Herzen, denn dies ist nicht die Wahrheit. Nimm alle Selbste der Menschen, die du liebst, von ihren Kreuzen ab. Hauche ihnen den heiligen Atem des Lebens ein, sodass sie zu neuem Leben erwachen, und bitte die Engel, es ebenfalls zu tun. Halte sie alle in deinen Armen und liebe alle Menschen, die du jemals geliebt hast, nun an dem Ort, an dem sie es am meisten brauchen. Alle Menschen, die dich jemals gebraucht haben, sind hier. Hilf ihnen allen. Hilf ihnen allen mit der Hilfe der Engel. Hilf ihnen, heranzuwachsen und wieder mit sich selbst zu verschmelzen. Lasse zu, dass deine Liebe sie erlöst. Bringe sie zu sich selbst zurück. Dies ist die Wahrheit. Dazu bist du hier. Es ging nicht um die Kreuzigung. Es ging immer nur um die Auferstehung. Du kannst es tun, weil das, was du tust, die Wahrheit der Heilung ist und weil die Macht und die Wahrheit GOTTES SELBST hinter dir stehen. Erleichterung, Befreiung und schließlich Freude stellen sich ein, wenn du dich für den HIMMEL anstelle der Hölle entscheidest.

53
Der Götze der Schuld

Der *Götze der Schuld* fordert Bestrafung und Rückzug. Er fordert Vergeltung an uns selbst und an anderen Menschen. Der *Götze der Schuld* leistet dem Ego große Dienste, weil das Ego seine Macht durch Schuld festigt und Schuld unser gespaltenes Bewusstsein aufrechterhält. Sie trennt uns von anderen Menschen und wird im Endeffekt benutzt, um GOTT zu bekämpfen. Schuld sorgt dafür, dass wir einsam bleiben und uns vom Leben abwenden. Sie schwächt uns und bringt Dunkelheit. Sie trägt den dunklen Glanz der Besonderheit in sich und lehnt die mühelose Berichtigung von Fehlern ab, die unser Leben mit einem höheren Maß an Gnade erfüllen würde. Der *Götze der Schuld* hält uns in Selbstfolter gefangen, und die Dinge, die wir an uns selbst verurteilen, kehren wir stets als Urteil gegen andere Menschen. Wir benutzen den *Götzen der Schuld*, um unsere Angst vor Veränderung zu verbergen. Dabei glauben wir jedoch, unsere Schuld könne uns etwas einbringen, das uns dient und uns glücklich macht, obwohl sie in Wahrheit nur dem Ego dient, und was dem Ego dient, kann uns niemals glücklich machen. Alle Götzen bringen Verderben, und das trifft auf keinen anderen Götzen so sehr zu wie auf den *Götzen der Schuld*, der uns mit seiner dunklen Wahnvorstellung zerstören kann. Wenn wir diesen Götzen in uns tragen, erfüllen wir unsere Welt mit Realitätsferne und mit Schmerz, der dafür sorgt, dass wir ein Sklave unseres Egos bleiben.

Unsere Unschuld ist die Wahrheit und eine der wunderbarsten Gaben, die wir der Welt geben können, weil sie die Welt mit Licht und mit Freiheit segnet. Unschuld ist der Vorbote von Liebe und Freude.

Was diese Karte bedeutet

Wenn du diese Karte ziehst, hast du eine der wichtigsten Ursachen für dein Unglücklichsein entdeckt, denn das Ego und Schuld sind untrennbar miteinander verbunden. Deine *Götzen der Schuld* aufzugeben heißt, eine Entscheidung für die Wahrheit und für das Glück zu treffen. Du triffst diese Entscheidung nicht nur für dich selbst und die Menschen, die du liebst, sondern für viele Menschen auf der ganzen Welt, die mit dir in Übereinstimmung sind. Deine *Götzen der Schuld* aufzugeben heißt, das ganze kollektive Feld in seiner Entwicklung voranzubringen. Schuld schreibt Fehler fest, indem sie eine unverzeihliche Sünde aus ihnen macht. Deine Entscheidung für die Wahrheit gibt dir jedoch die Möglichkeit, die Fehler zu berichtigen und den nächsten Schritt zu gehen. Wenn ein Fehler berichtigt wird, überwindest du dich selbst. Du machst dich nicht übermäßig schlecht, sondern siehst jedem Ereignis ganz einfach als einer weiteren Lektion entgegen, die es zu lernen gilt. Du bist aufgefordert, dich auf die Wahrheit zu berufen, damit sie die Irrtümer deines Geistes berichtigt, allen voran nicht nur den Glauben an Schuld, sondern auch den *Götzen der Schuld*. Du kannst dein SELBST niemals erkennen, solange du den *Götzen der Schuld* anbetest, weil Schuld dich in Blindheit gefangen hält. Triff nun die Entscheidung, deine *Götzen der Schuld* in die HÄNDE des HIMMELS zu legen, und nimm dann wahr, was dir im Gegenzug für diese dunklen Illusionen gegeben wird.

54
Der Götze der Schwäche

„Stärke ist die Wahrheit über dich; Schwäche ist ein Götze, der fälschlich verehrt und angebetet wird, um die Stärke zu vertreiben und Dunkelheit dort herrschen zu lassen, wo GOTT bestimmte, dass Licht sein sollte."
Ein Kurs in Wundern, Ü-I.92.4:7

Schwäche ist die Erfahrung von Machtlosigkeit und wird benutzt, um unsere Verantwortung zu verbergen. Schwäche bedeutet, dass wir uns verstecken und unsere Funktion leugnen, die darin besteht, zur Rettung der Welt beizutragen. Weil wir nicht nur die Kraft unseres Geistes verleugnen, der die Welt erschafft, sondern auch unsere Berufung, sie zu retten, werden wir zu einer Auswirkung der Welt und nicht umgekehrt. Unsere Schwäche ist ein Versuch, Hilfe zu bekommen, unsere Bedürfnisse erfüllt zu bekommen, die Auswirkungen eines Verlustes, den wir erlitten haben, als Ausrede zu benutzen, und uns der Angst vor dem nächsten Schritt nicht zu stellen. Wir benutzen unsere Schwäche, um Schuld zu verbergen, und opfern uns auf, um Harmlosigkeit vorzutäuschen, statt unseren Angriff und unser Konkurrenzdenken einzugestehen. Unsere *Götzen der Schwäche* sind eine Form von Rache. Wir haben uns von unserem inneren Licht und der grenzenlosen Macht unserer geistigen Wesensnatur abgewandt. Unsere Schwäche verleugnet die Macht des HIMMELS, die uns in Form von Gnade und Wundern angeboten und geschenkt wird. Unsere Schwäche ist ein Rückzug vom Leben, der unterstreicht, dass wir ein Körper sind, und uns damit an kollektive Glaubenssätze über Alter, Krankheit und Leiden fesselt.

Was diese Karte bedeutet

Diese Karte zeigt, dass du deinem SELBST, deiner Lebensaufgabe und deiner Bestimmung aus dem Weg gehst. Du läufst vor der Wahrheit davon, um dein Ego aufzubauen und ihm den Rücken zu stärken. Du hast dich selbst aus dem Leben ausgesperrt und benutzt andere Menschen, um deine Schwäche zu unterstützen. Deine Schwäche kann problemlos transformiert werden, wenn du erkennst, dass deine Schwäche die Stärke des HIMMELS ist. Wenn du den HIMMEL um seine Gnade und seine Wunder bittest, rufst du die gesamte Stärke des HIMMELS auf den Plan. Diese Offenheit ist es, die dich mit dir selbst, mit anderen Menschen und mit dem HIMMEL verbindet und dich schließlich zu deinem SELBST führt. *Götzen der Schwäche* sind eine Form von Rache, weil wir durch unseren Selbstangriff auch GOTT angreifen.

Stärke ist Leben, und Stärke zu empfangen und anzunehmen heißt, dich dem Licht in dir zu stellen. Es ist deine eigentliche Stärke, weil es grenzenlos ist. Es ist Teil des LICHTS, welches das EINSSEIN ist. Deine Stärke ist das Vermächtnis des HIMMELS für dich. Es ist an der Zeit, darum zu bitten, sie anzunehmen, sie zu empfangen und dich zu ihr zu bekennen.

55
Der Götze der Selbstkonzepte

Der *Götze der Selbstkonzepte* ist der Urgötze, auf dem alle anderen Götzen aufbauen. Er ist ein falscher Gott, weil er sich das Vorrecht GOTTES als SCHÖPFER anmaßt, wenn wir unsere eigene Identität aufbauen. Auf diese Weise nehmen wir GOTTES Platz ein und erschaffen eine Welt nach unserem eigenen Bilde. Wir erschaffen ein Bild unseres Selbst, das vollkommen anders ist als das SELBST, das GOTT geschaffen hat. Wir sind nicht länger GOTTES geliebtes KIND. Stattdessen sind wir ein selbstgemachter Mann, eine selbstgemachte Frau. Wir sind nicht länger reiner Geist, in Sicherheit, geheilt und ganz.

Wir erschaffen diese Selbste durch Trennung, durch die Abspaltung unseres SELBST. Die Folgen sind Schmerz, Verlust, Angst, Gefühle der Verlassenheit und der Unzulänglichkeit, Widerstand, Verletztheit, Herzensbruch und Schuld. Unsere Glaubenssätze über uns selbst projizieren wir dann auf die Welt. Das Selbst wird zu einer Kompensation für die Schuld, die von unserer Abspaltung herrührt. Wir betrachten uns als gut und unschuldig und verurteilen die Welt für das, was wir auf sie projiziert haben. Wir sind das unschuldige Opfer aller Kränkungen dieser Welt. Unser Selbst verkündet, dass wir sind, wie wir sind, weil andere Menschen uns das angetan haben: „Wegen der Dinge, die du getan hast, bin ich, wie ich bin. Was du mir scheinbar angetan hast, ist meine Ausrede. Ich habe diese Identität wegen der Dinge erschaffen, die du mir angetan hast." Sie ist unser Meisterwerk, aber wir sind nicht verantwortlich.

Was diese Karte bedeutet

Wenn du diese Karte erhältst, dann benutzt du deine Selbstkonzepte, um zu beweisen, dass du ein Körper bist, aber wenn du glaubst, dass du ein Körper bist, dann glaubst du auch, dass du sterblich bist und sterben wirst, statt vielmehr unsterblich zu sein, so wie du geschaffen wurdest. Dies ist deine Rebellion. Sie fußt darauf, eine Welt nach deinem Bild und Gleichnis aufzubauen, aus der GOTT ausgesperrt ist. Deine Selbste sind auf schmerzhaften Situationen aufgebaut, an denen du anderen Menschen die Schuld gibst. Somit sind deine eigenen Selbste dein lebender Beweis dafür, wie sehr andere

Menschen dir Unrecht getan haben. Dein Selbst ist eine Verurteilung anderer Menschen, und du kämpfst darum, das zu behalten, was du erschaffen hast. Dies macht deine Welt zu einer Hölle statt zu der HIMMLISCHEN Welt, die sie sein könnte. Es existiert ein Teufelskreis zwischen deinen Götzen, deinem Glauben, dass du ein Körper bist, deinen Verletzungen und deinem Glauben an den Tod. Er bringt dir Leiden und Schmerz anstelle der vielen guten Dinge, die du als KIND GOTTES verdienst.

Es ist an der Zeit, dich deiner *Götzen der Selbstkonzepte* und gleichzeitig auch deiner Selbstkonzepte zu entledigen. Dadurch kommen mehr Frieden und mehr Freude in dein Leben hinein, und deine Vergebung befreit deinen Bruder von der Last der Schuld, die du ihm durch deine Projektion, dein Urteil und deine Schuldzuweisung auferlegt hast. Je mehr du deine Selbstkonzepte loslässt, umso weniger wichtig werden deine Götzen und dein Körper, bis dein Körper schließlich zu einem bloßen Schatten wird, der das Licht in dir nicht länger verbirgt. Deine Selbstkonzepte sind nicht mehr länger die Mauer der Trennung, die du benutzt, um anderen Menschen bestimmte Grenzen aufzuerlegen. Damit öffnet sich die Tür zu anderen Menschen, zur Freude, zur GÖTTLICHEN PRÄSENZ und zum HIMMEL auf Erden.

56
Der Götze der Unabhängigkeit

Der *Götze der Unabhängigkeit* ist beim Ego besonders begehrt, weil er ihm die Möglichkeit gibt, sich selbst als unsere einzige Identität und unseren Glauben an die Welt als unsere einzige Wirklichkeit unverrückbar festzuschreiben. Unser Verlangen nach Unabhängigkeit ist der Kern unseres Verlangens nach Trennung. Unabhängigkeit ist jedoch nicht gleichbedeutend mit Freiheit. Wenn du auf die Welt schaust, kannst du sehen, dass sich nur sehr wenige Menschen frei fühlen. Das liegt daran, dass sie sich in Wirklichkeit vor der Freiheit fürchten. Trotzdem gibt es eine ganze Welt, die danach strebt, unabhängig zu sein, ihren eigenen Willen durchzusetzen, Kontrolle auszuüben und Recht zu haben. Dies gilt ohne Rücksicht auf Wahrheit, Partnerschaft oder Harmonie. Freiheit ist ein Paradoxon, das von Verbundenheit abhängig ist, während die Unabhängigkeit lediglich ihren Willen durchsetzen will. Die Freiheit ist der Wahrheit verpflichtet, und deswegen birgt sie sowohl Mühelosigkeit als auch Weisung in sich. Weil Unabhängigkeit aus zerstörter Verbundenheit heraus entsteht, spaltet sie unser Bewusstsein, und der Anteil, mit dem wir uns am wenigsten identifizieren, wird im Unterbewusstsein vergraben. Unabhängigkeit bildet zudem stets eine Konstellation mit den Rollen der Bedürftigkeit und des Opfers, was zu mehr Schmerz und zu den Rollen der Aufopferung und des Märtyrers führt, die Rückzug, Burnout und Leblosigkeit zur Folge haben. Unabhängigkeit hat einen hohen Preis. Er besteht nicht zuletzt in der Dissoziation, die Liebe, Freude, Empfangen, unser Herz und unsere weibliche Seite abschneidet und bewirkt, dass wir aus dem Gleichgewicht geraten, einsam sind und hart arbeiten für wenig Lohn.

Was diese Karte bedeutet

Diese Karte weist dich darauf hin, dass dir die Dinge entgangen sind, die im Leben wirklich einen Wert besitzen. Du bist auf das Verlangen deines Egos hereingefallen, zu schwelgen und seinen eigenen Weg zu gehen, statt den Weg der Wahrheit einzuschlagen. Du schneidest dich selbst von Nähe, Liebe, Erfolg, Lebenssüße und Mühelosigkeit ab. Das Maß deiner Unabhängigkeit entspricht dem Maß, in dem dein Leben von Schwierigkeiten, Aufopferung und Leblosigkeit geprägt ist.

Wir alle müssen im Laufe unseres Lebens die unabhängige Ebene passieren. Der Schlüssel liegt darin, nicht auf dieser Ebene steckenzubleiben. Je mehr du auf der abhängigen Ebene verletzt wurdest, Opfer warst und dissoziiert hast, umso größer ist in der Regel deine Unabhängigkeit. Die abhängige Ebene ist der Ort, an dem wir aus der Verbundenheit ausgebrochen sind. Die unabhängige Ebene ist der Ort, an dem wir die Dinge selbst in die Hand genommen haben, um unseren eigenen Weg zu gehen und uns nicht nur Wahrheit und Partnerschaft, sondern auch unserer Lebensaufgabe und unserer Bestimmung zu entziehen. Je größer die Verbundenheit ist, die du dir auf der abhängigen Ebene bewahrst, umso größer ist dein Einfallsreichtum und umso weniger dissoziiert und in der Falle gefangen bist du auf der unabhängigen Ebene. Die Erneuerung deiner Verbundenheit durch Heilung führt dich zur Ebene der wechselseitigen Abhängigkeit voran, auf der dich Partnerschaft, Fluss, Mühelosigkeit und Erfolg erwarten. Das bringt dir dein Herz zurück und gibt dir die Möglichkeit, zu lieben und glücklich zu sein. Der *Götze der Unabhängigkeit* ist das Mittel, mit dessen Hilfe das Ego seine Macht vergrößert, aber nur deine Verbundenheit kann dir wirkliches Glück bringen. Der *Götze der Unabhängigkeit* gehört zu den großen Fehlern, die wir im Leben machen. Seine Anziehungskraft hat zu unserer heimlichen Entscheidung geführt, uns verletzen zu lassen, damit wir eine Ausrede haben, unabhängig zu sein. Es ist an der Zeit, den *Götzen der Unabhängigkeit* loszulassen und zum Stadium der Partnerschaft voranzugehen, in dem du die Gelegenheit erhältst, das Leben zu genießen, dich partnerschaftlich mit anderen Menschen zu verbinden und die Hilfe des HIMMELS zu empfangen.

57
Der Götze der Verliebtheit

Der *Götze der Verliebtheit* ist an falsche Vorstellungen davon geknüpft, was Beziehungen sind. Beziehungen durchlaufen unterschiedliche Stadien, und das erste Stadium ist die Verliebtheit. Wir erfahren sie immer dann, wenn es in der Beziehung einen Durchbruch gegeben hat. Der Begriff der wahren Liebe birgt die Möglichkeit einer lebenslangen verbindlichen Partnerschaft, die aufgebaut wird, indem die Partner sich immer wieder neu miteinander verbinden, unaufhörlich an ihrer Heilung arbeiten und dadurch ein immer höheres Maß an Glück finden. Partnerschaft und Verbindung sind die wirksamsten Instrumente, die es gibt, um aus dem Traum und dem Urteil der Welt ins ekstatische Licht hinein zu erwachen. Deswegen versucht das Ego, sie zu sabotieren. Es geht in einer Beziehung nicht darum, unsere Besonderheit unter Beweis zu stellen oder unsere Bedürfnisse zu erfüllen. Es geht darum, zu lieben, miteinander zu teilen und die Mauern des Egos aus dem Weg zu räumen, damit ein immer höheres Maß an Verbundenheit entstehen kann. Wenn die Mauern des Egos fallen, erscheint das Licht, und die Welt des Leidens löst sich auf in der Erfahrung, wieder im PARADIES zu sein und schließlich ins Licht des HIMMELS einzutreten.

Wenn die wahre Liebe missdeutet wird, dann beharrt sie darauf, dass unser Partner immer attraktiv für uns sein muss, damit wir unsere Bedürfnisse erfüllt bekommen können, weil wir uns an dem gütlich tun, was er uns gibt. Der *Götze der Verliebtheit* hält uns in zerschlagenen Träumen, Herzensbruch, Depression, Rückzug, Bitterkeit und Zynismus gefangen. Es kostet ein hohes Maß an Energie, uns von unseren *Götzen der Verliebtheit* und von dem Leiden zu erholen, das sie bringen. Die Lektionen, in denen es um unsere Beziehungen und um Vergebung geht, zählen zu den wichtigsten Lektionen, die wir im Leben zu lernen haben. Du kannst deinen Partner und deine Beziehung mühelos in Götzen verwandeln. Du brauchst dir lediglich alle Herzensbrüche anzuschauen, die du seit deiner Kindheit erlitten hast, um zu erkennen, welche Auswirkungen diese Götzen auf dein Leben haben.

Was diese Karte bedeutet

Wenn du diese Karte erhältst, solltest du nicht nur der Frage nachgehen, wie viele *Götzen der Verliebtheit* du in dir trägst, sondern dich auch fragen, wie sie sich auf deine Beziehungen ausgewirkt haben. Wie viele *Götzen der Verliebtheit* trägst du in dir? Wie hoch ist das Maß an Herzensbruch, Enttäuschung, Rückzug, Depression, Rache, Zynismus und Bitterkeit, das du in dir trägst? Die Illusion, die dieser Götze und seine Enttäuschungen erzeugen, stellen ein großes Hindernis für deine Lebensaufgabe, deine Bestimmung und die Erkenntnis deiner selbst als reiner Geist dar. Je mehr *Götzen der Verliebtheit* du in dir trägst, umso stärker bist du in dieser Welt verankert und umso mehr verlierst du die Liebe, das Glück und den Himmel in dir aus den Augen. Es ist wichtig zu erkennen, wozu Beziehungen dienen. Es gibt in Beziehungen keinen Schmerz, der kein Versuch ist, mit Hilfe deines *Götzen der Verliebtheit* ein Bedürfnis erfüllt zu bekommen. Beziehungen sollen Glück bringen, und wo dies nicht geschieht, dort ist die Heilung gefordert, die von Vergebung und Verbindung herrührt. Du selbst bringst durch deine Gaben und deine Liebe das Glück in deine Beziehung hinein. Das Glück, das von innen herrührt, ist unerschütterlich, während das Glück, das du außerhalb von dir in dem suchst, was dein Partner gibt oder tut, auf äußerst unsicheren Füßen steht. Nimm deine *Götzen der Verliebtheit* und alle Auswirkungen, die diese Götzen hervorgebracht haben, und trage sie zum Handelsposten des Himmels, um ein gutes Tauschgeschäft zu machen.

58
Der Götze des Bösen und der Sündhaftigkeit

Der *Götze des Bösen und der Sündhaftigkeit* ist der liebevoll gehegte und gleichzeitig verhasste Glaube, dass wir sündig und schlecht sind. Dazu heißt es in *Ein Kurs in Wundern*:

„Du denkst, du seist das Heim des Bösen, der Dunkelheit und Sünde. Du denkst, wenn jemand die Wahrheit sehen könnte über dich, er wäre abgestoßen und würde wie vor einer giftigen Schlange vor dir weichen. Du meinst, wenn man die Wahrheit über dich dir offenbarte, dass dich ein solches Grauen überkäme, dass du durch deine eigene Hand gleich in den Tod dich stürztest; du würdest weiterleben, nachdem du sähest, dass das unmöglich ist."

Ein Kurs in Wundern, Ü-I.93.1:1-3

Ich habe vor vielen Jahren festgestellt, dass die meisten Menschen diese vergrabenen, unbewussten Glaubenssätze durch Güte, Nettigkeit, Großzügigkeit und harte Arbeit kompensieren. Alle diese Dinge sollen jedoch lediglich die Orte verbergen, an denen sie sich für gemein und böse, niederträchtig und gehässig halten. Diese dunklen Götzen sind stets an den Götzen der Schuld geknüpft und werden im Endeffekt benutzt, um gegen GOTT und SEINE LIEBE zu kämpfen. In *Ein Kurs in Wundern* heißt es, dass Sünde ein Mangel an Liebe ist und dass wir alle gesündigt haben. So gesehen haben wir alle viele Fehler gemacht, aber Fehler können berichtigt werden. Der *Götze des Bösen und der Sündhaftigkeit* dient dem Ego als Fundament. Er versucht zu ändern, als was GOTT uns geschaffen hat, nämlich als sündenlos und liebenswert, aber dies kann niemals geschehen. Wir können nur träumen, dass es geschehen ist, als wir uns vom Licht abgewendet haben, um in Illusionen und Dunkelheit einzutreten.

Was diese Karte bedeutet

Diese Karte zeigt dir, warum die Dinge schlecht für dich laufen. Du trägst sowohl Selbsthass als auch Schuld in dir. Wie kannst du Freude empfinden oder erfolgreich sein, wenn du diese entsetzlichen Dinge über dich selbst glaubst? Es sind diese Glaubenssätze, für die du dich selbst hasst und angreifst und die du zu überdecken versuchst. Der *Götze des Bösen und der Sündhaftigkeit* gehört zu den mächtigsten Mauern des Egos, die dich von dir selbst, von anderen Menschen und von GOTT trennen. Du hast dich zur Einzelhaft in der Todeszelle, zu Krankheit und zu einem Leben harter Arbeit ohne Freude und Freiheit verurteilt. Würdest du das, wofür du dich selbst verurteilt hast, jedoch vor das höchste HIMMLISCHE GERICHT bringen, würde es die Klage abweisen, die du gegen dich selbst erhebst. Du kannst nicht ändern, wie GOTT dich geschaffen hat. Du wurdest als liebevoll und liebenswert geschaffen. Du wurdest als unschuldiger und grenzenloser Geist erschaffen. Du kannst nur glauben, dass du dies durch die Illusion der Trennung geändert hast, die von deinem Urteil herrührt und die Leiden, Angst, Schuld und Dunkelheit bringt. Liebe, Freude, Frieden und Licht sind Teil deiner Identität, und alle deine Fehler können daran nichts ändern. Sie können dir nur Selbstkonzepte einbringen, die deine wahre Identität überdecken. Es ist ein Segen, dass du diese dunklen und zerstörerischen Götzen entdeckt hast. Wenn sie nicht das sind, was du willst, kannst du beschließen, sie loszulassen, und darum bitten, dass sie durch Liebe, Frieden und Freude ersetzt werden. Du kannst dich verpflichten, das Licht in dir zu finden, das sowohl diese dunklen und törichten Vorstellungen als auch die Götzen heilt, die ihnen entspringen.

59
Der Götze des Chaos

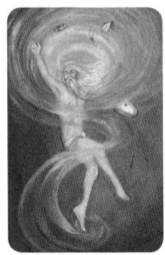

Der *Götze des Chaos* gehört zu den Götzen, die das Ego besonders häufig benutzt, um seine Unentbehrlichkeit unter Beweis zu stellen. Je chaotischer die Dinge sind, umso mehr will das Ego uns weismachen, dass es notwendig ist, eine Festung zu bauen, um uns vor den Unwägbarkeiten und Angriffen dieser Welt zu schützen. Es beeilt sich, uns zu versichern, dass wir uns keine Sorgen zu machen brauchen und dass es uns den Rücken freihalten wird. Das ist fast so, als wäre unser bester Freund ein Vampir, der uns von seinen guten Absichten überzeugt hat, uns oder die Menschen in unserer Umgebung aber in den Hals beißt, sobald wir ihm den Rücken kehren. Der *Götze des Chaos* will, dass alles aus dem Ruder läuft. Er ist Teil unserer Perversion, unserer falschen Geisteshaltung und unseres Eigensinns auf einer allgemeinen Ebene. Diese Aufsässigkeit verbirgt unsere Angst vor Veränderung und unsere Angst vor GOTT.

Je größer das Chaos ist, umso stärker wird das Ego. Dies ist natürlich die Zeit, in der wir Gnade und Wunder besonders dringend brauchen, aber das geschieht nur, wenn wir erkennen, dass wir nicht unser Ego und mehr als unser Körper sind. Der *Götze des Chaos* kann sich an dem Ausmaß zeigen, in dem unser Leben von Chaos bestimmt wird, aber auch an dem Maß an Kontrolle und Struktur, das wir über das Chaos gelegt haben. Ordnung und Wahrheit sind bedeutungsgleich. Sie sind keine Kompensation. Sie sind authentisch und erlauben uns, sorgenfrei zu sein. Chaos ist das Gegenteil von Sorgenfreiheit. Das Chaos erklärt uns, dass wir uns einen schweren Umhang der Sorgfalt umhängen müssen, um überleben zu können.

Der *Götze des Chaos* dient dazu, unsere Angst vor GOTT zu verbergen. Wir fürchten uns vor GOTT und vor SEINER LIEBE, weil wir uns davor fürchten, unsere Götzen, die Welt, die wir auf diesen Götzen aufgebaut haben, und unsere Urteile zu verlieren. Wir benutzen den *Götzen des Chaos*, um alle unsere Götzen zu schützen, denn sie gehören zu den wichtigsten Elementen unseres Kampfes mit GOTT.

Was diese Karte bedeutet

Diese Karte teilt dir mit, dass du deine vermeintlichen Ziele sabotiert hast. Du suchst im *Götzen des Chaos* nach etwas, das nur zur Verwüstung und zum Untergang führen kann. Damit willst du deine anderen Götzen schützen, die von Versuchung und von einem falschen Glanz umgeben sind, um ihre zerstörerische Kraft zu verbergen. Es ist möglich, dass du die *Götzen des Chaos*, die du in dir trägst, durch ein hohes Maß an Struktur in deinem Leben kompensiert hast, um sie und die Auswirkungen, die sie auf dein Leben haben, zu verbergen. Dennoch führen sie ebenso wie alle deine anderen Götzen zu endloser Enttäuschung und zu unsäglichem Elend. Es ist ein kurzer Weg von deinen Götzen zu den Trümmern der Niederlage, der Verzweiflung und der Bitterkeit. Deine *Götzen des Chaos* sind deine Rache am HIMMEL. Wie alle Götzen versuchen auch sie dich in dieser Welt festzuhalten, und sie zeigen dir, wo du ihr und ihren Götzen den Vorzug vor dem HIMMEL gegeben hast. Du bist den Verlockungen des Egos erlegen und wirst dazu gebracht, gegen dein eigenes Wohl zu handeln. Dies lässt du jedoch nur so lange geschehen, wie deine Götzen auf einer tiefen Ebene jenseits deiner bewussten Wahrnehmung vergraben bleiben. Sobald sie ins helle Licht deines Bewusstseins befördert werden, kannst du erkennen, dass sowohl Anarchie als auch repressive Strukturen typische Merkmale des Egos sind. Sie setzen in deinem Bewusstsein einen Teufelskreis in Gang, der zwischen den beiden Polen hin- und herschwingt, aber immer mit einem spiralförmigen Abstieg in die Dunkelheit verbunden ist. Es ist an der Zeit, den Scheinwerfer auf diese Strategie deines Egos zu richten, sie dir bewusst zu machen und dich für die Wahrheit zu entscheiden, die dein Leben nicht sabotiert. Du kannst nicht diese Welt und gleichzeitig die vollkommene Welt sehen, die der HIMMEL für dich gemacht hat, solange du nicht in die Liebe und in die überwältigende Freude hinein aufsteigst, die der HIMMEL ist. Wofür entscheidest du dich?

60
Der Götze des Erfolges

Wenn wir Erfolg in einen Gott verwandeln, hoffen wir, dass er uns retten und uns dauerhaft glücklich machen kann. Nicht der Erfolg gibt uns jedoch das, wonach wir suchen, sondern wir geben es dem Erfolg. Unser Geben ist das, was Erfolg wirklich erfolgreich sein lässt. Erfolg kann uns jedoch nur für den Moment glücklich machen. Wir sind derjenige, der uns dauerhaft glücklich macht. Erfolg ist unser natürliches Vermächtnis, aber um es antreten zu können, müssen wir das gespaltene Bewusstsein überwinden, das jeder Götze widerspiegelt. Das macht Götzen zu etwas, das wir bekommen wollen, statt es zu empfangen. Bekommen ist der Versuch, etwas zu konsumieren, das wir unserer Meinung nach brauchen, dabei aber unsere Unabhängigkeit zu bewahren. Allem, was wir bekommen oder nehmen wollen, setzen wir Widerstand entgegen, sodass Anstrengung und harte Arbeit notwendig sind, um etwas zu erlangen, das, wenn wir verbunden wären, im Fluss ganz von selbst zu uns kommen würde. Trennung erzeugt Spaltungen, in denen Illusionen aufsprießen. Diese Illusionen werden nach außen projiziert und erschaffen die Welt, von der wir umgeben sind. In *Ein Kurs in Wundern* wird diese illusionäre Welt als der Antichrist bezeichnet. Vergebung löst die Illusionen auf, und das PARADIES kommt, um ihren Platz einzunehmen. Die falsche Voraussetzung beim *Götzen des Erfolges* besteht darin, dass wir glauben, ihn außerhalb von uns erlangen zu können, statt ihn in uns zu entdecken und mit anderen Menschen zu teilen.

Der *Götze des Erfolges* dient unserer Besonderheit. Wir benutzen ihn, um zu beweisen, dass wir der Beste sind in dem, was wir tun, und für unseren Erfolg die Anerkennung und die Liebe anderer Menschen verdient haben. Der *Götze des Erfolges* ist an den Götzen der Konkurrenz geknüpft, mit dem wir beweisen wollen, dass wir besser sind als alle anderen und deshalb alles verdient haben, was Erfolg uns geben kann, wie beispielsweise Macht, Geld, Ruhm und Sex. Wir errichten auf unserem Erfolg ein kleines Königreich und sind immer bemüht, es und uns selbst größer zu machen. Wir hoffen, unsere Ängste und unsere Gefühle der Unzulänglichkeit unter unseren *Götzen des Erfolges* zu verbergen. Der *Götze des Erfolges* und seine äußeren Zeichen sind wie Spielzeuge verglichen mit der Größe, der Herrlichkeit und der Ekstase, die darauf warten, dass wir uns daran erinnern, wer wir wirklich sind.

Was diese Karte bedeutet

Diese Karte zeigt dir, dass du außerhalb von dir nach Erfolg gesucht und ihn dabei die ganze Zeit in dir getragen hast. Er wird dir durch Vergebung offenbart, und er wird mit anderen Menschen geteilt, indem du dich ihnen öffnest. Du bist im falschen Glanz und Glamour der Welt gefangen, aber weder ist dort das Licht, noch wirst du dort dein Glück finden. Dein Glück rührt von dem her, was du mit anderen Menschen teilst, und es rührt daher, dass du den Mangel der Trennung durch Verbindung beseitigst. Die Beziehung zu anderen Menschen gibt dir die Möglichkeit, Dinge zu empfangen und dich daran zu erfreuen. Das Maß deiner Verbundenheit entspricht der Mühelosigkeit, mit der du erfolgreich bist. Liebe und Vergebung erneuern deine Verbundenheit.

Wenn du einen *Götzen des Erfolges* in dir trägst, dann kann der Erfolg, den du erzielst, nie groß genug sein. Du bist immer frustriert und enttäuscht. Gefühle der Sinnlosigkeit sind die Folge, und du versuchst, dein Gefühl der Wertlosigkeit durch Geschäftigkeit oder äußere Dinge zu lindern. Möglicherweise hast du auch den Wunsch, einen anderen Götzen an seine Stelle zu setzen in der vergeblichen Hoffnung, mehr als nur vorübergehende Freude an etwas außerhalb von dir zu finden.

Erfolg ist stets der Liebe und der Freude untergeordnet, die deinem Leben und deinem Erfolg ihre wahre Bedeutung geben. Sie verbinden dich auf neuen Ebenen des Gebens und des Empfanges, die mühelos Erfolg bringen. Diese Karte ist ein Zeichen dafür, dass du dich im Streben nach Erfolg und nach der Sicherung dieses Erfolges aufgezehrt hast. Dein Verlangen war so unwiderstehlich, dass du keine Zeit hattest, es auf seine Wahrheit hin zu überprüfen. Es hat so viel Zeit und Energie von dir gefordert, dass es deine innere Einsamkeit überdeckt hat. Du glaubtest, es sei eine gute Möglichkeit, deine Zeit und dich selbst einzubringen, aber es ist auch möglich, erfolgreich zu sein, ohne zum Sklaven dessen zu werden, was dich niemals glücklich machen kann, sondern lediglich deine Besonderheit verstärkt. Was dir an Ganzheit angeboten wird, geht weit über den Traum der Welt hinaus, der auf Urteil und Leiden aufgebaut ist. Dein Traum vom Erfolg ist nichts weiter als ein Traum, der verblasst, wenn du zu deinem SELBST erwachst, als das du jenseits von Zeit und Raum geschaffen wurdest.

61
Der Götze des Essens

Der *Götze des Essens* ist unsere größte Sucht. Wie alle Götzen und Süchte ist auch der *Götze des Essens* ein Versuch, die innere Leere auszufüllen, die der Verlust unserer Verbundenheit verursacht hat. Er soll alle unsere Enttäuschungen abmildern. Er soll uns in unserem Schmerz trösten. Er verspricht uns, der beste Ersatz für unsere Mutter zu sein. Er ist die Antwort des Egos auf die Entwöhnung und soll uns ein Gefühl von Sicherheit, Trost, Geborgenheit und Liebe geben. Der *Götze des Essens* soll Einsamkeit lindern und Bedürfnisse stillen. Er zählt zu den besten Werkzeugen, die das Ego hat, um Schuld zu überdecken. Er kann benutzt werden, um eine Freudenfeier zu veranstalten oder um uns in unseren dunkelsten Momenten zu trösten. Er führt häufig zur Völlerei oder zum entgegengesetzten Extrem der Bulimie oder Anorexie, die Versuche sind, unsere *Götzen des Essens* zu kompensieren.

Der *Götze des Essens* soll unsere Befangenheit lindern, aber wenn wir ihn zu lange anbeten, werden wir unter dem Selbstangriff begraben, den wir gegen unseren Körper richten. Wir benutzen Essen, um unsere Wut zu beschwichtigen, aber aus dem *Götzen des Essens* wird irgendwann eine Mauer der Wut, die uns mit ihrer gefräßigen Habgier von jeder Nähe abschneidet. Unser Bedürfnis nach Sex, Nähe, Liebe, Erfolg und dem HIMMEL wird auf das Essen verlagert. Essen wird zu einem Ersatz für unseren Wert, wenn wir uns wertlos fühlen. Wir benutzen es als einen Ersatz für Stärke, wenn wir uns schwach fühlen, und um Energie zu gewinnen, wenn wir erschöpft sind. Es wird benutzt, um einen Mangel an Schlaf zu kompensieren, und es dient als Ersatz für eine verlorene Liebe oder die Liebe, die wir nie gefunden haben. Statt die Arme unseres Geliebten zu suchen, suchen wir nach der Tür unseres Kühlschranks. *Götzen des Essens* sollen den Verlust, die Verletztheit und den Zorn wettmachen, der daher kommt, dass wir glauben, vernachlässigt worden zu sein. Wir benutzen sie, um einer bedeutungslosen Welt eine Bedeutung zu geben. Das kann aber niemals funktionieren, da nur Heilung, Verbundenheit und GOTT uns eine Bedeutung geben können, die dauerhaft von Bestand ist.

Vernachlässigung rührt von einem Mangel an Verbundenheit her, und dieser Mangel an Verbundenheit wird auf einer Ahnenebene weitergegeben.

Obwohl das Maß unserer eigenen Vernachlässigung meist weit unter dem unserer Eltern liegt, benutzen wir unsere eigene Geschichte als Ausrede, um in jeder Form zu schwelgen, nach der es uns verlangt.

Wenn du feststellst, dass du dich wegen des Essens, das es dort gibt, auf eine Veranstaltung freust oder dass du dich auf deine nächste Mahlzeit freust, weil sie, wie deine Vorfreude beweist, das ist, was dir Spaß bringt, dann kannst du sicher sein, dass du einen *Götzen des Essens* in dir trägst.

Essen kann GOTT nicht ersetzen, DER das SEIN ist, auf dem alles Sein gründet. *Götzen des Essens* binden uns an Götzen des Körpers und Götzen des Todes. Je länger wir *Götzen des Essens* in uns tragen, umso enttäuschter sind wir, wenn es um Essen geht, und umso mehr essen wir, um die Enttäuschung wettzumachen. Essen kann kein Ersatz für einen geliebten Menschen, ein Abenteuer oder GOTT sein.

Abführmittel, Fastenkuren oder Diäten können unser Verlangen nach Essen weiter steigern. Entbehrung, Mangel und Angst verstärken unser Verlangen nach Essen ebenso wie den Glauben, dass es uns retten und glücklich machen kann. Das hat zur Folge, dass wir uns hineinsteigern, wenn wir es nicht haben, oder es missbrauchen, wenn wir es haben. Essen ist unsere größte Sucht und wird damit zum größten Götzen nach dem Götzen der Selbstkonzepte. Es geschieht häufig, dass wir uns neben Götzen der Selbstkonzepte auch *Götzen des Essens* zulegen. Meist gehören sie auch zu den letzten Götzen, die wir wieder aufgeben. Essen kann sowohl der Freude als auch der Depression dienen, und *Götzen des Essens* arbeiten Hand in Hand mit dem Götzen des Herzensbruchs, um zu verhindern, dass Verbundenheit geschieht. Sowohl dünne als auch dicke Menschen tragen diesen Götzen in sich, und Modediäten sind Teil seiner Devotionalien. Der *Götze des Essens* ist ein sicheres Zeichen für einen Mangel an Selbstakzeptanz und für einen Mangel an Selbstliebe. Er erzeugt verzerrte Bilder über das Selbst und den Körper. Der *Götze des Essens* stellt ein Fundament bereit, auf dem viele andere Götzen aufbauen, sodass er große Macht über uns ausübt.

Was diese Karte bedeutet

Wenn du diese Karte erhältst, hast du deine *Götzen des Essens* benutzt, um deine innere Leere zu füllen. Was durch Heilung und durch die Erfüllung deiner Lebensaufgabe in Erfülltheit verwandelt werden sollte, ist durch etwas ersetzt worden, das dir weder Liebe schenken noch eine Bedeutung geben kann. Es hat keine Bedeutung außer der, die du ihm gibst. Du hast an den falschen Orten nach Liebe gesucht. Du hast dir zu geringe Ziele gesetzt. Das Essen bindet dich an die irdische Ebene, aber dein Entwicklungsprozess ruft nach einem Wachstum, das auf immer höheren Ebenen in die Liebe, das Glück und die Wahrheit hineinführt. Du bist dazu aufgefordert, in deinem Empfinden immer feiner zu werden und zunehmend zu erkennen, dass du reiner Geist bist. Dein Empfindungsvermögen verfeinert deine Kommunikationsfähigkeit sowohl auf höheren Ebenen als auch mit den Menschen in deiner Umgebung. Wenn du dich in noch höherem Maße mit anderen Menschen verbindest, dann kommt das GÖTTLICHE noch umfassender in deine Erfahrung hinein. Wenn das Essen und die mit ihm verbundenen Rituale dich daran hindern, eine Beziehung zu anderen Menschen herzustellen, dann ist es äußerst wahrscheinlich, dass du das Essen als Götzen benutzt. Essen hat die Bedeutung, die du ihm gibst. Du kannst die Bedeutung, die es für dich hat, in die Obhut des HIMMELS geben. Er wird dein Bedürfnis nach Essen ins Gleichgewicht bringen. Er wird es in die richtige Perspektive bringen, damit es weder zu einem Problem noch zu einem Gott wird. Lege deine *Götzen des Essens* in die HÄNDE GOTTES und lasse zu, dass sie durch das ersetzt werden, was dich wirklich erhalten und tragen kann.

Wenn du diese Karte erhältst, stehen die *Götzen des Essens*, die du in dir trägst, deiner Bestimmung im Weg. Du benutzt Habgier und Konsum, um dir den Blick auf das zu verstellen, was dich wirklich glücklich macht. Deine Bestimmung ist das Geben, das deinem Sein entspringt und das gleichbedeutend mit Glück ist. Ein *Götze des Essens* ist der Versuch, deinen unbewussten Ängsten auf eine unwahre Art und Weise zu begegnen.

Der *Götze des Essens* hält dich in der Welt der Träume gefangen, aber eine Illusion kann dir keine Befriedigung bringen. Das, wonach du suchst, liegt in dir und nicht außerhalb von dir. Du trägst GOTT, den HIMMEL und die Erfahrung des EINSSEINS in dir. Du suchst immer weiter außerhalb von dir, bis du erkennst, dass der HIMMEL in dir ist und dass du immer tiefer nach innen gehen musst mit all der Heilung und der Ganzheit, die dies verkörpert. Du einst deinen Geist und bringst ein höheres Maß an Verbundenheit in deine Beziehungen hinein. Du lebst nicht mehr nur, um zu essen, sondern lässt zu, dass das Essen seinen wahren Platz in deinem Leben einnimmt. Essen ist nicht mehr das Hauptereignis, auf das du dich freust, und nicht mehr das, was dich in deiner Enttäuschung tröstet. Es nimmt in deinem Leben wieder den richtigen Stellenwert ein. Die Schuld, die von deinem übermäßigen Schwelgen herrührt, hat dich dazu gebracht, dich aufzuopfern, und der daraus entstandene Teufelskreis aus Aufopferung und Schwelgen hat Gnade und Weiterentwicklung verhindert. Nun lässt du die Götzen der Aufopferung, die einen Teufelskreis mit deinen *Götzen des Essens* bilden, ganz von selbst los. Du benutzt *Götzen des Essens*, um zu schwelgen und das hohe Maß an Aufopferung zu kompensieren, in dem du dich befunden hast. Befriedigung kann dir jedoch nur die Liebe bringen, die du in dir trägst.

62
Der Götze des Geldes

Wenn wir Geld zu einem Gott machen, verwandeln wir ein unbedeutendes Instrument in einen Selbstzweck. Es kann sehr leicht geschehen, dass wir unserer Gier erliegen und unser ganzes Leben darauf ausrichten, Geld anzuhäufen. Wir haben nicht begriffen, worum es geht. Es geht im Leben nicht um Dinge. Es geht um Beziehungen. Beziehungen sollen ein Weg des Herzens sein, der uns zu einer noch größeren Liebe und schließlich über den Traum dieses Lebens hinausführt. Dies geschieht in der überwältigenden Erfahrung der Verbindung, die uns über Raum und Zeit hinaus zum Licht des EINSSEINS bringt.

Wie alle Götzen lenkt auch der *Götze des Geldes* uns ab und hält uns auf, indem er unsere Prioritäten vertauscht. Wir werden von dem abgebracht, was uns Glück bringt, und trachten danach, materielle Dinge und Macht anzuhäufen. Wir benutzen Geld als eine Abwehrstrategie, die unsere Sicherheit gewährleisten soll, wie alle Abwehrstrategien aber Angriff auf sich zieht. Außerdem lenkt es uns ab und hält uns in der Überzeugung gefangen, dass wir ein Körper sind und dass unsere einzige Hoffnung darin besteht, uns in dieser Welt zu vergnügen, bevor wir untergehen. Echtes Vergnügen wird uns aber nicht von Dingen, sondern von Menschen geschenkt. Geld kann die wirklich kostbaren Dinge nicht erschaffen, uns aber von ihnen abbringen.

Einige Menschen, die *Götzen des Geldes* in sich tragen, sind ausgesprochen arm. Einige Menschen schämen sich dafür, dass sie nach Geld gieren, sodass sie diese Tatsache verdrängen und kompensieren. Sie bleiben arm, um ihre *Götzen des Geldes* zu leugnen. Götzen können verdrängt werden, aber manche sind an unserer Gier nach ihnen oder an unserem Widerstand gegen diese Gier dennoch leicht zu erkennen.

Was diese Karte bedeutet

Diese Karte weist dich darauf hin, dass dein Bedürfnis nach Geld dich blind gemacht hat. Es hält dich in dieser Welt gefangen und sorgt dafür, dass du so viel Geld anhäufen kannst, wie du willst, aber trotzdem immer enttäuscht sein wirst. Wie alle Götzen kann auch Geld dich nicht glücklich machen. Der *Götze des Geldes* hat es geschafft, sich deiner Beziehung zu anderen Menschen, zu dir selbst und zu deinem SELBST in den Weg zu stellen. Er steht auch deiner Beziehung zu GOTT im Weg. Jesus hat einmal gesagt: „Euch aber muss es zuerst um sein Reich gehen; dann wird euch alles andere dazugegeben." Dies ist der Ort, der deine Sicherheit garantiert. Nichts spricht gegen Geld. Geld kann nützlich und hilfreich sein, aber es besteht keine Notwendigkeit, ihm größere Bedeutung beizumessen, als ihm zukommt. Der *Götze des Geldes* hat dich vom richtigen Weg abgebracht, und nun ist es an der Zeit, dass du den Rückweg findest.

Eine stille, meditative Zeit, die es dir ermöglicht, auf deine innere Führung zu hören, kann entscheidenden Einfluss darauf haben, dass du auf den Weg des Glücks zurückfindest. Er führt zu noch größerem Glück, bis du schließlich bei der wunderbaren Liebe und Freude angekommen bist, die daher rührt, dass du nur noch und jederzeit das anstrebst, was einen bleibenden Wert hat.

63
Der Götze des Gewinnens

Der *Götze des Gewinnens* ist das Fundament des Egos. Er gehört zum besten Baumaterial, über das unser Ego verfügt. Jeder Ort, an dem Trennung geschieht, und jede Opfersituation birgt sowohl Konkurrenz als auch Machtkampf in sich, wobei es keine Rolle spielt, ob du selbst Opfer oder Täter bist. Konkurrenz und Machtkampf beruhen auf dem Verlangen nach Aufstieg und Beherrschung oder auf dem Verlangen danach, in die Unterwerfung gezwungen zu werden. Dadurch wird ein Teufelskreis aus Überlegenheit und Unterlegenheit in Gang gesetzt. Alle unsere Selbstkonzepte stehen in Konkurrenz zueinander. Sie hoffen, Besonderheit zu erlangen, und sie wollen beweisen, dass sie der oder die Beste sind. Das führt dazu, dass dasselbe auch der Außenwelt geschieht. Wir hoffen zu gewinnen und wollen unseren Willen durchsetzen. Der *Götze des Gewinnens* führt zu Krieg, und Krieg führt zur Hölle auf Erden.

„Krieg ist unmöglich, wenn nicht der Glaube an den Sieg gehegt wird. Konflikt in dir muss implizieren, dass du glaubst, das Ego habe die Macht, siegreich zu sein. Warum würdest du dich sonst mit ihm identifizieren?"
Ein Kurs in Wundern, T-23.I.1:4-6

Wir könnten Gegenseitigkeit, Gemeinwohl und Gemeinwesen anstelle von Konkurrenz und der mit ihr verbundenen Dunkelheit haben. Dinge mit anderen Menschen zu teilen bringt Fülle und eine Möglichkeit, gemeinsam erfolgreich zu sein. Der HEILIGE GEIST – das Tao – möchte genau dies in uns wecken, wenn wir IHM nur zuhören würden. Das Ego versucht stattdessen dafür zu sorgen, dass wir beschäftigt bleiben, abgelenkt sind und uns bedroht fühlen. Je mehr das Ego uns in Machtkampf und Krieg festhält, umso stärker wird es. Heute ist ein guter Tag, um dein Verlangen danach, gewinnen zu wollen, zugunsten von Frieden, Fülle und Gesundheit aufzugeben. Auf diese Weise wird der Körper nicht missbraucht und damit auch nicht in Gefahr gebracht.

Was diese Karte bedeutet

Diese Karte zeigt dir, dass du dich selbst daran hinderst, zu empfangen und Nähe zu erfahren. Dein Wunsch zu gewinnen ist wichtiger für dich als Liebe und Erfolg. Die Verbundenheit, die Liebe mitbringt, erzeugt Mühelosigkeit und Fluss. Ein *Götze des Gewinnens* bedeutet, dass es Verlierer gibt, und wenn es Verlierer gibt, bist du letztlich derjenige, der auf die eine oder andere Weise die Quittung dafür erhält. Wenn du gewinnen willst, heißt das außerdem, dass du in Betracht ziehst, auch verlieren zu können. Wenn du nicht gewinnst, verlierst du. Du bist in der Dualität von Gewinnen und Verlieren gefangen, und dies ist einer der großen Kriege oder Spaltungen im menschlichen Bewusstsein. Gewinnen und Verlieren zu überschreiten bedeutet, auf eine Ebene der Zentriertheit und des Friedens zu gelangen, die über Konkurrenz, Kampf und Krieg hinausgeht. Du magst nach wie vor Spiele spielen, die von Konkurrenz geprägt sind, tust dies aber mit dem Ziel, mehr im Fluss zu sein und deine besten Seiten zum Vorschein zu bringen. Deine vermeintlichen Gegner sollen dir lediglich helfen, deine inneren Gaben und das Beste in dir zu finden. Wenn du über das Gewinnen und Verlieren hinausgehst, gelangst du in eine höhere Liga, deren Spiel alles einschließt, weil du erkennst, dass alles Leiden in der Welt von Trennung herrührt. Das erlaubt dir, alle anderen Menschen nicht nur als Teil deiner Mannschaft, sondern als Teil deiner selbst zu sehen.

64
Der Götze des Glamours

Der *Götze des Glamours* ist an den Götzen der Besonderheit gebunden. Der *Götze des Glamours* sucht nach Aufmerksamkeit durch Anerkennung, zieht sie aber auch aus Dingen, die exotisch und ausgefallen sind. Er benutzt Charisma, um andere Menschen zu faszinieren und zu bezaubern, statt Führungsstärke zu zeigen und ihnen zu helfen. Die Besonderheit, nach der Glamour sucht, bindet uns an die Welt und stellt eine Hierarchie der Besonderheit auf. Dann dient Glamour dazu, Prestige, Geld, Sex oder Macht zu erlangen.

Glamour glänzt zwar, ist aber kein Gold. Er besitzt keine Substanz.

Der Sexappeal, den Glamour besitzt, eröffnet zwar Chancen, erzeugt jedoch nicht die Mühelosigkeit, die mit echtem Fluss einhergeht, der uns erlaubt, unsere besten Seiten zum Vorschein zu bringen und dafür zu sorgen, dass alle Menschen gewinnen. Glamour will kontrollieren und nur für sich selbst gewinnen. Er benutzt Schönheit und sexuelle Anziehungskraft, um etwas zu bekommen. Glamour kann ein Element der Verspieltheit beinhalten, ähnlich einem Kind, das sich verkleidet. Wenn wir ihn jedoch in einen Götzen verwandeln, dann sorgt er dafür, dass wir uns von dem abwenden, was wichtig ist, und hält uns in der Welt der Illusionen gefangen.

Was diese Karte bedeutet

Wenn du diese Karte erhältst, bist du auf etwas aus, das glitzert, statt nach Dingen zu streben, die einen wahren Wert besitzen. Glamour kann dich weder tragen noch dir Erfüllung bringen. Er kann dich nicht glücklich machen. Glamour – und mehr noch der *Götze des Glamours* – erzeugt Konkurrenz. Glamour ist eine Illusion, während du von substanziellen Dingen umgeben bist, die du mit anderen Menschen teilen kannst und die gemehrt werden, während du sie empfängst. Was substanziell und bedeutungsvoll ist, kann geteilt werden, und dies bedeutet Zuwachs für alle. Substanz ist das, was du wirklich willst. Bedeutung ist das, was du wirklich willst. Liebe ist das, was du wirklich willst. Liebe lässt dich empfangen und gibt somit GOTT und jeder Beziehung die Möglichkeit, sich in Verbundenheit zu vollenden. Sie erlaubt dir zu geben, insbesondere dir selbst, sodass du kreativ und freudvoll bist. Während der *Götze des Glamours* trennt, lassen Liebe und Selbstliebe ein höheres Maß an Einheit und Schönheit entstehen.

65
Der Götze des Herzensbruchs

Der *Götze des Herzensbruchs* ist von einem dunklen Glanz umgeben und kann an den Götzen der Verliebtheit und den Götzen der Rache geknüpft sein. Er entwickelt sich aus einem zerschlagenen Traum heraus, der entsteht, wenn wir jemanden oder etwas zurückweisen, der oder das unsere Erwartung nicht erfüllt hat, und uns dann vorgaukeln, wir seien von ihm zurückgewiesen worden. Wir glauben, dass der *Götze des Herzensbruchs* uns unter dem Deckmäntelchen der Opferrolle sowohl Unabhängigkeit und Kontrolle als auch die Ausrede liefert, die wir brauchen, um unseren eigenen Weg zu gehen. Er plädiert dafür, dass wir vor unserer Lebensaufgabe und unserer Bestimmung davonlaufen und uns vor ihnen verstecken können. Unsere Herzensbrüche bewahren die Vergangenheit in einem Schrein auf und sind eine – wenn auch schmerzhafte – Möglichkeit, an Menschen oder Dingen festzuhalten. Unser Schmerz bringt uns jedoch Aufmerksamkeit und Besonderheit ein, und er stärkt unser Ego, als sei es in der Lage, uns glücklich zu machen. Unser Herzensbruch erhärtet die Schuld anderer Menschen und somit unsere eigene Unschuld. Das gibt uns eine moralische Überlegenheit, denn ihr Verhalten bringt uns zu der Überzeugung, der bessere Mensch zu sein. Auf diese Weise wollen wir gewinnen, indem wir verlieren. Der *Götze des Herzensbruchs* ist maßgeblich daran beteiligt, den Traum des Urteils am Leben zu erhalten, der die Welt und ihr Leiden erschafft. Wir verurteilen andere Menschen für unseren Herzensbruch, um die Schuld dafür zu verbergen, dass wir uns von ihnen getrennt haben, um den Kampf zu verbergen, in dem wir uns befinden, um unsere Angst vor dem nächsten Schritt in Nähe und Erfolg zu verbergen und um die Verletzung und die Konkurrenz zu verbergen, die wir benutzt haben, um zu beweisen, dass wir der bessere Mensch sind.

Wenn wir einen *Götzen des Herzensbruchs* in uns tragen, zerstören wir unsere Verbundenheit, spalten unser Bewusstsein und verhärten unser Herz, während wir gleichzeitig das Drehbuch verbergen, das andere Menschen dazu gebracht hat, die Situation so auszuagieren, wie wir es vorgesehen hatten. Ein *Götze des Herzensbruchs* verbirgt außerdem unsere Erwartungen und Forderungen an die betreffenden Menschen, unsere Bedürfnisse zu erfüllen, wie es unserer Meinung nach ihre Aufgabe gewesen wäre. Ein Herzensbruch sorgt dafür, dass wir uns vom Leben zurückziehen, während er gleichzeitig unsere Anhaftung vergrößert. Die Spaltung unseres Herzens und unseres Bewusstseins führt zu weiteren Konflikten und bringt uns vom Weg der Liebe und der Ganzheit ab. Unsere Herzensbrüche rühren daher, dass wir uns ungewollt gefühlt haben, während in Wirklichkeit wir selbst andere Menschen und ihr Handeln zurückgewiesen haben. Unsere eigene Zurückweisung hat uns verletzt, weil nur das, was wir selbst tun, eine Emotion in uns hervorrufen kann. Dadurch wird das Licht noch tiefer unter Herzensbrüchen, Rache, Schuld und Unwürdigkeit begraben. Wir verbergen die Tatsache, dass wir unsere Herzensbrüche selbst herbeigeführt haben, weil wir das, was wir hatten, nicht wirklich wollten, weil wir von anderen Menschen erwartet haben, dass sie unsere Bedürfnisse bedienen, weil wir beweisen wollten, dass wir Recht haben, und weil wir Angst vor dem nächsten Schritt hatten. Der *Götze des Herzensbruchs* erlaubt uns, weiter nach einem Menschen zu suchen, den wir entweder für einen besseren Partner halten oder der uns die Möglichkeit gibt, die Schuld dafür zu beschwichtigen, dass wir mit einem Menschen zusammen waren, dessen wir uns nicht würdig gefühlt haben.

Was diese Karte bedeutet

Wenn du diese Karte erhältst, sabotierst du sowohl deine Beziehung als auch dein Leben. Unter deiner Opferhaltung und deinem Wunsch nach Kontrolle führst du ein heimliches Leben der Angst und der Rache. Du bist in deinem Urteil gefangen und darin, wer Recht und wer Unrecht hat, statt auf das zu schauen, was wahr ist. Du warst unwissentlich selbst darauf aus, einen Herzensbruch zu erleiden. Nachdem du dir dieses verborgenen Götzen jetzt bewusst geworden bist, kannst du dich fragen, wie er sich auf dein Leben ausgewirkt und ob er sich gelohnt hat. Es ist wichtig zu erkennen, dass deine Götzen nicht nur dich selbst beeinflussen, sondern dass du Teil eines äußerst komplexen Gefüges bist, das alle Menschen umfasst. Wenn du dich von einer Illusion befreist, dann hilfst du dem gesamten Kollektiv der Menschheit, insbesondere aber den Menschen, die dir am nächsten stehen.

Frage dich, wie viele *Götzen des Herzensbruchs* du von der Familie deiner Mutter und wie viele *Götzen des Herzensbruchs* du von der Familie deines Vaters übernommen hast. Wie viele *Götzen des Herzensbruchs* hast du aus anderen Leben (oder dem unbewussten Traummechanismus, der das

Drehbuch für unsere Seelenmuster schreibt) mitgebracht? Wie viele *Götzen des Herzensbruchs* hast du dir in diesem Leben selbst zugelegt? Wie viele *Götzen des Herzensbruchs* hast du von deiner Familie, Freunden und früheren Beziehungen übernommen, um sie zu retten? Wie viele *Götzen des Herzensbruchs* hast du vom kollektiven Feld der Menschheit übernommen? Bist du bereit, alle deine *Götzen des Herzensbruchs* zum HANDELSPOSTEN DES HIMMELS zu tragen und sie dort abzugeben? Was wird dir beim HANDELSPOSTEN DES HIMMELS im Austausch für deine Götzen außer den Lilien der Vergebung noch gegeben? Empfange es. Fühle es. Genieße es.

66
Der Götze des Konsums

Der *Götze des Konsums* ist in unserer Verbrauchergesellschaft sehr häufig anzutreffen. Wir glauben, dass wir das Loch füllen können, das die Liebe, die wir verloren haben, in uns hinterlassen hat, indem wir kaufen und mehr von etwas besitzen. Was uns wirklich erfüllt, ist allerdings nicht das, was wir bekommen, sondern das, was wir geben und folglich empfangen. Bei allen Götzen geht es darum, etwas außerhalb von uns zu bekommen, sei es in Form von Essen oder Trinken oder dadurch, dass wir leiden, um den Schmerz zu stillen, den wir bereits in uns tragen. Die Absicht, derer wir uns bedienen, um unsere Götzen ungeachtet unseres Zwiespalts zu bekommen, ist in Wirklichkeit unser Verlangen nach Liebe, vor allem nach der LIEBE GOTTES und danach, unseren Weg zurück nach Hause zu finden. Unsere Suche wird uns irgendwann dorthin bringen. Bis dahin kaufen und konsumieren wir und versuchen krampfhaft, den Kauf zu tätigen, der uns mehr als nur für den Augenblick glücklich macht. Unsere Wirtschaftssysteme sind auf Konsum aufgebaut, und wir kaufen weit mehr, als wir brauchen oder überhaupt wollen. Das, wonach wir suchen, tragen wir in Wirklichkeit in uns, und deshalb will die GROSSE UNFEHLBARE MACHT, die jedes Bedürfnis erfüllt, uns nach innen zu dem GARTEN EDEN führen, der uns dort erwartet. Dieser Ort wird innen gefunden, ehe er außen erfahren wird.

Was diese Karte bedeutet

Wenn du diese Karte erhältst, bist du im Bedürfnis nach Konsum gefangen, um deinen Schmerz zu lindern. Sei dir der Dinge bewusst, die du sammelst, und auch des Nervenkitzels, den die Jagd nach ihnen dir ganz einfach dadurch bringt, dass du in den Laden gehst, im Katalog blätterst oder im Internet schaust. Diese Dinge gleichen einem kleinen Pflaster auf einer großen Wunde, und dein Ego schlägt dir vor, ein Pflaster nach dem anderen zu benutzen, bis du die gesamte Packung aufgebraucht hast. Es ist an der Zeit, dass du zuerst das findest, was die Wunde verursacht, und es beendest. Das Haus steht in Flammen. Höre auf, die Möbel umzustellen, indem du noch ein weiteres Stück kaufst. Das Leben hat so viel mehr zu bieten, und deine Kaufwut macht dich blind für die Natur und für die Schönheit, die in Beziehungen möglich ist. Sie kann sich einstellen, wenn du aufhörst, deine Bedürfnisse erfüllt bekommen zu wollen, und entdeckst, dass du empfangen und Verbundenheit erfahren kannst, wenn du gibst. Am Ende hat alles, was du gekauft hast, keinerlei Bedeutung, wogegen alles, was du gegeben hast, an der Ausdehnung oder Zusammenziehung deiner Seele gewogen wird, während du auf dem Weg bist, den REINEN GEIST deines wahren Wesens – dein Zuhause der Liebe und der Freude – zu finden. Du wirst in dir eine Liebe zu GOTT entdecken, die millionenfach zurückgegeben wird. Sie ruft dich zu dem, was dich wirklich glücklich macht. Der HIMMEL SELBST wird dir angeboten und wartet darauf, dass du dich für ihn entscheidest. ER ist in dir, im stillen Geist jenseits der dunklen Wolken der Welt. Das Ego erzeugt diese Illusionen, um eine Welt zu erschaffen, die es sein eigen nennen kann. Der *Götze des Konsums* kann dir niemals Erfüllung bringen, aber er kann dich blind machen für das, was dir Erfüllung bringen kann. Die Zeit ist gekommen, den Trost der Kultur zurückzulassen und auf dem Weg voranzugehen, der dich aus der Hölle hinausführt. Was außerhalb von dir einen echten Wert besitzt, findest du in deinen Beziehungen und in der Verbundenheit, die sie bringen. Der HIMMEL ruft dich. Warum länger warten? ER ist jetzt hier, und ER wird niemals alt oder unmodern.

67
Der Götze des Körpers

Der *Götze des Körpers* ist für das Ego der wichtigste Götze nach dem Götzen der Selbstkonzepte, den es benutzt, um seinen Fortbestand zu sichern und seine Macht zu vergrößern. Es tut alles, was in seiner Macht steht, um uns einzureden, dass wir unser Körper sind, und es benutzt Schmerz und Vergnügen, um uns in diesem Glauben zu bestärken. Es behauptet, der Körper sei insofern hilfreich, als dass wir ihn benutzen können, um andere Menschen und manchmal sogar uns selbst anzugreifen, weil wir eine Schuld tilgen wollen. Je mehr wir uns mit dem Körper identifizieren, umso mehr sind wir auf die Grenzen beschränkt, die der Körper uns setzt. Der Zweck des Körpers besteht nicht darin, ihn in einen Gott zu verwandeln. Wenn wir es tun, wird er uns im Stich lassen und enttäuschen. Der *Götze des Körpers* ist an den Götzen der Selbstkonzepte und an den Götzen des Todes geknüpft. Diese drei Götzen gehen eine unheilige Allianz ein, die benutzt wird, um uns am Erwachen und an der Erkenntnis zu hindern, dass wir Licht und grenzenloser Geist sind. Wir können uns selbst retten und die Welt befreien, wenn wir uns auf dieser geistigen Ebene erkennen und aus dem Traum der Welt erwachen.

Das Ego identifiziert sich mit dem Körper, der den Kern seines Plans bildet, sich zu trennen. Es benutzt den Körper, um zu beweisen, dass wir von anderen Menschen, vom Leben und von GOTT getrennt sind. Es benutzt den Körper als ein Symbol seines Sieges über GOTT und über das, was es IHM abringen konnte. Niemand kommt in diese Welt ohne den Glauben an Mangel und daran, dass äußere Dinge uns Befriedigung bringen und glücklich machen können. Der Körper wird zu dem Werkzeug, das wir benutzen, um diese vermeintlichen Bedürfnisse erfüllt zu bekommen. Er ist damit sowohl für das Ego als auch für unsere Götzen von zentraler Bedeutung. Das Ego benutzt die Befriedigung, das Vergnügen und die Erfüllung des Körpers, um uns auch nach anderen Götzen süchtig zu machen. Der Körper ist zudem untrennbar mit dem Glauben an den Tod verbunden. Wenn du glaubst, dass du ein Körper bist, dann glaubst du, dass du sterben kannst. Du glaubst, dass du schwach bist und Mangel erleiden kannst. Du glaubst, dass du altern, krank werden und zu guter Letzt sterben wirst. Alles, was zum Ziel hat, den Körper zu verbessern, sorgt im Gegenzug dafür, dass der Todesgedanke und die Todesgerichtetheit aufrechterhalten und verstärkt werden.

Was diese Karte bedeutet

Wenn du diese Karte erhältst, ist es wichtig, sowohl deine Glaubenssätze darüber, dass du ein Körper bist, als auch deine *Götzen des Körpers* zu erkennen. Wegen der Dinge, die sie dir bringen, bist du im Glauben daran und im Verlangen danach, ein Körper zu sein, gefangen. Alle Götzen betrügen dich, und dies gilt in ganz besonderem Maße für den *Götzen des Körpers*. Der *Götze des Körpers* ist die Entscheidung für den Tod im Austausch gegen ein paar Freuden, die dir auch ohne das mit deiner äußeren Suche verbundene Drama und Trauma geschenkt worden wären. Der *Götze des Körpers* betrügt dich vor allem dadurch, dass er deine Schau begrenzt und deinen Horizont verkleinert. Du hast in Krankheit, Schwäche, Alter und Tod und damit in genau die Dinge investiert, die der Körper erbt, wenn du versuchst, einen Gott anstelle eines Lerninstruments aus ihm zu machen.

Das Ego schreibt seine Macht über dich dauerhaft fest, wenn es dich dazu bringt, in den *Götzen des Körpers* zu investieren. Der Urgötze der Selbstkonzepte benutzt den *Götzen des Körpers*, um dich ins Gefängnis dieser Welt einzusperren und dir zu erklären, dass der Tod und nicht das Erwachen der einzige Ausweg ist. Er lockt dich in die Falle und macht den Körper zu einem Gefängnis, statt ihn als Lerninstrument und als eine Brücke zur Kommunikation mit anderen Menschen zu nutzen.

Du hast den Körper benutzt, um deine Konflikte auf ihn zu verlagern, und die von diesen Konflikten herrührenden Emotionen hast du benutzt, um andere Menschen anzugreifen. Der Körper ist neutral, und wenn er nicht benutzt wird, um den heimlichen Absichten des Egos zu dienen, ist er unermüdlich darin, deine wahre Lebensaufgabe auszuführen.

Statt eine Mauer zu sein, die dich von anderen Menschen und von Dingen trennt, wird der Körper zu einem Instrument, das dir hilft, zu anderen Menschen hinauszureichen und dich mit ihnen zu verbinden, ohne dabei im Weg zu stehen. Der Körper wird weder auf einen Sockel gestellt, noch wird er benutzt, um dich selbst anzugreifen. Es ist nicht notwendig, ihn zu verteidigen oder deine gesamte Zeit und dein ganzes Geld für seine Versorgung aufzuwenden. Den Körper nicht für einen unwahren Zweck zu benutzen heißt, seine Sicherheit zu gewährleisten und ihn lebensfähig zu erhalten, um deine Lebensaufgabe und deine Bestimmung zu erfüllen. Du hast deinen Körper mit dir selbst gleichgesetzt, statt zu erkennen, dass er ein Lerninstrument und ein Werkzeug der Liebe und der Kommunikation ist. Dein Egoverstand wollte deinen Körper sowohl zur Ursache von Trennung als auch zu dem Mittel machen, das sie aufrechterhält. Du hast dein Ego mit einer Macht ausgestattet, die das Vorrecht deines Geistes ist, und darin scheint es über dich zu herrschen. Es erlegt dir Grenzen in Raum und Zeit auf. Es lenkt dich ab mit seinen Bedürfnissen und Wünschen. Es fordert lautstark, der Mittelpunkt deiner Existenz zu sein, und zieht dich fort von dem Tor, das dich in die Zeitlosigkeit und zu der überwältigenden Freude zurückführen würde, die eine Gemeinschaft des Geistes bringen kann. Den Körper in einen Götzen zu verwandeln bedeutet, ihn angreifbar zu machen. Dann scheint der Körper aus Gefühlen und Handlungen zu bestehen, die dich ebenfalls gefangen halten. Wenn du versuchst, den Körper zu deinem wichtigsten Aushängeschild zu machen, enttäuscht er dich und scheint dich im Stich zu lassen, weil du mehr aus ihm machen willst, als er ist. Das hat zur Folge, dass du eine Beziehung der Hassliebe zu deinem Körper entwickelst. Wenn du ihn dagegen als neutral wahrnimmst, kannst du über ihn und seinen Mangel an Hoffnung, seine Begrenzungen und seine Kleinheit hinausgehen und benutzt ihn nicht, um gegen GOTT zu kämpfen. Dann kann der Körper als Tempel für dein SELBST dienen, in dem alles als ein Teil GOTTES in GOTT ist. Die Welt wird transformiert, wenn das Ego, der Körper, der Tod, Götzen und Verschwörungen in das Nichts hinein zerrinnen, das sie sind, und die wilde Freude, die von den Gefilden des Lichts ausgeht, immer wirklicher wird.

68
Der Götze des Leidens

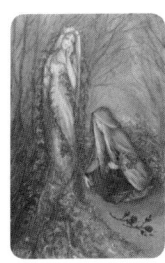

Der *Götze des Leidens* ist ein Götze, der ebenfalls von großer Dunkelheit erfüllt ist. Es ist außerordentlich wichtig, dass wir uns der Orte gewahr werden, an denen wir uns für diese dunklen Götter entschieden haben, damit wir ganz bewusst der Frage nachgehen können, was wir wirklich wollen, die unheilvollen Auswirkungen unserer Entscheidung erkennen und neue Entscheidungen treffen können. Das Bewusstsein aller Menschen ist miteinander verbunden, und unsere Entscheidungen beeinflussen die ganze Welt und insbesondere die Menschen in unserer Umgebung.

Leiden hält die Welt in Dunkelheit gefangen, und wenn wir es in einen Gott verwandeln, tragen wir dazu bei, die Welt in der Sklaverei festzuhalten. Leiden leugnet unsere Identität als reiner Geist und unsere Identität als KIND GOTTES, das alle guten Dinge verdient. Wenn das Leiden, nach dem es uns verlangt, zu groß wird, suchen wir den Tod als Ausweg. Dies ist eine entsetzliche Verwechslung, die dafür sorgt, dass wir in die falsche Richtung gehen. Der Tod ist nicht die Antwort. Eine Geburt ist gefordert. Wir sind dazu aufgefordert, uns zu ändern, und diese Veränderung beginnt mit der Erkenntnis, dass unsere *Götzen des Leidens* unser eigenes verfehltes Ziel waren. Wir können unsere Richtung ändern. Wir können uns stattdessen der Veränderung verpflichten, weil Veränderung unsere Heilung ist. Nun ist es an der Zeit für uns, eine neue Entscheidung zu treffen. Der HIMMEL zählt auf uns, wenn es darum geht, den Weg aus der Hölle zu weisen, aber dazu müssen wir bei uns selbst beginnen. Nichts kann gewinnbringender sein, als zuerst unsere *Götzen des Leidens* und danach unsere Geschichten des Leidens sowie alle unsere Verschwörungen, Schattenfiguren und Selbstkonzepte des Leidenden aufzugeben. Wir haben fälschlicherweise geglaubt, uns mit unserem Leiden etwas erkaufen zu können, aber Schmerz kann uns keinen Gewinn bringen. Wir müssen unsere Selbsttäuschung und unsere Götzen aufgeben, damit die Dunkelheit in Licht verwandelt werden kann.

Was diese Karte bedeutet

Diese Karte fordert dich auf, dir der Dinge bewusst zu werden, die du vor dir selbst verborgen gehalten hast. Wenn du erkennst, dass du diese Dunkelheit in dir trägst, kannst du das Licht hereinbitten, um sie zu vertreiben. Dein Elend ist im Grunde ein Kampf, der beweisen soll, dass GOTT pflichtvergessen war und dass du SEINE Stelle als GOTT verdient hast. Der *Götze des Leidens* verbirgt Wutanfälle, eine falsche Geisteshaltung, Angst vor Veränderung und einen Autoritätskonflikt. Niemand, der bei klarem Verstand ist, will bewusst leiden, aber du hast dich aus einem falschen Denken heraus zum Leiden verurteilt. Dies kann unmöglich die Wahrheit sein, wenn GOTT tatsächlich GOTT ist.

Stoße dein Ego von seinem Thron. Entledige dich aller Götzen und vor allem deiner *Götzen des Leidens*, denn sie verbreiten Lügen und die schmerzhaftesten Täuschungen, die es gibt. Das Leben wartet auf dich, wenn du diese Höhle der Dunkelheit und der verlorenen Hoffnung verlässt. Gehe voran auf dem Weg, der aus der Hölle hinausführt. Es ist ein Gefängnisausbruch, und du bist der Anführer. Mache den Anfang, indem du jeden *Götzen des Leidens* loslässt, den du in dir trägst. Dein Beispiel zeigt anderen Menschen den Weg und beschenkt alle, die einen Ausweg aus dem Gefängnis suchen, in das sie sich mit ihrem Leiden selbst gebracht haben. Du bist hier, um zur Befreiung der Welt beizutragen, und es gibt kaum bessere Wege, dies zu tun, als die Unwahrheit solcher Götzen aufzuzeigen. Leiden ist weder der WILLE GOTTES für dich, noch ist es das, was du in Wirklichkeit willst. Nimm das Schwert der Wahrheit, um diese Götzen entzweizuschneiden. Sie können nicht die Wahrheit sein, und nun kannst du dich von ihnen befreien. Wende das Schwert der Wahrheit anschließend auch auf die *Götzen des Leidens* der Menschen in deiner Umgebung an, denn sie sind ein Spiegel deiner eigenen unterbewussten und unbewussten Selbstkonzepte. Eine neue Lebensweise für die Welt beginnt mit dir. Sie birgt deine Freiheit in sich. Lasse zu, dass sie jetzt beginnt.

69
Der Götze des Rechthabens

Der *Götze des Rechthabens* nimmt eine abwehrende Haltung ein und ist gleichzeitig von Konkurrenz geprägt. Die Konkurrenz verbirgt die Angst vor Erfolg und die Angst vor dem nächsten Schritt. Die Abwehrhaltung verbirgt sowohl die Versagensgefühle als auch die damit verbundene Schuld, die unser *Rechthaben* kompensieren soll. *Rechthaben* will einen anderen Menschen herabsetzen und die Schuldgefühle in ihm auslösen, die unsere Selbstgerechtigkeit so unzulänglich zu verbergen sucht. Je größer der *Götze des Rechthabens* ist, den jemand in sich trägt, umso unausstehlicher ist er. Andere Menschen gehen jemandem, der einen *Götzen des Rechthabens* in sich trägt, aus dem Weg, weil er immer arroganter wird, immer das letzte Wort haben will und immer glaubt, dass sein Weg der beste Weg ist. Er ist in seinem Handeln so sehr von sich selbst überzeugt, dass er kaum je überprüft, ob er mit der Wahrheit in Übereinstimmung ist. Wenn etwas schiefläuft, hält er Ausschau nach jemandem, den er für die Fehler beschuldigen kann, die er selbst gemacht hat. Der *Götze des Rechthabens* ist an den Götzen der Kontrolle und daran geknüpft, unseren eigenen Willen durchzusetzen. Wenn wir glauben, im Recht zu sein, sind wir nicht offen dafür, eine Lernerfahrung zu machen. Unsere Entscheidung steht fest, und das hat zur Folge, dass wir uns der Inspiration verschließen, die uns einen besseren Weg zeigen würde, auf dem alle sich ermächtigt fühlen und der unbeschwerten Fluss und mühelose Entwicklung bringt.

Was diese Karte bedeutet

Diese Karte zeigt dir, wo du feststeckst und zugleich starrsinnig bist. Nun ist die Zeit gekommen, deine *Götzen des Rechthabens* aufzugeben und darum zu bitten, dass die Wahrheit dich befreien möge, indem sie die Illusionen in deinem Geist berichtigt. Bitte jeden Tag um diese Berichtigung, die dich auf den richtigen Weg bringt, damit du von den Ketten der Unwissenheit befreit wirst und den Weg einschlägst, der dich wirklich glücklich macht. Die Wahrheit ist der WILLE des HIMMELS für dich. Sie bringt Verbundenheit und beendet den Schmerz und die Illusion der Trennung. Sie gibt dir sowohl Wurzeln als auch Flügel. Bitte darum, dass dir der Weg gezeigt werden möge. Bitte um Zeichen, die dich wissen lassen, dass du in die richtige Richtung gehst, damit du keine Zeit durch Aufopferung, Sabotage und Sackgassen vergeudest. Wenn du deine *Götzen des Rechthabens* aufgibst, kann dir der Rückweg zum PARADIES gezeigt werden. Deine *Götzen des Rechthabens* schneiden dich von deinem Glück ab, das der wirkliche Maßstab für die Wahrheit ist, die einer Sache innewohnt. Erfülle dein Leben mit neuem Fluss, indem du die Selbstgerechtigkeit aufgibst, die dich bewegungsunfähig gemacht hat.

70
Der Götze des Ruhms

Der *Götze des Ruhms* ist das Bedürfnis, von allen Menschen gekannt und bejubelt zu werden. Wenn es keinen anderen Weg gibt, kann dieser Götze uns auch dazu bringen, durch Niedertracht bekannt werden zu wollen. Wir benutzen die Ereignisse in unserem Leben, um die Öffentlichkeit zu suchen. Der *Götze des Ruhms* kann sich auch als das Verlangen danach zeigen, etwas über berühmte Menschen zu erfahren und indirekt ihr Leben zu leben. Der Teil von uns, den wir durch Trennung verloren haben, nährt unser Verlangen danach, selbst berühmt zu sein, und unser Bedürfnis, etwas über berühmte Menschen zu erfahren. Der *Götze des Ruhms* verlangt das Rampenlicht und die Aufmerksamkeit ebenso wie die ehrerbietige Behandlung, die daher kommt, dass man berühmt ist. Der *Götze des Ruhms* will im Mittelpunkt des Geschehens stehen. Er hungert ständig nach Aufmerksamkeit und Besonderheit, und wenn er sie anders nicht erlangen kann, sucht er nach Mitleid, indem er dafür sorgt, dass ihm dunkle Dinge widerfahren. Der *Götze des Ruhms* will erreichen, dass alles sich um uns dreht. Er will ein ganz eigenes Klassensystem erschaffen, in dem wir an der Spitze stehen und das es nur wenigen anderen, die ihren eigenen Gipfel der Besonderheit erreicht haben, zugesteht, Teil des Zirkels auserlesener Menschen zu werden, die berechtigt sind, unserem exklusiven Berühmtheitskult anzugehören. Allen anderen kommt es zu, entweder das Publikum zu bilden, das unsere Berühmtheit würdigt, oder uns zu Diensten zu sein, um sich um unsere Bedürfnisse zu kümmern. Andere Menschen werden zu Objekten oder zu unserem Sprungbrett auf dem Weg zum Gipfel des Ruhms.

Was diese Karte bedeutet

Diese Karte teilt dir mit, dass es nun wirklich an der Zeit ist, zur Besinnung zu kommen. Du suchst nach Bestätigung außerhalb von dir. Du versuchst deinen Mangel an Selbstliebe wettzumachen. Du hast dich in deinem Denken selbst zur Legende erhoben. Der *Götze des Ruhms* bringt dich dazu, andere Menschen zu benutzen, um deine Bedürfnisse zu erfüllen. Andere Menschen sind dir weniger wichtig als du selbst und deine Bedürfnisse. Du benutzt andere Menschen, um deine Bedeutung zu nähren, und das macht es schwierig für dich, echte Nähe zu erleben. Es kann dich dazu bringen, nach anderen Menschen zu suchen, um sie zum Zubehör deines Ruhms zu machen. Es kann dich auch dazu bringen, Dinge als Zubehör des Ruhms zu sammeln, den du selbst anstrebst, oder nach Dingen zu suchen, die berühmten Menschen gehört haben. Stalker tragen den *Götzen des Ruhms* als grundlegende Triebkraft in sich. Sie glauben, dass ein berühmter Mensch oder jemand, den sie in ihrem Leben zur Berühmtheit erhoben haben, etwas hat, was sie nicht haben, und dass sie, wenn sie ihm nachstellen, sich ein wenig von seiner Energie aneignen können.

Ruhm ist unwichtig. Wichtig ist, dass du deine Lebensaufgabe erfüllst und dich zu deiner Bestimmung bekennst. Dies bringt dir Erfüllung und macht dich glücklich. Du bist so sehr in deinen Selbstkonzepten gefangen, dass du den Schatz nicht erkennst, der dein inneres Licht ist.

71
Der Götze des Schlafs

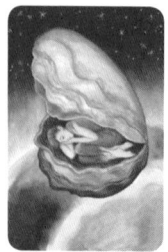

Der *Götze des Schlafs* ist das Verlangen, weiter von einer Welt zu träumen, die von Urteilen, Trennung und Götzen erfüllt ist. Er ist das Verlangen, etwas von der Welt zu bekommen. Der *Götze des Schlafs* ist die Angst vor dem Erwachen, die Angst vor der Liebe und die Angst vor GOTT. Der *Götze des Schlafs* ist das Verlangen, den gegenwärtigen Zustand zu wahren, weil wir uns vor Veränderung fürchten. Er ist sowohl die Angst davor, dass es keinen besseren Weg gibt, als auch die Angst davor, dass es einen besseren Weg gibt. Der *Götze des Schlafs* ist eine Droge, die uns gegen den Schmerz abstumpfen soll. Das erlaubt uns, alles so zu belassen, wie es ist, und nimmt uns die Motivation, uns weiterzuentwickeln. Wir bemühen uns und tun scheinbar alles, um in der Welt voranzukommen, weil wir vergessen haben, dass die Welt ein Traum ist. Wir schlafen so tief, dass wir schlafwandeln. Wir rücken die Möbel in einem Haus, das in Flammen steht. Wir sitzen unsere Zeit in einem selbstgemachten Gefängnis ab und verschlafen den Teil von uns, der zeitlos und ewig glückselig ist. Der Traum ist die Betäubung, und der Schlaf kaschiert, dass der Traum die Trennung verbirgt, die nicht nur zu allem Schmerz in der Welt, sondern auch zum Traum der Welt selbst führt. Unser Ego umgibt uns mit einer Schale aus Selbstkonzepten. Jedes Selbstkonzept träumt von Trennung und davon, dass wir das, was wir abgespalten haben, von der Welt als Glück gewinnen können.

Was diese Karte bedeutet

Diese Karte zeigt, dass dir daran gelegen ist, deine Probleme zu behalten, weil sie dir die Möglichkeit geben, den gegenwärtigen Zustand zu bewahren. So sehr du aus der engen Wahrnehmung deines Verstandes heraus auch dagegen protestieren magst, ist es doch so, dass die Problemmuster und das Verlangen danach, eine eigene Welt zu erträumen, dir die Welt eingebracht haben, in der du lebst. Um weiterschlafen zu können, musst du die Grenzenlosigkeit und die Freude deiner wahren Wesensnatur verbergen. Du hast einen Teil deines Traums abgespalten, um zum kollektiven Traum der Welt beizutragen, deren Handeln im Widerspruch zu deinen Wünschen zu stehen scheint. Du hast dich selbst dazu gebracht, an Schwäche zu glauben, um deine Maskerade zu vervollständigen. Du schläfst. Du hast vergessen, wer du bist und dass der HIMMEL dein Zuhause ist. Du hast GOTT und das EINSSEIN vergessen, dessen ewigwährender Teil du bist. Du hast die Macht und die LIEBE vergessen, die GOTT dir gegeben hat, um deinen Geist zu ermächtigen. Du bist GOTTES KIND. GOTT SELBST wäre unvollständig ohne dich. Wenn du erwachen willst, musst du es von ganzem Herzen wollen. Du musst an allen Einflüsterungen und Götzen deines Egos vorbeigelangen. Dein Geist muss eingerichtet werden, um das Licht in dir entdecken zu können. Dies kann auch dann geschehen, wenn du dich mit einem anderen Menschen so tief verbindest, dass die Unterschiede fortfallen und du in einem heiligen Augenblick das Licht erfahren kannst, das ihr gemeinsam seid. Nun ist es an der Zeit, zu erwachen und dich daran zu erinnern, wer du wirklich bist. Es bedarf großer Entschlossenheit, zu erwachen und zu entdecken, dass GOTT in deinem Herzen lebt und dass du eins mit IHM bist.

72
Der Götze des Schmerzes

Der *Götze des Schmerzes* wird aus einem verfehlten Bedürfnis nach Schmerz heraus geboren. Schmerz erleiden zu wollen ist reiner Wahnsinn, sodass wir das Verlangen danach und unsere Entscheidung dafür verbergen und so tun müssen, als ob nicht wir selbst diese Entscheidung getroffen hätten. Es gibt viele falsche Gründe, uns für den Schmerz zu entscheiden: das Bedürfnis, etwas zu beweisen, das Bedürfnis, im Recht oder im Unrecht zu sein, das Verlangen nach Kontrolle, den Glauben an unsere Schuld und daran, dass wir Glück, Liebe oder Fülle nicht verdienen. Alle diese Dinge dienen dazu, gegen GOTT und unsere Bestimmung zu kämpfen. Unsere Schuld, unsere Angst vor dem, was gut ist, unsere Selbstfolter und Selbstherabsetzung dienen dazu, um die Trennung zu kämpfen, von der wir glauben, dass sie uns Eigenständigkeit verleiht. In Wirklichkeit führt sie uns nur in die Sklaverei und bringt uns dazu, uns auf unser Ego zu verlassen, das unsere Wahrnehmung verdreht, um seine eigenen selbstsüchtigen Interessen zu wahren ohne Rücksicht auf das, was in unserem ureigenen Interesse liegt. Das Bedürfnis nach Schmerz ist an unsere falsche Geisteshaltung, unser Verlangen nach

Rache und unsere passive Aggression geknüpft. Es ist unser Autoritätskonflikt nicht nur mit unseren Eltern, unserem Partner und möglicherweise auch unseren Kindern, sondern stets auch mit GOTT. Wir erkennen nicht, dass unserer wahrer Wille und GOTTES WILLE ein und derselbe sind. GOTTES WILLE für uns ist ganz gewiss weder Schmerz noch der *Götze des Schmerzes*.

Was diese Karte bedeutet

Diese Karte ist ein Zeichen dafür, dass du Schmerz in einen Gott verwandelt hast. Du suchst nach Schmerz, weil du glaubst, er könne dich von deiner Schuld befreien und dir die Ausrede liefern, die du brauchst, um darüber zu klagen, dass dich jemand ausgenutzt hat. Schmerz erlaubt dir, andere Menschen anzugreifen, vor deiner Lebensaufgabe davonzulaufen und dich zu verstecken. Du benutzt ihn, um ein Bedürfnis erfüllt zu bekommen und dich vor deinen Ängsten zu schützen. Der *Götze des Schmerzes* will auch dein Ego zu einem Gott machen. Er ist meist ein verzerrtes Selbstkonzept, das den Schmerz, nach dem du gesucht und den du angesammelt hast, benutzt, um einen anderen Menschen zu beschuldigen. Diese Schuldzuweisung richtet sich immer gegen einen Menschen, der dir nahesteht, und sie richtet sich gegen GOTT.

Auf der bewussten Ebene weißt du, dass Schmerz nicht deinem Wohl dient, aber auf einer unbewussten Ebene glaubst du, dass er dir Erlösung bringt und dir etwas geben kann, das du brauchst. Schmerz ist eine Form von Schuldzuweisung. Er zeigt dein Bedürfnis, vor dir selbst davonzulaufen, indem du andere Menschen beschuldigst. Schmerz ist Selbstangriff, der dann andere Menschen angreift und damit das Fundament des Egos stärkt, das aus Angriff und Selbstangriff besteht. Der *Götze des Schmerzes* macht dich schwer und schwerfällig, weil er dir viele Abwehrmechanismen auferlegt. Er wehrt sich gegen die Macht und die Gnade GOTTES, die dein Leben leicht machen würden. Er wehrt sich auch gegen Spiel, Spaß und einen unbeschwerten Umgang mit dir selbst. Du kannst unmöglich an deine Bestimmung glauben, wenn du einen *Götzen des Schmerzes* in dir trägst. Schmerz wird von zu vielen Triebkräften genährt, um sie hier alle aufzuzählen, aber willst du stattdessen nicht lieber Frieden und Freude erfahren? Es ist deine Entscheidung.

73
Der Götze des Sexes

Der *Götze des Sexes* hat die sexuelle Vereinigung zum Mittelpunkt unseres Lebens gemacht. Wir haben Penis und Vagina in Götter verwandelt, und nur ihre Vereinigung kann uns Befriedigung bringen und glücklich machen. Sex ist nicht mehr länger ein Werkzeug der Liebe, der Heilung und der Transzendenz, sondern zu einem Selbstzweck geworden. Wir glauben, er könne uns retten und unseren Schmerz lindern. Wir glauben, er könne jedes unserer Bedürfnisse erfüllen und jeden Kummer transformieren. Er ist zu einem Gott geworden, den wir anbeten, weil wir glauben, dass er GOTT ist. Wir haben die sexuelle Leidenschaft zu einem Allheilmittel gemacht, das allen Schmerz und alle unsere unerfüllten Bedürfnisse wettmachen soll. Aber es ist nie genug. Wir sind nie zufrieden. Die Kraft unserer Lebensfreude und das Bedürfnis, unsere Besonderheit und unseren Wert unter Beweis zu stellen, haben sich zu einer inneren Getriebenheit verbunden. Da wir Götzen oft kompensieren, ist es nicht ungewöhnlich, dass Menschen, die prüde sind oder ihre Sexualität verdrängt haben, einen *Götzen des Sexes* in sich tragen. Auch wenn sie Sex in hohem Maße verurteilen mögen, sind sie in ihrem Konflikt gefangen. Sie verleihen dem *Götzen des Sexes* ständig Wirklichkeit, indem sie ihn bekämpfen. Sie kompensieren die Schuld und die Scham, die sie empfinden, weil sie einen *Götzen des Sexes* in sich tragen. Wenn unser Partner ganz unverhohlen einen *Götzen des Sexes* in sich trägt, dann gilt das auch für uns, obwohl wir unseren *Götzen des Sexes* möglicherweise im Unbewussten vergraben und ihn kompensiert haben.

Wenn wir diesen Götzen ausagieren, indem wir versuchen, so viel Sex wie möglich zu konsumieren, vergeuden wir leichtfertig unsere Energie und erfüllen fast alle unsere Bedürfnisse durch Sex. Wir setzen *Götzen des Sexes* auf den Altar im Tempel unseres Geistes, die uns von dem ablenken, was unserem Leben seine wahre Bedeutung gibt. Wir sind aus unserer Mitte geraten und selten im Frieden. Wir glauben, dass Sex und Erfüllung gleichbedeutend sind. Wir sind nicht nur zum Feinschmecker in Sachen Sex geworden, sondern auch zu einem Vielfraß, und wir machen ihn zum Maßstab unserer Erfüllung und unserer Beziehungen. Sex ist in unseren Augen nicht nur der Lohn für unseren Erfolg im Leben, sondern auch ein Gegenmittel gegen Langeweile. Er wird zum wichtigsten Filter in unserem Leben, an dem wir alles andere messen. Er ist wie Ostern und Weihnachten in einem. Wir verbrauchen mutwillig die Energie für Sex, die eigentlich für Wunder gedacht war.

Was diese Karte bedeutet

Diese Karte ist ein Zeichen dafür, dass du emotional erstarrt bist und dass dein Bedürfnis nach Sex sowohl deine Gaben als auch deine Lebensaufgabe und deine Bestimmung verdunkelt hat. Du steuerst das falsche Ziel an. Du hast deine Klarheit verloren und betrachtest die Welt nur noch aus dem Blickwinkel deines Sexlebens. Du suchst Trost im Körper deines Partners oder irgendeines beliebigen Partners. Du willst einen anderen Menschen durch Sex besitzen, um die Essenz dessen in dich aufzunehmen, was dir selbst vermeintlich fehlt. *Götzen des Sexes* können eine Kompensation für frühe sexuelle Enttäuschungen sein. Sie können die Folge eines sexuellen Traumas sein oder ein Ersatz für die Liebe, an der es dir im Leben gefehlt hat. Vielleicht hast du dir einen *Götzen des Sexes* zugelegt, um zu beweisen, dass du der Liebe würdig bist. Vielleicht hast du einen *Götzen des Sexes* an die Stelle der Vernachlässigung oder des wahrgenommenen Mangels an Liebe in deinem Elternhaus gesetzt. Der *Götze des Sexes* kann benutzt werden, um den Herzensbruch wettzumachen, den du in Bezug auf einen Elternteil erlitten hast. Wenn dies der Fall ist, dann bedienst du dich seiner, um zu verheimlichen, dass du diese Erfahrung in Wahrheit benutzt hast, um dich von deiner Lebensaufgabe abzuwenden.

Herzensbrüche weisen auf Orte hin, an denen du insgeheim herzlos warst und deine Herzlosigkeit unter dem Schmerz und Groll des Herzensbruchs oder deiner Vernachlässigung verborgen hast. Götzen des Herzensbruchs und *Götzen des Sexes* können leicht einen Teufelskreis bilden, der spiralförmig abwärts führt und dein Leben mit Elend und Hoffnungslosigkeit erfüllt. Wenn dies der Fall ist, hast du nicht begriffen, worum es in Beziehungen und im Sex geht. Du hast die Energie, die für Transzendenz und Wunder bestimmt war, an dich gerissen und für Sex verbraucht. Der *Götze des Sexes* kann die Leere in dir nicht füllen. Nur die Liebe ist dazu in der Lage. Sex kann dazu dienen, dich mit einem anderen Menschen zu verbinden und neue Verbundenheit zu erzeugen, sodass dein Leben von einem höheren Maß an Glück und Ganzheit erfüllt ist. Deine Leidenschaft für Sex sollte in Wirklichkeit deine Leidenschaft für GOTT und für das Zuhause sein, das du vor so langer Zeit verloren hast, aber nach wie vor in dir trägst. Der *Götze des Sexes* geht mit einem gewissen Eigensinn einher, der dich dazu bringt, die für Wunder bestimmte Energie zu untergraben und in sexuelle Energie zu verwandeln. Der *Götze des Sexes* hält dich in dem Glauben fest, dass diese Welt wirklich ist und dass du in dieser Traumwelt glücklich sein kannst. Er hat dich davon überzeugt, dass du ein Körper bist und dir deshalb ebenso gut ein wenig Spaß und Trost gönnen kannst, während du auf den Tod zusteuerst. Der *Götze des Sexes* führt dazu, dass du nimmst. Er erzeugt ein Gefühl der Dringlichkeit und Sucht. Der *Götze des Sexes* verliert den Blick für das, was Sex in einer Beziehung sein soll – ein Instrument der Liebe und der Verbindung.

74
Der Götze des Todes

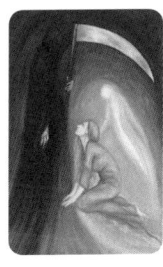

Der *Götze des Todes* ist die elementarste Falle des Egos. Er ist Gegenstand des Vertrages, den wir mit dem Ego schließen, und es nutzt ihn, um seine Macht zu vergrößern. Der *Götze des Todes* ist furchteinflößend, und weil wir uns vor dem Tod fürchten, bekommen wir Angst vor dem Leben. Statt uns mit anderen Menschen zu verbinden und uns auf das Leben einzulassen, verbergen wir uns und suchen nach Sicherheit. Unser Rückzug und die Verteidigungseinrichtungen, die wir aufbauen, ziehen Angriff an.

Das Ego erklärt uns, dass wir ein Körper sind und dass wir aus diesem Grund sterben müssen. Diese Überzeugungen sind es, die dafür sorgen, dass wir Sklaven dieser Welt bleiben und unsere Wesensidentität als reiner Geist vergessen. Das Ego bringt uns dazu, nach außen und nicht nach innen zu schauen. Es bringt uns dazu, nach Götzen zu suchen, und wenn unser Leiden und unsere Enttäuschung zu groß geworden sind, schlägt es uns den Tod als Ausweg vor. Dabei kann uns nur das Erwachen befreien, nicht das Einschlafen. Alle diese Dinge gehören zum Teufelskreis der Glaubenssätze des Egos: Mein Glück rührt von äußeren Dingen her. Ich bin ein Körper. Ich kann genauso gut in den Tröstungen schwelgen, die meine Götzen mir bringen, weil wir ohnehin alle irgendwann sterben werden. In diesem Teufelskreis aus Schwelgen und Enttäuschung will der HEILIGE GEIST uns daran erinnern, dass unsere Wirklichkeit nicht von dieser Welt ist und dass diese Welt ein Traum ist. Jeder Akt der Desillusionierung und jeder zerschlagene Traum, der von unseren Götzen herrührt, bringt uns dem *Götzen des Todes* einen Schritt näher. Der Tod ist ein grausamer Gott, der seine Anhänger leiden lässt, um die Mühelosigkeit zu erlangen, die ihnen am Ende großer Mühsal und langen Leidens versprochen wird.

Der Tod verspricht Frieden, aber nur die Vergebung kann Frieden bringen. Der Tod ist gleichbedeutend mit Schlaf, der das Gegenteil von Leben und Frieden ist, aber das Leben ist das, was uns glücklich macht. Wenn wir den Glauben an den Tod – unseren uralten Vertrag mit dem Ego – ablegen, dann erkennen wir die Wahrheit unseres ewigen Lebens. Dann werden die beiden Seiten des *Götzen des Todes*, nämlich Angst und Anziehung, gegeneinander aufgehoben, und wir erinnern uns an unsere wirkliche Identität als KIND GOTTES, das nach SEINEM BILDE geschaffen wurde.

Was diese Karte bedeutet

Wenn du diese Karte erhältst, frage dich, wie viele *Götzen des Todes* du in dir trägst. Suche nicht nach dem Tod. Du bist zu einer Wiedergeburt aufgerufen. Das Ego deckt die Aufforderung zur Geburt mit Todesversuchung zu. Es macht dir Vorschläge für dein Leben, die niemals funktionieren, bis du schließlich in dem gefangen bist, was dir wie eine aussichtslose und schmerzhafte Falle erscheint. Dann behauptet das Ego, der Tod sei dein einziger Ausweg und die Antwort auf alle deine Gebete. Es ist an der Zeit, zu erkennen, dass du, obwohl du dich mit dem Ego identifiziert hast und glaubst, ein Körper zu sein, dein Denken darüber ändern kannst. Ein altes Sprichwort sagt, dass dein Leben das ist, was du daraus machst, und das gilt auch für den Tod. Wie du dein Leben lebst, so stirbst du. Dein Lebensmuster ist dein Todesmuster. Wenn du glaubst, dass der Tod ein „torloses Tor" ist, lösen sich sowohl deine Angst vor dem Tod als auch deine Angst vor dem Leben auf. Wenn du erkennst, dass der Tod eine Illusion ist, eine der Lektionen, die CHRISTUS uns durch sein Beispiel gelehrt hat, dann erkennst du auch, dass das Leben unendlich viele Möglichkeiten bereithält, um dir Wunder und Erhebung zu schenken.

Heute bist du aufgerufen, deine Investition in den Tod aufzugeben, indem du alle deine *Götzen des Todes* in die HÄNDE GOTTES legst, damit ER sie für dich auflösen kann. Deine *Götzen des Todes* aufgeben heißt, deinen Glauben an Sünde aufzugeben, denn beide sind untrennbar miteinander verbunden. In der Bibel heißt es, dass der Lohn der Sünde der Tod ist, und in *Ein Kurs in Wundern* ist von „des Sünders Todeswunsch" die Rede. Deine *Götzen des Todes* aufzugeben ist also gleichbedeutend damit, dich zu deinem Leben und zu deiner Unschuld zu bekennen.

75
Der Götze des Träumens

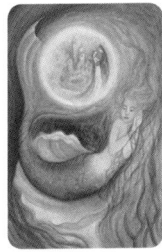

Unsere Träume haben die Welt erschaffen, die das Zuhause von Götzen ist. Sie haben mit einem Urteil begonnen, das von Trennung herrührt. Daraus sind sowohl Illusionen als auch Bedürfnisse entstanden, und wir haben die Illusionen in Götzen verwandelt, um uns vor den Auswirkungen zu schützen, die mit einem Urteil verbunden sind. Götzen sind gleichbedeutend damit, dass wir sehen, was wir sehen wollen, und glauben, es könne uns Erfüllung bringen. Träume rühren von Verlangen her. Sie sind Wunscherfüllung, und das heißt, dass wir sowohl von dem träumen, wonach es uns verlangt, als auch von dem, woran es uns mangelt. Trennung rührt daher, dass wir Dinge verurteilen und sie dann in unserem Leben vermissen. Anschließend träumen wir von dem, was uns fehlt, aber je mehr wir träumen, umso mehr nehmen Unbewusstheit und Illusionen zu, was dazu führt, dass wir unsere Bewusstheit verlieren und der Fluss unterbrochen wird. Dies hat mit unserem Fall aus dem Zustand des EINSSEINS begonnen. Diese erste Spaltung ist in unseren Träumen entstanden, weil wir die Besonderheit nicht bekommen konnten, die wir dadurch erlangen wollten, dass wir GOTTES liebstes Kind in der Wirklichkeit waren. Besonderheit kann es im EINSSEIN nicht geben. Es gibt nur ein KIND GOTTES, aber wir wollten das beste Kind GOTTES sein. GOTT, DER das PRINZIP DES EINSSEINS ist, kann uns nicht weniger als alles geben, und ebenso wenig kann die WAHRHEIT an der Illusion der Trennung beteiligt sein. In unserem Verlangen nach Besonderheit haben wir geträumt, GOTT vom Thron stoßen und SEINEN Platz einnehmen zu können. Wir haben eine Welt erträumt, aus der wir IHN aussperren konnten. Das EINSSEIN ist jedoch nur scheinbar verloren gegangen. Wir haben nur geträumt, dass dieser Verlust stattgefunden hat, denn das EINSSEIN kann als die WIRKLICHKEIT niemals verloren gehen. Es ist unteilbar, und es ist GOTTES WILLE. Wir konnten nur träumen, dass Trennung und der Verlust des EINSSEINS stattgefunden haben.

Immer wenn Trennung geschieht, spaltet sie unser Bewusstsein, und im vermeintlichen Verlust der Ganzheit stellen sich Träume ein, um den Schmerz zu verschleiern und den Verlust von Freude, Fülle und Ganzheit wettzumachen. Dies ist der Beginn der Wahrnehmung. Es ist die Projektion des Traums nach außen. Jede Spaltung ist aus einem Urteil heraus entstanden, und jedes Urteil hat den Traum verstärkt, bis wir die ganze Welt geträumt haben, die in Wirklichkeit eine Projektion dessen ist, was wir an uns selbst verurteilt haben.

Was diese Karte bedeutet

Diese Karte zeigt, dass du Angst vor Gott und Angst vor der Liebe hast. Es ist die Angst, dich im Einssein zu verlieren, und die Angst, du könntest deine Götzen verlieren. Du willst erst dann zu Gott und zum Einssein zurückkehren, wenn deine Wünsche restlos erfüllt sind. Träume und Götzen sind untrennbar miteinander verbunden. Als du die Welt erträumt hast, hast du geträumt, dass das, was du in dir trägst, in Wirklichkeit außerhalb von dir ist. Aus dieser Projektion und aus der Trennung von dir selbst heraus sind Bedürfnisse entstanden, die der Wesenskern aller Götzen sind. Jede Spaltung hat neue Träume sowie Phantasievorstellungen und Götzen hervorgebracht, um den Verlust dessen wettzumachen, was du zu brauchen glaubtest. Träume, Götzen und Phantasievorstellungen können dir aber niemals Befriedigung bringen. Der *Götze des Träumens* gehört zu den Urgötzen, die den Fortbestand aller anderen Götzen sichern. Träumen heißt, von Götzen zu träumen. Ein Teil deines persönlichen Traums trägt zum umfassenden Traum der Welt bei, die deinem Willen zuwiderzuhandeln scheint.

Der Verzicht auf deine *Götzen des Träumens* ist gleichbedeutend mit der Wiederherstellung des Paradieses beziehungsweise des Himmels auf Erden. Du erlangst die Bereitschaft, alle Götzen und auch die Alpträume loszulassen, in die dein Urteil die Welt verwandelt hat. Dein Weg der Heilung und der Erneuerung wird so zum Weg für die Erlösung der Welt. Deine Bereitschaft, Mangel, Götzen, Phantasievorstellungen und Träume aufzugeben, erlaubt dir, die Herrlichkeit des Himmels auf Erden zu erfahren, und sie ist ein Schritt auf dem Weg, der dich zum Einssein zurückbringt.

76
Der Götze des Verlustes

Der *Götze des Verlustes* sorgt dafür, dass wir beschämt sind, wenn wir gewinnen, und uns schuldig fühlen, wenn wir erfolgreich sind. Manchmal lässt er uns eine Zeitlang gewinnen, nur um später dafür zu sorgen, dass wir umso mehr verlieren. Er will etwas tilgen und für etwas sühnen, das er unsererseits für unentschuldbar hält. Dann ist er darauf aus, zu verlieren, um auf diese Weise gerettet zu werden. Der *Götze des Verlustes* zeigt, dass wir es insgeheim vorziehen, zu verlieren und ein Verlierer zu sein, um darin unser Glück zu finden. Er fühlt sich überlegen in seinem Verlust und grimmig erfreut in seiner Aufopferung. Er sucht nach Mitleid für seinen Verlust und gewinnt Aufmerksamkeit und Besonderheit aus dem, was ihm genommen wurde. Der *Götze des Verlustes* fühlt sich beraubt, während er insgeheim Unabhängigkeitsphantasien hegt. Er beschuldigt GOTT zu Unrecht, der Feind seines Glücks zu sein, und benutzt diese Schuldzuweisung, um mit GOTT um SEINEN Thron zu buhlen.

Die Götter des Verlustes sind dunkle, deprimierende Götter, die uns unserer liebsten Besitztümer und Verbindungen berauben. Da wir kein Selbstwertgefühl besitzen, können wir jedoch auch andere Menschen nicht wertschätzen, und was wir nicht wertschätzen, kann rasch verloren gehen. Wir glauben, unsere Verluste könnten uns Freiheit bringen, aber stattdessen bürden sie uns Kummer auf und halten uns im bösartigen Angriff und Selbstangriff des Egos gefangen. Der *Götze des Verlustes* fügt sich mühelos in den Hass ein, den wir auf uns selbst empfinden, sodass unsere *Götzen des Verlustes* und unser Selbsthass einen Teufelskreis ins Leben rufen. Wenn wir *Götzen des Verlustes* in uns tragen, dann hüten wir viele der Verluste, die wir erleiden, wie einen Schatz und halten an ihnen fest, weil wir sie mit Liebe verwechseln. Wir glauben, dass uns nichts bleibt, wenn wir nicht an ihnen festhalten. Dabei können wir nur im Loslassen die innere Präsenz dessen erfahren, was wir verloren haben, und die Wiedergeburt erleben, die jeder Akt des Loslassens bringt. Wenn wir ihn einer bewussten Prüfung unterziehen, besitzt der *Götze des Verlustes* keine Macht über uns, aber solange wir zulassen, dass er in uns verborgen bleibt, programmiert er uns darauf, die dunkle Straße zum Tod einzuschlagen.

Was diese Karte bedeutet

Diese Karte fordert dich zu der Erkenntnis auf, dass du selbst und deine *Götzen des Verlustes* dich zu deinem schlimmsten Feind gemacht haben. Frage dich, wie viele *Götzen des Verlustes* du in dir trägst und welchen Einfluss sie auf dein Leben, deine Beziehungen und deine berufliche Laufbahn gehabt haben. Der *Götze des Verlustes* und seine Auswirkungen gehören zu den Illusionen, die dich dein ganzes Leben lang verfolgen können und es sinnlos und deprimierend erscheinen lassen. So sollte dein Leben jedoch nicht sein. Sobald du erkennst, dass du dein Leiden mit deiner Götzenanbetung selbst verursacht hast, erkennst du auch, dass GOTT nicht dein Feind ist und dass du den HIMMEL darum bitten kannst, erhoben zu werden. Deine *Götzen des Verlustes* waren eine Illusion, ein großer Fehler, der nun jedoch berichtigt werden kann. Du kannst deine Götzen nun loslassen und den HIMMEL darum bitten, diese Glaubenssysteme durch Liebe zu ersetzen.

Du benutzt deine Götzen, um das Ego deiner Gefolgschaft zu versichern, statt dich für die Wahrheit zu entscheiden, die in dem Frieden besteht, der Liebe, Freude und Fülle bringt. Höre auf, ein Sklave deines Egos zu sein, und stelle dich stattdessen in den Dienst des HIMMELS. In dem Maße, in dem du dich von diesen dunklen Glaubenssätzen und Begierden befreist, trägst du zugleich zur Befreiung vieler deiner Brüder bei, die auf ähnliche Weise gefangen sind. Heute ist der Tag, an dem du einen neuen Weg einschlagen kannst. Bitte um Frieden. Rufe die Liebe auf den Plan. Heiße die Fülle willkommen. Verpflichte dich dem Plan des HIMMELS, weil darin kein Verlust liegen kann. Dein Dasein in dieser Welt hält dich in dem Gefühl fest, beraubt worden zu sein, und weckt in dir eine tiefe Sehnsucht nach deinem Zuhause. Lasse die Dunkelheit heute los und berufe dich auf das Licht der GÖTTLICHEN PRÄSENZ.

77
Der Götze harter Arbeit

Der *Götze harter Arbeit* ist die Überzeugung, dass unsere unablässige und ständig zunehmende Arbeitsamkeit und Produktivität uns retten und glücklich machen können. Wir glauben, Arbeit könne uns glücklich machen und uns retten. Es ist jedoch nicht die Arbeit selbst, die uns glücklich macht, sondern das Geben, das geschehen kann, wenn wir arbeiten. Geben macht uns glücklich, und wenn wir kontinuierlich rückhaltlos geben, scheint unsere Arbeit unsere besten Seiten zum Vorschein zu bringen. Dies und der Erfolg, der sich manchmal als Ergebnis unserer Arbeit einstellt, macht ihre Anziehungskraft aus. Wie alle Götzen kann auch der *Gott harter Arbeit* sich zwischen uns und andere Menschen stellen und unseren Partner zum Strohwitwer machen, weil wir nicht genug Selbstvertrauen haben, uns unseren emotionalen Beziehungsthemen zu stellen. Das führt dazu, dass wir uns bevorzugt dort aufhalten, wo wir uns am wohlsten fühlen, nämlich auf der Arbeit.

Nicht hartes, sondern intelligentes Arbeiten ist die Antwort. Wenn du hart arbeitest, dann stimmt irgendetwas nicht. Die einzigen Ausnahmen gelten zum einen für Berufsanfänger und zum anderen für die Zeiten, in denen wir ein neues Projekt beginnen. Wenn harte Arbeit wahr ist, dann spüren wir die Freude, die daher rührt, dass wir geben. Dennoch liegt der Schlüssel zu unserer Bestimmung darin, dass wir der Gnade erlauben, alles durch uns zu vollbringen. Harte Arbeit wird rasch zu einer Abwehrstrategie und zu einer Kompensation für Schuld und Wertlosigkeit. Harte Arbeit wird uns nicht retten. Das, was wir in uns tragen, wird uns die Rettung bringen.

Was diese Karte bedeutet

Wenn du diese Karte erhältst, bist du dazu aufgerufen, dir anzuschauen, in welcher Form du harte Arbeit in einen Gott verwandelt hast, der deine Zeit und Energie fordert, dir aber nicht die Freude und Erleichterung bringt, nach der du gesucht hast. Harte Arbeit kann deinen Zeitplan ausfüllen und die Sorge, Angst oder Depression verbergen, die möglicherweise unter diesem Götzen versteckt sind, der dich „von der Straße holt" und dafür sorgt, dass du ständig beschäftigt bist. Du hast den *Gott harter Arbeit* benutzt, um sowohl Entsetzen als auch Chaos in Schach zu halten. Es gibt immer etwas, womit du dich beschäftigen kannst, um dein Denken von dem Schmerz fernzuhalten, der von der Trennung herrührt, die dein Bewusstsein spaltet. Alle diese Dinge verhindern, dass du erkennst, wo dein wahres Glück auf dich wartet, nämlich in dir selbst. Du wurdest als reiner Geist, Licht und Freude erschaffen. Du wirst keine Ganzheit in dem finden, was nicht ganz ist. Der *Götze harter Arbeit* ist eine Illusion, die geschaffen wurde, um das Alleinsein und die Leere zu kompensieren, die das innere Licht des REINEN GEISTES verschleiern sollen, der dein wahres Wesen ist. Der *Götze harter Arbeit* verbirgt dein Sein und hält dich in einem Trott fest, der dich nicht voranbringt. Letzten Endes ist dein Tun eine Abwehrstrategie, es sei denn, du wurdest dazu inspiriert, etwas zu tun, und in diesem Fall tust nicht du es, sondern die Gnade tut es durch dich. Es ist an der Zeit, dass du den Mut findest, dir selbst treu zu sein und nach dem zu schauen, was dich wirklich glücklich macht.

78
Illusion

Götzen sind eine *Illusion*. Es sind Phantasievorstellungen, die von Trennung herrühren und bei denen es um die Erfüllung der Bedürfnisse geht, die durch die Trennung entstanden sind. Wir weisen diesen *Illusionen* einen Platz außerhalb von uns zu, und dann sind wir darauf aus, uns das zu eigen zu machen, was wir bereits zurückgewiesen haben. Wir erkennen nicht, dass Götzen ein Hirngespinst sind. Alles, was wir verurteilt, zurückgewiesen, abgespalten und verdrängt haben, tragen wir nach wie vor in uns, auch wenn wir es nach außen projiziert haben. Die Tatsache, dass wir außerhalb von uns nach dem suchen, was wir in uns tragen, trägt zur *Illusion* der Welt bei. Nur wenn wir geben, vergeben und segnen, kann das, was nach außen projiziert wurde, sich mehr und mehr auflösen, während Frieden und damit Ganzheit zu uns zurückkehren. Dann erkennen wir, dass wir das, was wir außerhalb von uns gesucht haben, die ganze Zeit in uns getragen haben. Dies bringt Integration und ein neues Maß an Integrität und Wahrheit in unser Bewusstsein hinein. Es segnet uns mit Frieden und mit einem neuen Maß an Ganzheit, während die Illusionen verblassen und einmal mehr die Freude regiert.

Was diese Karte bedeutet

Diese Karte lässt dich wissen, dass es in deinem Leben eine *Illusion* gibt, die dich zurückhält. Es ist eine Falle, die dafür sorgt, dass du fehltrittst. Du glaubst, du seiest im Begriff, die Treppe hinaufzusteigen, aber das ist nur eine *Illusion*. Tatsächlich bist du im Begriff, die Treppe hinabzugehen und zu stürzen, während du es tust. *Illusionen* führen zu Schmerz, der die *Illusionen* verstärkt, sodass ein Teufelskreis in Gang gesetzt wird. Du siehst die Welt nicht so, wie sie wirklich ist. Angst, falsches Verstehen, Widerstand, Verlust und Verletzung sind die Folge. Darüber hinaus entstehen Bedürfnisse, die rasch zu einem Herzensbruch führen können.

Die Welt, in der du lebst, ist aus *Illusionen* gemacht und verbirgt den HIMMEL auf Erden, der die Welt ist, die hinter dieser Welt liegt. Dies ist das PARADIES, das sich nur zeigt, wenn *Illusionen* aufgelöst werden. Du kannst alle *Illusionen* durch Vergebung auflösen. Wenn alle *Illusionen* fort sind, bleibt einzig das Licht des EINSSEINS. Du bist dazu aufgerufen, deine *Illusionen* zu erkennen und loszulassen, um den Weg freizumachen für eine Welt, die auf Liebe anstelle von Bedürfnissen aufgebaut ist. Nimm dir nun ein wenig Zeit, um der Frage nachzugehen, was in deinem Leben nicht funktioniert. Erkenne, dass es eine *Illusion* ist, und übergib es dem HIMMEL, damit er es für dich auflösen kann.

79
Sklave von Götzen

Ein *Sklave von Götzen* ist im Traum gefangen und weiß nicht, dass es einen Ausweg gibt. Ein *Sklave von Götzen* ist an seine Emotionen und das hohe Maß an Verlust, Herzensbruch und Enttäuschung gefesselt, das von dem zerschlagenen Traum herrührt, den sein Streben nach Götzen ihm eingebracht hat. Ein *Sklave von Götzen* glaubt, dass das Glück außerhalb von ihm liegt und deswegen auch dort gesucht werden muss. Wir haben unser SELBST vergessen und halten uns für unseren Körper. Wir haben GOTT und die Erfahrung des EINSSEINS aufgegeben und sie durch Götzen ersetzt, deren Anziehungskraft und Gültigkeit nur darauf fußen, dass wir an sie glauben. Wir haben unseren Götzen die zentrale Position auf dem Altar eingeräumt, die in Wirklichkeit für unsere Gaben an GOTT bestimmt war. Nur diese Gaben kehren hundert- oder tausendfach zu uns zurück, wenn wir sie dem HIMMEL für seinen Gebrauch darbieten.

Jeder Götze verkündet, dass wir sterben werden, weil wir ein Körper sind, denn ein Körper zu sein heißt, dass wir auf den Tod zusteuern. Wir haben unsere Mitte, unseren inneren Wohnsitz verlassen und sind nach draußen in die Wüste gestürmt, wo wir nach Nahrung suchen, die niemals ausreichen wird, um uns zu nähren. Ein *Sklave von Götzen* zu sein ist der Versuch, Zeit aus der Zeitlosigkeit und Form aus der Formlosigkeit heraus zu erschaffen. Wir haben uns von ALLEM abgewandt, um an einen Ort des Nichts zu gelangen. Im Akt der Trennung haben wir das erträumt, was wir zu brauchen glaubten, und dem einen Platz außerhalb von uns zugewiesen, was allein in uns zu finden ist. Tausend Götzen werden uns enttäuschen, und wir werden nach tausend weiteren Götzen streben, um sie zu ersetzen. Wir werden jedes Mal weinen, wenn ein Götze stürzt, bis Enttäuschung und Depression uns die einsame Straße zum Tod hinunterführen. GOTT will uns nicht ohne Trost lassen und schickt uns deshalb einen FÜHRER, um uns aus dem Traum des Urteils herauszuführen, der das, was SEIN Paradies hätte sein sollen, in eine selbstverschuldete Hölle verwandelt hat.

Was diese Karte bedeutet

Wenn du diese Karte erhältst, hast du ein Urteil über dich selbst gesprochen und sitzt lediglich deine Zeit ab. Du benutzt die Zeit als Mittel gegen GOTT und gegen das, was zeitlos ist. Je mehr deine Schuld und deine anderen Emotionen in dir wachsen, umso mehr sperrst du dich in ein selbstverschuldetes Gefängnis ein und zwingst dich in die Aufopferung. Dein Schmerz, deine Unzufriedenheit und deine Emotionen halten dich in der Welt der Götzen fest. Der heilsame Weg der Vergebung und des Loslassens führt dich fort von deinen Götzen und von all dem Schmerz, den das Streben nach ihnen hervorgerufen hat. Das gilt natürlich nur, wenn du nicht in dieser Tretmühle verharren willst, die lediglich deinen Traum von Götzen und vom Tod verstärkt. Um diesem Gefängnis und der Todeszelle, in der du sitzt, zu entkommen, ist es wichtig zu erkennen, dass es einen besseren Weg gibt. Wiederhole mit aller Entschlossenheit, die du aufbringen kannst, die Worte: „Es muss einen besseren Weg geben." Dies befreit dich von einer Schicht deiner Illusionen und lässt sie fortfallen.

Kehre in deine Mitte zurück. Dort findest du GOTT. Dein Bruder ist der Weg, und durch ihn findest du den SCHÖPFER. Auf dem Weg befreist du dich von allem, was du aus dir selbst gemacht zu haben glaubtest. Deine Angst vor dem HIMMEL ist in Wahrheit die Angst vor dem Verlust deiner Götzen. Was ohne Bedeutung ist, kann dir keine Bedeutung geben. Eine bedeutungslose Welt ist nicht GOTTES WILLE für dich. GOTT, DER die BEDEUTUNG SELBST ist, kann nichts geschaffen haben, was bedeutungslos ist. Der Weg zurück ist ein heilsamer Weg der Gemeinschaft, der Liebe und der Heilung. Du ersetzt die Götzen auf deinem Altar durch deine Gaben, die tausendfach gesegnet werden. Sie befreien dich und deine Brüder und führen dich aus der Sklaverei NACH HAUSE zurück.

Dich aus deinem Dasein als *Sklave von Götzen* zu befreien heißt, im HIMMEL auf Erden zu leben. Worauf wartest du noch? Dein Versuch, etwas von der Welt zu bekommen, hat allen Schmerz in deinem Leben hervorgerufen und kettet dich zunehmend fester daran, ein *Sklave von Götzen* zu sein. Höre auf, dich selbst zu betrügen. Der Weg ist klar. Deine Entscheidung, gerettet zu werden, ist das, was dich rettet. Sie besitzt die Macht, deine Ketten zu sprengen. Befreie dich jetzt. Du befreist nicht nur dich selbst, sondern viele andere Menschen gemeinsam mit dir.

80
Versuchung

Versuchung ist der Inbegriff aller Götzen. Wir werden von etwas außerhalb von uns angezogen, das uns unserer Meinung nach vervollständigen kann. Jede *Versuchung* dient einem Ziel des Egos. Das Ego will uns aufhalten und ablenken. Es versucht zu vergessen, dass es auf verlorenem Posten kämpft. Es will uns davon überzeugen, dass seine Werte unsere Werte sind und dass wir es sind. Der reine Geist, der wir sind, wird sein Licht jedoch auch dann noch leuchten lassen, wenn unser Ego schon lange fort ist. Unser Ego will, dass wir uns für das entscheiden, was vergänglich ist. Es will, dass wir unsere Entscheidungen auf der Grundlage körperlicher Belange treffen, weil es uns ständig davon überzeugen will, dass wir ein Körper sind. Es verlockt uns immer wieder dazu, Dinge zu kaufen oder nach weltlichem Ruhm zu streben. Wir sind in der Welt und in dem gefangen, was sie uns unserer Meinung nach geben kann, aber das kann nur zu Leid und Kummer führen.

Einzig das, was dich in Versuchung führt, kann dich töten. Äußeres Streben und die Desillusionierung, zu der es letztlich führt, können Zynismus,

Bitterkeit und eine seelenermüdende Enttäuschung zur Folge haben. Zerschlagene Träume sind die Folge unserer Träume von dem, was wir in der Welt wollten. Nicht nur unsere Herzensbrüche, sondern auch unsere zerschlagenen Träume werden zum schlimmsten Schmerz in unserem Leben. Unsere *Versuchungen* bringen uns dazu, außerhalb von uns nach der Verwirklichung unserer Träume zu streben. Wenn es uns nicht gelingt, sind Todesversuchungen die Folge. Alle diese Dinge sollen uns lehren, dass unser Glück in uns selbst zu finden ist. Der Glaube, dass wir etwas außerhalb von uns brauchen, um glücklich sein zu können, rührt von der Spaltung unseres Bewusstseins her, die entstanden ist, als wir unsere Verbundenheit mit anderen Menschen zerstört haben, um unabhängig zu sein. Das hat dazu geführt, dass wir uns dagegen wehren, es zu empfangen. Wenn wir die Welt von allem entäußern, was wir brauchen, können wir über sie hinaus zum HIMMEL auf Erden gelangen, der sich uns nur dann öffnet, wenn wir über die *Versuchung* der Welt hinausgelangt sind.

Was diese Karte bedeutet

Diese Karte lässt dich wissen, dass die Zeit gekommen ist, der Welt deine Aufmerksamkeit zu entziehen und sie auf etwas zu richten, dem ein viel größerer Wert innewohnt. Alle deine Entscheidungen führen entweder zur Ewigkeit oder zu den Dingen dieser Welt und zum Leiden. Eine Entscheidung ist entweder gut für die Ewigkeit, oder sie ist nur vorübergehend und wird irgendwann vergehen, bis nichts bleibt. Du entscheidest dich entweder für die Ziele deines Egos, oder du entscheidest dich für dein Glück. Du entscheidest dich entweder für das, was einen Wert besitzt, oder für das, was wertlos ist. Deine Ziele sind entweder auf das ausgerichtet, was erstrebenswert ist, oder auf das, was glänzt, aber kein Gold ist. Du wirst immer von etwas in Versuchung geführt, das du scheinbar nicht hast, und in der Regel handelt es sich dabei um etwas, das du schon bald haben wirst. Wenn du zum Beispiel in einer Beziehung *in Versuchung geführt* wirst, dann steht dein Partner – ob du es glaubst oder nicht – im Begriff, genau die Eigenschaft zu entwickeln, die dich außerhalb deiner Beziehung *in Versuchung geführt* hat. Dies setzt jedoch voraus, dass du dich auf deinen Partner konzentrierst und dabei die Energie der Eigenschaft, die dich *in Versuchung geführt* hat, einbeziehst, statt von ihr besessen zu sein. Die Konzentration deiner Energie gibt deinem Partner die Möglichkeit, zumindest die innere, wenn nicht sogar die äußere Eigenschaft zu entwickeln, nach der du gesucht hast. *Ein Kurs in Wundern* spricht davon, wie der HIMMEL gefunden wird.

„Der HIMMEL selbst wird mit leeren Händen und einem offenen Geist erreicht, der mit nichts kommt, um alles zu finden und es als sein Eigen in Anspruch zu nehmen."
Ein Kurs in Wundern, Ü-I.133.13:1

Mache dir heute bewusst, ob du von Dingen *in Versuchung geführt* wirst, die „nicht der geringsten Anstrengung wert [sind], sie zu erlangen" (Ü-I.133.12:1). Du kannst dich für etwas entscheiden, das wirklich wertvoll ist und dich auf dem Weg hin zu dem freudvollen Leben voranbringt, das du wirklich willst. Das Leben, das du willst, kommt zu dir, wenn du diesen inneren Frieden und diese innere Freude erlangst, indem du dich äußerer Anhaftungen entledigst. Dann spiegelt die Welt paradoxerweise dieses innere Glück wider. Anderenfalls sind Schmerz, Frustration und Enttäuschung vorprogrammiert. Je größer die *Versuchung* ist, der du erliegst, umso größer ist auch die Schuld, für die du dich später bestrafst. Das hat zur Folge, dass du weiteren *Versuchungen* nachjagst, um überhaupt etwas zu fühlen, und einen Teufelskreis zwischen beiden in Gang setzt, bis der Verlust und die Schuld dich kreuzigen.

Fülle ist das Prinzip, durch weniger mehr zu erreichen. Freude ist das Prinzip, dich von innen heraus uneingeschränkt zu geben oder so leer zu sein, dass du alles empfangen kannst. Du verbringst in deinen jungen Jahren so viel Zeit damit, dein Ego sowohl aus Schmerz als auch aus dem aufzubauen, was du erreicht hast, dass du dich für dein Ego hältst. Nun hindern diese Dinge dich jedoch daran, alles zu geben oder alles zu empfangen. Die Freude ist stets gegenwärtig. Sie ist weder vergangen noch zukünftig, sondern liegt immer in dem, was jetzt geschieht. Du wirst immer von dem *in Versuchung geführt*, was du schon sehr bald haben wirst. Buddha hat einmal gesagt, dass du immer enttäuscht sein wirst, ganz gleich, ob du bekommst, was du wolltest, oder nicht. Er hat auch gesagt, dass die Freude, die von innen kommt, dir nicht genommen werden kann. Das, was du gibst, ist das, was dir Erfüllung bringt. Der Blick nach innen lässt dich das Licht finden. Es ist nicht außerhalb von dir. Jesus hat uns geraten, in der Welt, aber nicht von der Welt zu sein. Je weniger du in der Welt gefangen bist, umso weniger bist du im Traum der Welt und in den unzähligen Illusionen gefangen, die dich vergessen machen wollen, wer du wirklich bist.

Um dich von der *Versuchung* zu befreien, erkenne, dass das Ego dich daran hindern will, dir der GÖTTLICHEN LIEBE bewusst zu werden, die dir angeboten wird und die jeden deiner Wünsche erfüllen würde. In *Ein Kurs in Wundern* (Ü-I.60.5:1) heißt es: „Ich werde von der LIEBE GOTTES erhalten." Diese Worte können dir dabei helfen, die Macht zu brechen, die dein Ego und deine *Versuchungen* über dich haben.

Weitere Titel aus dem Verlag Via Nova:

Karten des Lebens
Lebensgeschichten erkennen und heilen
Chuck Spezzano

100 künstlerisch gestaltete farbige Karten mit Begleitbuch, 224 Seiten,
ISBN 978-3-86616-028-6

7. Auflage

Die Drehbücher oder Geschichten, die unser Leben bestimmen, schreibt jeder Mensch selbst. Die Karten des Lebens – das neue Karten-Set des bekannten Lebenslehrers Chuck Spezzano – zeigen die Geschichten, die wir in unserem Leben erzählen, ganz gezielt auf. Es können fröhliche und kraftvolle, aber auch dunkle und zerstörerische Geschichten sein. Wir schreiben sie oft in Sekundenbruchteilen, tragen sie und ihre Folgen aber ein Leben lang mit uns. Negative Geschichten aus der Vergangenheit zu heilen und positive, lebensbejahende Geschichten zu stärken ist ein Herzensanliegen von Chuck Spezzano und ein Eckpfeiler seiner Arbeit. 100 wunderschöne, von der deutschen Künstlerin Petra Kühne einfühlsam gestaltete Karten sowie ein Begleitbuch, das die tiefere Bedeutung jeder einzelnen Karte erklärt und Beispiele für verschiedene Befragungsmöglichkeiten enthält, geben dem Leser ein ideales Werkzeug an die Hand, mit dessen Hilfe er seine Lebensmuster erkennen, negative und destruktive Muster heilen und dadurch zu mehr Glück und größerer Fülle im Leben gelangen kann.

Karten der Erkenntnis auf dem Weg nach innen
Das Buch der Erkenntnis
Chuck Spezzano

48 künstlerisch gestaltete Karten, Buch: 144 Seiten,
ISBN 978-3-928632-32-4

13. Auflage

Wollen Sie mehr Selbsterkenntnis gewinnen, persönliche Ziele und verborgene Wünsche erkennen, die Beziehungen im Privat- und Berufsleben verbessern, Ursachen für Probleme herausfinden und auflösen, Hindernisse auf dem Weg nach innen beseitigen? Dann sind die Karten der Erkenntnis und deren Erklärung eine große Hilfe. Sie sind einfach zu benutzen, hilfreich und inspirierend. Ganz gleich, ob Sie „sofortige Antworten" auf alltägliche Fragen oder langfristige Lösungen für die großen Herausforderungen des Lebens suchen, es wird Ihnen und Ihren Freunden helfen, positive Entscheidungen zu fällen und Veränderungen für eine bessere Zukunft herbeizuführen. Im beiliegenden Buch der Erkenntnis findet der Leser den Schlüssel zum Verständnis und zur Verwendung der Erkenntnis-Karten. Chuck Spezzano erläutert im Einzelnen die Bedeutung aller 48 Karten und erklärt eine Vielzahl von Möglichkeiten, mit ihnen zu arbeiten und sie zu deuten. Außerdem werden über zehn verschiedene Legesysteme beschrieben.

Karten der Selbstheilung
Illustrationen von Petra Kühne
Chuck Spezzano

100 farbige Karten mit Begleitbuch (240 Seiten), ISBN 978-3-86616-209-9

3. Auflage

Die Karten der Selbstheilung sind eine große Hilfe, denn sie geben jedem die Möglichkeit, unterbewusste Muster zu erkennen und aufzulösen, die oft Ursache von Krankheiten und Problemen sind. Die Karten der Selbstheilung sind nach bewährter Manier in fünfzig positive und fünfzig negative Karten unterteilt, und wie schon bei den Karten des Lebens und den Karten der Partnerschaft hat die Künstlerin Petra Kühne wunderbare kleine Kunstwerke geschaffen, die die Aussagen der Karten mit Leben erfüllen. Ein Begleitbuch erläutert die Bedeutung der Karten, macht Vorschläge für mögliche Legungen und stellt zudem heilende Übungen vor, die helfen, die Ursachen von Krankheiten und Problemen zu erkennen und aufzulösen.

Karten der Partnerschaft
Liebe in Partnerschaft und Beziehungen
Chuck Spezzano

90 künstlerisch gestaltete, farbige Karten mit Begleitbuch,
ISBN 978-3-86616-090-3

2. Auflage

Die Karten der Partnerschaft wollen dazu beitragen, eine Beziehung auch dann lebendig zu erhalten, wenn die Phase der ersten Verliebtheit vorbei ist, und sie wollen dem Paar, das sie befragt, dabei helfen, erfolgreich alle Hindernisse und Klippen zu umschiffen, die jede Beziehung überwinden muss, um auf lange Sicht glücklich und erfolgreich sein zu können. Wie schon bei den Karten des Lebens hat die Künstlerin Petra Kühne auch hier wieder zu jedem Thema der insgesamt 90 Karten ein vollendetes kleines Kunstwerk geschaffen. Ein Begleitbuch erläutert die Bedeutung jeder Karte, zeigt Prinzipien auf, die verstehen helfen, was eine Beziehung voranbringt und was sie zurückhält, und macht Vorschläge für mögliche Befragungen. Die Karten der Partnerschaft sind eine wirklich gelungene Fortsetzung der bereits vor einigen Jahren bei Via Nova erschienenen Karten der Liebe und knüpfen nahtlos an deren großen Erfolg an.

Karten der Liebe
84 farbige Karten mit Begleitbuch
Chuck Spezzano

4. Auflage

Karten und Buch in einer Stülpschachtel, Buch 144 Seiten, ISBN 978-3-936486-08-7

Einige Menschen scheinen größeres Glück in der Liebe zu haben als andere, aber es steckt mehr dahinter als nur Glück. Der Verfasser zeigt auf anschauliche Weise, wie der aufmerksame Leser mit Hilfe der 84 Karten seine Chancen für eine glückliche und erfolgreiche Liebesbeziehung vergrößern kann. Die Karten sind in die vier Kategorien Heilung, Glück, Gnade und Probleme unterteilt. In dem dazugehörigen Begleitbuch werden alle Karten und ihre jeweiligen Bedeutungen ausführlich beschrieben. Außerdem werden verschiedene Befragungsbeispiele und Legesysteme vorgestellt. „Die Karten der Liebe" sind sowohl für Menschen gedacht, die nach ihrer ganz besonderen Beziehung suchen oder die gerade am Anfang einer Beziehung stehen als auch für Menschen in einer langfristigen Beziehung, für die die Karten neue Erkenntnisse über ihre Liebesbeziehung vermitteln und eine Hilfe darstellen, sie zu verbessern. Sie zeigen nicht nur die schönen Seiten der Liebe wie Vertrauen, Lachen und Glück, sondern auch ihre Fallen wie Erwartungen, Kontrolle und Eifersucht, die es zu vermeiden gilt, damit die Liebe nicht schal wird.

Wenn es verletzt, ist es keine Liebe
52 Beziehungskarten für jede Woche mit Begleitbüchlein
Chuck Spezzano

ISBN 978-3-86616-057-6

2. Auflage

Die Beziehungskarten können helfen, die wichtigsten Prinzipien und Lebensweisheiten über glückliche Beziehungen aus dem Bestseller „Wenn es verletzt, ist es keine Liebe" so zu verinnerlichen, dass sie im Alltag als konkrete Lebenshilfe angewandt und verwirklicht werden können. Es kann eine Karte intuitiv gezogen oder auch bewusst ausgewählt werden, auf der dann ein wichtiges Prinzip der Beziehungskunst steht, das einen eine ganze Woche lang begleiten kann. Die Karte kann man sichtbar an einem Ort aufstellen, der ständig im Gesichtsfeld ist – Schreibtisch, Küchenschrank, Spiegel im Bad, so dass diese Beziehungsweisheit immer wieder bewusst wird, bis sie als Herzenserkenntnis zu Eigen geworden ist.

Worte der Kraft
Karten-Set
Chuck Spezzano

366 Karten mit Anleitung, ISBN 978-3-86616-374-4

Wer sie im Leben und im Alltag benutzt, wer sich ernsthaft auf dieses einmalige Karten Set der Heilung einlässt, der darf kleine und große Wunder für sein Leben und sein inneres Wachstum erwarten. Denn dafür sind sie gemacht! Auf jeder Karte steht ein kraftvoller Satz aus dem Weisheitsbuch „Ein Kurs in Wundern" ausgewählt von Chuck Spezzano. Sie geben überraschende und hilfreiche Antworten auf unsere Lebensfragen und zeigen in jeder Situation und zu jeder Zeit den nächsten Schritt auf der Reise zu uns selbst! Sie ermutigen, belehren, erinnern uns, verbinden uns mit den unveränderlichen zeitlosen Wahrheiten und schenken jeden Tag Kraft, Zuversicht und neue Einsichten. Das handliche Format der Karten macht sie zum idealen Alltagsbegleiter, problemlos kann man sie überall bei sich tragen und bei Bedarf intuitiv ziehen.

WHY SHIT HAPPENS
Warum guten Menschen schlimme Dinge zustoßen
Chuck Spezzano

Klappenbroschur, 304 Seiten, Format: 15,5 x 22 cm, ISBN 978-3-86616-450-5

Ganz gleich, was uns im Leben begegnet, welche Hürden sich in unserem persönlichen Entwicklungsprozess, in unseren Beziehungen oder unserem Beruf zeigen, es gibt nur einen Weg, der wirklich heilt, und der heißt: vollständige Selbstverantwortung. Welche Prinzipien und Dynamiken im menschlichen Bewusstsein dabei wirken und wie wir lernen, die Rolle der Selbstverantwortung in seiner ganzen Dimension zu verstehen und unmittelbar anzuwenden, das erfahren wir in diesem neuen Meisterwerk in einzigartiger Klarheit. „Nach 45 Jahren therapeutischer und beratender Tätigkeit fühlte ich mich jetzt erst bereit, dieses Buch zu schreiben", sagt der weltberühmte Weisheitslehrer Chuck Spezzano und gibt uns damit einen Begriff von der fundamentalen Bedeutung des Themas für Bewusstwerdung und Transformation.

Karten der Sexualität
Liebe und Zärtlichkeit
Illustrationen von Petra Kühne
Chuck Spezzano

100 farbige Karten mit Begleitbuch (Paperback), 304 Seiten, ISBN 978-3-86616-375-1

Sexualität ist eine der wohl kraftvollsten menschlichen Energien überhaupt. So vielfältig und individuell die Erfahrungsräume dabei sein mögen, in der Essenz zeigt sich doch immer die Sehnsucht nach Liebe und nach dem Eins-Sein mit dem Göttlichen. Dieses neue Karten-Set mit einem ausführlichen Begleitbuch von Chuck Spezzano konfrontiert uns in unverstellter Ehrlichkeit und zugleich lebendiger Weisheit mit all den facettenreichen Aspekten und Seiten des Themas. Der Autor lässt uns innehalten, nachspüren und vergegenwärtigen. Er ermuntert uns, Hindernisse für die Liebe zu überwinden, egoistisches Verhalten zu durchschauen, ungesunde Muster aufzulösen und führt so zu mehr Nähe, Verbindung und Zärtlichkeit. Die exzellenten und künstlerisch hochwertigen Illustrationen unterstreichen noch die tiefgründigen Erkenntnisse des Weisheitslehrers Chuck Spezzano.